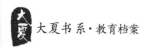

大夏书系·教育档案

Ming Xiao Jie Ma

名校解码

——陶继新对话名校长

陶继新等 著

华东师范大学出版社
EAST CHINA NORMAL UNIVERSITY PRESS

自　序

　　20多年来，我采访过近百位校长，个人专门采写校长与学校的书出了也不止一本，而且在社会上产生了一定的影响。可是，这些书中的作品，均属通讯。我不想一直重复这种形式，试图寻求一种新的"突破口"，于是，就有了这种对话体的诞生。

　　由于对话需要即兴言说，不容话语的间隔。双方想法一出，即成作品的文字。一支小小的录音笔一放，双方旋即进入状态，很多平时想不到的话语，竟沛然而出。这给我送来了一份不小的惊喜，也使我充满了自信。可是，整理录音却成了成文的一个难关，特别是急着发表的对话，还需要专业的速记人员来助一臂之力。

　　2009年春节刚过，远在美国的黄思路来电说要写写在美国的见闻感受，我突然想起可用对话的形式加以表现，并决定用QQ实现跨越大洋的语言对接。从正月初三开始，每天对话两个小时，形成文字一万多。不到十天，十多万字的对话作品便已形成。几乎没有废话，加上题目与小标题，便形成了一篇又一篇的对话文章。随后陆续发表在有关报刊上，竟引起了广泛的赞誉。

　　对我而言，这无疑又是一个飞跃。

　　于是，再与专家、局长、校长、教师、家长、学生对话时，就一律使用QQ。一般而言，万字左右的对话，多则五六个小时，少则两三个小时。结果，双方都为这样的对话感到快慰莫名。

　　2009年5月下旬，我无意间浏览自己的对话文章时，发现竟然有了几十万字。仅与校长的对话，就有了20多篇。我希望这个对话体的新书能尽快地与读者见面，就与华东师范大学出版社联系，很快便得到回应。于是，便有了这本《名校解码——陶继新对话名校长》。

　　由于多属"即兴"作品，所以，对话体文章更显活泼。由于一旦"棋逢对手"，灵感便频频闪现，甚至有了以前通讯作品中鲜见的生气乃至深刻。这并不是说自己多么了不起，而是我往往被我的"对手"激活，使我不经意间思路大开。不过，这本对话录并非全是精品，有时对话双方一时进入不了状态，有些对话内容就有了不尽如人意的缺憾。但是，并没有进行过多的修改，我有意保留了这份真实与自然。以前我也曾强调过修改的价值，可是，当老子的"道法自然"走进我的心灵之后，我就特别崇尚起真诚与自然来。所以，面对这些缺憾，我并没有感到羞愧，而是更好地学习，以期对话出更有价值的文字来。

对话能够即兴而作，我认为主要有两个原因。第一，坚持诵读"天书"。很多年以来，我读的绝大多数都是"天书"，即经典著述。这跟我的对话有关系吗？表面上看是风马牛不相及，其实关系大为密切。因为这些"天书"中不但闪烁着智慧的光华，而且流泻着思想的要义，它在无声无息中，提升着我的思想文化品位。所以，从一些大师那里，我汲取了很多意想不到的智慧。在很多对话文章中，我所引用的经典名句，几乎都是信手拈来的。我甚至感到，这些"天书"就是点燃我智慧火花的火把，否则，我的思维之火就会熄灭。

多读"天书"，是不是就不需要关注教育教学实践了呢？当然不是。这是一个人生命提升的两个层面，缺一不可。如果只在"道"的层面奔波，而不深入教育教学实践之中的话，所学之"道"就会成为空中楼阁，真的是没有可用之处了。只有"天上"与"地下"结合之后，才能使"道"落地，才能使"地"生辉。所以，我的体验之二就是脚踏"大地"。20多年来，我每月都要去学校采访，有的时候一周可以去几个学校，并且走进课堂，听课评课，从而形成了关于教育教学感知的属于自己的话语。所以，我与校长对话也好，即兴评课也好，不仅有了一定的理论话语，而且这些话语又都与实践这片沃土形成和谐。

这毕竟是我出的第一本对话录，其中定然存在不少问题。诚望读者提出意见与建议，使我能在以后的对话中，实现"更上一层楼"的梦想。

陶继新

2009 年 7 月于济南

目录

李先启

爱真善美

—— 对话李先启校长

李先启，深圳南山实验学校校长、党总支书记。兼任全国中小学整体改革专业委员会常委、全国小学骨干校长工作研究会副会长、广东省小学教育专业委员会会长、深圳市电化教育研究会副理事长等职。被评为深圳市优秀校长、南粤优秀校长、深圳市名校长、广东省首批基础教育系统名校长，享受政府特殊津贴。

李先启校长以"教育就是播种爱"为核心理念，倡导全体教师"热爱每一个学生，会爱每一个学生，让每一个学生都能感受到爱"，由此激发学生喜欢老师——喜欢老师所教的学科——学好学科，实现情感的发展到智能的发展的转化。正是因为这一理念的引导，自2000年以来，李先启校长主持开展"八岁能读会写"课题实验。经过八年多的探索、研究、实践，该课题硕果累累，实验成果受到国内众多学科专家、心理学专家、教育行政部门的关注，并在山西、陕西、山东、江苏、浙江、上海等省市大力推广，在全国影响深远。

爱真，就是要诚实守信地追求真理

陶继新：大教育家陶行知先生说："千教万教教人求真，千学万学学做真人。"可见，真，当是教育的本质所在。而您的教育思想之一就是"爱真善美"。那么，就请您先从"爱真"谈一下吧。

李先启："爱真"有两个方面的内容：一个是我们做人要"真"。陶行知讲过的"千教万教教人求真，千学万学学做真人"，就是教育的根本。做人的根本就是求"真"，我们要成为诚实的人、守信用的人。另外一个是"求真"，追求真理，具有实事求是的科学态度。一次，我们谈科学教育的时候，我想起一位领导讲过的一个例子。他在一所中学听一节科学课，课上讲到电磁现象。铁条绕了线圈通电以后就产生磁，产生磁以后就跟铁质回形针相吸，一断电，铁质回形针就应该掉下来。但是断电以后，铁质回形针并没有掉下来。有学生在帮助老师做这个实验，看到铁质回形针没有掉下来，就用手把它拽了下来。学生给老师做了"托"。表面上这个实验成功了，其实这里有很大的问题。实验中产生这种现象可能有很多原因，比如说有残留的磁没有消除掉，或者是有杂质，等等。我们可以将此作为下一个研究的课题，但是绝对不能人为地拽下来。这不是求"真"，也不是科学的态度。

根据 CPI 的定义，超过 3% 就是通货膨胀，超过 5% 叫作严重的通货膨胀。现在我们明明感觉已经到了严重的通货膨胀地步，但是有关部门公布的数据始终没有达到 5%。它们虽然有一个良好的愿望，试图将之控制在 4.8% 以内。但是，这个 4.8% 是怎么来的呢？是怕达到 5% 吗？还是我们的感觉错了呢？我无权批评有关部门，可如果它们让老百姓觉得不可信，就会带来民间普遍的不诚信、社会的不诚信，从而影响国民的诚信度。民间的种种不诚信，会带来很多问题，甚至带来灾难性的后果。为什么要提倡诚信？诚信究竟会让人吃亏，还是对人生有帮助、对事业有帮助？我认为诚信对人是有帮助的，对个人的事业也好，对家庭也好，对生活也好，都有帮助。实际上它是做人的根本。不诚信的人最终会被周围的人抛弃。

因此，要从小养成一个好品格，就是"诚"。"诚"简单说来就是对人诚实，对人真诚，让人感觉到你这个人可交。第二个就是"信"，"言必信，行必果"，要讲信用，这是做人的根本。诚信是爱"真"的核心，因为你诚，人家才会信，你不诚，人家就不信；你对人家不信任，人家就会对你不信任。如果你对别人不信任，那么别人也不信任你，这就自动地把自己周围的资源切断了。周围的人都是你的资源。你周围的人不外乎你的亲人、你的朋友、你的同学。我曾经多次讲过，无论小学、中学，还是大学，在一个班上读书的同学，他们都是彼此终生的财富，而且这种财富是无价的，一定要珍惜。这个时候所交的朋友往往都是终生的，从小就了解，是不需要再考察的，甚至家长都会成为我们的财富资源。我相信我们对此都很有体会，所以诚信的种子在小时候就应该播下。

陶继新：作为一个真正意义上的人，首先应当是真实的，这是本，"本立而道生"。《史记·孔子世家》中有这样一段记载："孔子适郑，与弟子相失，孔子独立郭东门。郑人或谓子贡曰：'东门有人，其颡似尧，其项类皋陶，其肩类子产，然自要以下不及禹三寸。累累若丧家之狗。'子贡以实告孔子。孔子欣然笑曰：'形状，末也。而谓似丧家之狗，然哉！然哉！'"在一般人看来，学生这样转述别人对孔子的比喻，多有侮辱甚至谩骂之嫌，可是孔子"欣然"而笑，且言"然哉"。这不只是达到了"耳顺"的境界，还是尊重事实，是"真"。遍观《论语》，孔子这个世界大教育家，呈现在我们面前的是真实鲜活的教师形象。学校应当是一个求真的神圣殿堂。可是，现在社会上的虚假之风，已经渗透到学校之中，甚至走进了师生的心灵层面。

1998年的高考作文题目是"坚强——我追求的品格"，那一年闹了很多笑话。有个老教师去改高考作文卷子，改着改着竟然改到了他儿子的试卷，因为他熟悉儿子的笔迹。他儿子的作文是怎么写的？——我的父亲死了6年了，我和我的母亲相依为命。这个老师当时就气得晕倒了，还住了很长时间的院。还有一个学生写道：我从小失去了双臂，学着用脚写字，学习张海迪。后来跟踪调查一看，他完全是一个四肢健全的棒小伙子……

我在一些学校采访的时候，几次遇到这样的情况：一个老师认为品学兼优的学生，有时会将拾到的几元钱交公，老师说他拾金不昧，表扬他。可是，事实上，他是拿了自己的钱交公的，目的就是为了得到老师的表扬。这看起来不是什么大事，但却特别可怕。如果这种求假之风在学校蔓延，那么我们的教育就会走向反面。学生如此，教师也是这样。老师的不真，会从言谈举止中透露出来，潜移默化地影响学生。

我也追求过假，在我几本书的自序、跋中都进行过自我解剖。比如，在《做一个幸福的教师——陶继新教育讲演录》的自序中就写道："十年前，我写文章的时候，常常有意用上一些华丽的词句，当时还以此为美。今天看来，那是令我特别羞愧甚至是不堪回首的往事。"故意追求词藻的华丽，是一种不真的表现。现在，我追求"道法自然"，也是在寻"真"，在回归"真"。

我在全国很多地方作报告的时候，主持人常常对我褒奖一番。我在开讲之前，大都作补充说明，请大家看看我的博客开头是如何介绍的："陶继新，出生：1948 年；出身：农民；第一学历：专科。"这是一个真实的我。曲阜师范大学的本科是通过五年函授得到的，并非"正宗"。但正是这种真实，使我的心里更加踏实。一个人有没有学问，有没有品德，不是自己吹出来的，而是要看大家的认可度和信赖度。一旦假了，反而会降低自己在人们心中的信赖度。

爱善，就是要有一颗善良的心

陶继新：美国有个作家说："人生有三件东西：第一是善良，第二是善良，第三还是善良。"巴金将此作为教育子女的座右铭。可见，善良是多么重要。请问，您的"爱善"的主要内涵是什么？

李先启：爱善，就是要有一颗善良的心，而不是有一颗怨毒、刻薄的心。有一颗善良的心，你才会有一双能发出友善光芒的眼睛，你看待人、事、物才是积极的、光明的，而不是阴暗的，你的身心才会健康。要善待、宽容周围的一切人、事、物。善待别人也是善待自己，你怎样对待别人，别人就会怎样对待你，你的宽容、你的善良、你的善行都会给你带来良好宽松的人际关系，今后做事也好，做人也好，就有了良好的基础。

陶继新：我觉得这个善，不仅仅包括对人的善，也应该包括对植物、动物的善。

在东北的大雪原上，有一种叫雪貂的动物，它有美丽而异常珍贵的皮毛，本性非常善良。由于它非常敏捷，猎人是很难把它打死或者捕捉到的。可是，当有人在雪原上因迷路而被冻僵的时候，雪貂就会走过去，趴在人的胸口上，用自己的体温把冻僵的人温暖过来，并引导他找到出去的道路。

于是，有的猎人就利用它们的这个特点，到雪貂经常出没的地方，躺下，伪装成被冻僵的样子，等雪貂过来趴在他胸口上给他温暖的时候，出其不意地把它抓住，然后扒它的皮，吃它的肉……

看到这个消息的时候，我真的很怀疑，我们人类经常骂自己的对手为"畜生"，这是不是神经有问题?! 难道畜生有人这样残忍而恩将仇报的行为吗? 因为仇恨别人而骂他是畜生，实在是太高抬对方了!

李先启：您说的很有道理。但是，如果行恶，大都会得到报应的。这样的例子不胜枚举。

陶继新：因为作恶者无意中为自己或家人埋下了一个恶有恶报的种子。他的恶劣行径，不管是从隐性还是显性方面，都必然会辐射到子女身上，时间长了，就会自动运转起来。结果，其子女也会受到意想不到的惩罚。

李先启：在学校里，我大力倡导为善之举。而且我发现，为善者也多得善报。

陶继新：是的。根据我自己的研究发现，善良者大多比较健康长寿。有一句俗话说："不做亏心事，不怕鬼敲门。"因为做了善事，心里会有一种踏实和欣慰的感觉，这种愉快的心理状态会使人的精神状态和身体状态变得越来越好，当然，生命质量也会越来越高，生命的长度也会越来越长。而作恶者呢，其潜意识里一定会有一种东西在不间断地影响着他的健康。所谓善有善报，恶有恶报，是完全可以从心理的角度寻到注脚的。

我特别欣赏印度加尔各答儿童之家墙上贴的特蕾莎修女写的"人生戒律"，这些"戒律"在不同的角落被不同的人用来激励自己和身边的人，并广为传诵。她这样写道：你如果行善，人们会说你必定是出于自私的隐秘动机，不管怎样，还是要做善事；你今天所做的善事明天就会被人遗忘，不管怎样，还是要做善事；你如果成功了，得到的会是假朋友和真敌人，不管怎样，还是要成功；你耗费数年所建设的可能会毁于一旦，不管怎样，还是要建设；你坦诚待人却受到了伤害，不管怎样，还是要坦诚待人；心胸最博大、最宽容的人，可能会被心胸狭窄的人击倒，不管怎样，还是要心存高远；人们的确需要帮助，但当你真的帮助他们的时候，他们可能会攻击你，不管怎样，还是要帮助他人；将你所拥有的最好的东西献给世界，你可能会被反咬一口，不管怎样，还是要把最宝贵的东西献给世界。

特蕾莎修女获得了诺贝尔和平奖，得到了全世界的认可，直到今天，她的事迹仍在全球传颂。其实，"有的人活着，他已经死了；有的人死了，他还活着"。显然，特蕾莎修女当属后者。她没有多少财产，但是，她的精神资产却价值连城。

我对孔子有一种高山仰止的崇敬，因为他是大善之人。比如，有一天，孔子跟他的弟子颜回、子路在一块儿，孔子说：你们何不谈谈各人的志向呢？子路凡事都好抢先，紧接着就回答说："愿车马衣轻裘，与朋友共，敝之而无憾。"我的好衣服好车，让朋友用了，即使坏了，一点儿也不遗憾，甚至还高兴呢。颜渊则说："愿无伐善，无施劳。"不骄傲自大，也不夸自己的功劳。子路请老师说说自己的志向。孔子说："老者安之，朋友信之，少者怀之。"这个层次太高了，使老人安乐，使朋友信任，使年少的人怀念。这就是善，而且是大善。因为这种善超越了一己之善，推己及人，是非常人可及的博大之善。

我对比尔·盖茨也特别敬仰，因为他的善举超越了他的财富。比尔·盖茨，他拥有多少资产？简直太多了！有些人肯定会想，这么多的资产，他死了之后，他的后代一定会成为大富之人。但是，令大家想不到的是，他在遗嘱中说将把全部资产用于慈善事业，不给子女留下分文。比尔·盖茨真的是了不起啊！他不但是世界首富，还是一位精神贵族啊！我也认识一两个商界人士，大多没有比尔·盖茨的精神境界，自己花天酒地，甚至连孩子也不劳而获，拥有豪宅香车。不过，这样的有钱人，儿女大多不能承继父业，甚至中道败落。

李先启：我发现您的个人网站首页上，循环呈现着"善待他人，发展自身"和"己欲立而立人，己欲达而达人"两句话。您为什么把这样的话放在这么重要的位置？

陶继新：是的，我非常看重这两句话。第一句话为自我修身成长的概括，第二句言孔子"忠道"如影随形于自己的心中。这些，都与我的读书生涯有着内在的联系。

"善待他人"既源自我善良的本性，又受惠于《论语》、《圣经》、《金刚经》等经典文化的滋养。在感悟世界哲人之言的要义时，我感受最深的是那份善待他人的美丽。也正是因为善待他人，我既不陶醉于别人的赞誉，也不计较他人的反对。善在心中，便有了心灵的一片净土，乐亦自然在心中回旋。在从哲人那里汲取思想营养的时候，世界文学大师作品中的审美情趣与文学描述也走进我的心灵世界。于是，行文也就渐渐趋近"道法自然"的境界了。这些又与我宠辱不惊的心态非常和谐，使我的生命成长有了一种动力支撑与智慧源泉。

在自身发展的时候，我也希望更多的人得以发展，所以"己欲立而立人，己欲达而达人"就成了我的座右铭。一方面，我对自己所崇敬的国内教育专家、校长和教师进行了采访与报道，目的是将他们身上的真善美本色地呈现出来，让更多的读者也如我一样去追寻美好的东西。另一方面，我在全国20多个省、市、自治区为校长和教师作了很多《读书与教师生命成长》的主题报告，期望他们"取法乎上"地走进经典诵读的境地，提升自己的思想文化品位，进而影响更多的学生，将其巨大的潜能尽早尽快地开发出来。作报告的时候，我看到不少校长与教师很激动，随后，他们就开展读书行动。此时，我心中便涌起一种特殊的幸福感。文化作为人的存在方式，根本的追求是使人"文"化，由人文来化人。人只有在学习和创造文化的活动中，才能成为永远幸福的人。

爱美，就是要在孩子的心灵中种下美的种子

陶继新：伟大的艺术家罗丹说："美是到处都有的。对于我们的眼睛，不是缺少美，而是缺少发现。"其实，对于美的发现，更多的不是靠眼睛，而是在心灵层面。一个心灵快乐的人会发现更多的美，甚至在一般人看来无美可言的事物，他都可以从中感受到美的存在。而一个真正发展到一定层次的人，往往拥有这种审美的心灵。这反过来又让人发现更多的美。这种良性循环，久而久之，就会使人一生处于幸福之中。所以，您的"爱美"思想，简直是太有价值了。

李先启：爱美，就是要在孩子的心灵中种下美的种子。在中小学教育过程中，关于美的教育是远远不够的，除了大自然的美，还有艺术的美、科学的美，等等。中小学生在接受教育时，不应该是只把需要升学考试的科

目学好，考个好分数就行了，他们处在人生打基础的阶段，要全面发展。"学好数理化，走遍天下都不怕"这种观念已经过时了。要塑造完善的人格，艺术修养是不可缺的。我们在设置课程的时候，开足开齐了艺术课程，选择优秀的音乐、美术、书法、陶艺老师。给孩子创造学习艺术的师资、场地、时间、条件，让他们欣赏艺术的美，实践艺术的美，这是素质教育非常重要的内容。应该说20世纪90年代全国开展素质教育以来，这些方面已有很大的进展。

现在比较薄弱的是对科学的美的欣赏。我是学理科的，从小喜欢数、理、化，因为我领略到了这些学科展现出来的美。现在的教材已经把我当年认为美的东西删掉了。原来的物理书和化学书，每讲一个定理或者定律时，总会提到发现它的科学家的名字，老师也会生动地讲述这个科学家的故事。我到现在都还记得，在学"欧姆定律"的时候，书上印有欧姆的相片，还有一段简介，介绍欧姆是怎样发现这个定律的，因为是他首先发现的，所以把这条定律命名为"欧姆定律"。而现在书本上这些内容基本没有了，可能是为了减轻负担，认为留下"精华"就行了。删掉这些内容，实际上是去掉了科学家思考和发现的过程，而这个过程恰恰就是科学的美！我对科学很着迷，少年时代读过好多科学家的故事，对于他们的发明、发现、证明我非常欣赏和崇拜。门捷列夫发现，在元素的天然序列中，元素的化学性质每隔一定数目的化学元素就重复一次，也就是说，元素的化学性质呈现明显的周期性。门捷列夫很想用一张原子的结构图把元素的周期性表现出来，于是夜以继日，冥思苦想，有一天在梦中他似乎找到了元素周期的排列，醒了以后继续论证，最终得到了元素周期表。这在化学科学发展中是一个里程碑。我当时看到这个故事非常感动，感觉非常美。

我是学数学的，很多人觉得学数学很枯燥，但是数学中的美，只有学数学的人、爱数学的人才能体会到。凡是上过初中的人都知道"勾股定理"，这个著名的定理是我们中国人在3000多年前发现的。"勾三股四弦五"，如果一个三角形三条边的长度分别是3、4、5，那么这个三角形一定是直角三角形，较短的直角边是3，较长的直角边是4，斜边是5。古代的人造房子，是根据什么来测定互相垂直的垂线呢？就是勾股定理。3、4、5是连续的自然数，非常奇妙的是，3的平方加4的平方等于5的平方。在自然数中还有没有这样的三个数，它们是连续的，而且恰好两个数的平方和等于第三个数的平方？这是一个很美的问题。

抗日战争时期，陈景润正在读初中，当时有一批西南联大的数学家来到他们学校。有一次，一位数学家给陈景润和班上的同学说，数学是科学的皇后，而数论是皇后头上美丽的皇冠，皇冠上最大的明珠就是哥德巴赫猜想。然后老师把这个猜想简单地描述了一下，并且告诉同学们200多年过去了，这个猜想还没有被证明出来。就在这个时候，陈景润开始默默地关注哥德巴赫猜想，也可以说是少年时代的梦想，点燃了他对数学美的向往。他专心致志，几十年如一日证明这个猜想，最终在1973年把它推进了一步。他的结论是任何一个偶数都可以表示为一个质数与不多于两个质数乘积之和，并把他的证明结果发表在1973年《中国科学》杂志第二期上。他的证明领先于全世界的数学家，因而轰动了全世界。著名作家徐迟在报告文学《哥德巴赫猜想》里描写了全世界200多年来多少聪明绝顶的数学家，为摘取皇冠上的明珠而耗尽心血。陈景润离摘取皇冠上的明珠仅差一步。多少中国人含着眼泪一遍又一遍地阅读《哥德巴赫猜想》。"哥德巴赫猜想"在一代中国人的心目中已经不仅仅是一个数学领域抽象的课题名称，不仅仅是一个由中国人攻克的"终极难题"，它更是一种精神象征，象征着"执著追求"、"决不言败"、"冲刺极顶"、"死而后已"这样一种学术信念和学术精神。那个因为每年要写下几麻袋草稿而没有时间睡觉的陈景润，那个把所有注意力都倾注在"哥德巴赫猜想"之上而经常穿错袜子的陈景润，那个在普通人眼中生活得非常糟糕的陈景润，沉浸在追求数学美的境界中，是数学的美给了他动力。

我国著名数学家苏步青是我非常佩服的数学家。苏步青对数学的追求是很潇洒的，他就是觉得数学好玩而去学数学、玩数学，他是真正领略了数学的美。

陶继新：您将数学美和科学美讲得淋漓尽致，确实是这样的。现在有些人整天不快乐，看不到美好的东西，甚至将美好的东西也看成了丑恶的东西。一个人如果看不到美的东西，也就不可能欣赏美了。孔子说："兴于诗，立于礼，成于乐。"《诗经》中的诗当时不单单是一种文学艺术，它还言志，还要配成音乐，孔子说自己"自卫反鲁，然后乐正，《雅》、《颂》各得其所"。若进入音乐的审美状态，学起来就大不一样了，因为其中有了美的东西。孔子还说："知之者不如好之者，好之者不如乐之者。"儒学名家李泽厚说"知"在知识层面，"好"在道德层面，"乐"在审美层面。学习本身也是一种美，它应当是生命个体探索求知的幸福之旅。可是，当下不少学生却将学习当成一种让人心力交瘁的苦役。是谁酿造了这杯苦酒？恰恰是最爱他们的家长与教师。如果追根溯源的话，不能不说和没有审美情调有关。我们可以看看孔子："饭疏食、饮水，曲肱而枕之，乐亦在其中矣！"吃粗饭，喝凉水，把胳膊一弯当枕头睡觉，依然感觉快乐无比。这种美感，恐怕不是常人所具备的。

我读了很多美学方面的书，感觉收获很大。所以，我一直主张老师，特别是语文老师，不但要读教育学、心理学方面的书，还要读一些美学书。这样，在教学的时候，就会有美学体验。而且现行语文教材中有很多文学作品，如果从美学的视角去诠释它，就会发现另一种美丽。文学当中的优美和壮美是不一样的，悲剧美和喜剧美也是不一样的，教师要在教学中让学生充分感受这种不同的美。

李先启：我的大学老师有一次跟我讲起他读北大时一个老师的事情：解放前北大的老师上课是没有固定时间的，不像现在，一定要在一个固定的时间上课，并且上固定的内容。他每天要品茗，还要抽烟，瘾过足了，才通知学生上课。这个时候往往都下午6点多钟了，夕阳已经西下，喜欢听他课的人就聚集在草坪上，老师坐在树底下，沉浸在自己的意境中，完全不在意学生的存在，看到月亮就讲月亮，旁征博引，把文学中凡是描写月亮的诗词歌赋，都很忘情地向学生倾诉。这些都让我的老师和他的同学终生难忘。大师都是在宽松愉快的环境中成就的。著名画家陈丹青对现在的教育体制非常反感，他在一篇讲话《如何成就大师》中谈道："徐（悲鸿）先生是一位民国人，一位民国时代的文人艺术家，是什么成就了徐大师？是什么成就了五四精英成为各个领域的大师？是什么使这些大师至今无可取代、无法复制、无法超越？所以我也给在座的各位一个命题：为什么我们的时代没有大师？为什么我们的时代休想出现大师？"我不知道您看过陈丹青这篇讲话没有。大师和名师，他们把自己专业的美领略到了极致。我曾经读过鲁迅的一篇讲魏晋文人的讲演报告，您肯定也读过那篇文章。当时他在厦门大学讲演，传递了一种享受文学的意境美，让人感觉非常美。

陶继新：美不但在文学艺术里面有，在大自然中也有。所以，爱美，就要爱自然。

李先启： 对。我爱好摄影，主要是爱拍一些风光。比方说我们带老师到哪里去旅游一下，每次我都会拍一些照片。有的老师看到了会说：我们去过这个地方吗？怎么经过那里时，我没有看见？你怎么拍得这么好看？其实是因为他们没有发现美。如果看到一棵树，你就考虑从哪个角度去拍更美一些，更好看一些，怎样和其他风景组合起来形成一张非常美的图画，这样不断观察，久而久之，你就能发现美。对自然美的发现和欣赏是人生的享受，而且这个享受过程是轻松愉快的。

陶继新： 我对摄影没有研究，所以，摄影作品不多。我大多用笔留住自己对自然风光的欣赏，我写了四十多万字的散文，大都是在旅游的时候记下的。每天晚上，我都要将所游的景色与感受写下来。否则，时间一长，就会忘掉。特别是那种感觉，就是那个时刻的，时间一过，就再也不会出现了。所以，每当翻阅自己的散文作品时，我都会有一种故地重游的感觉，都会有一种美的感受。

走进审美是超越习惯的更高境界。孔子的学习就达到了这种境界。走进审美的学习不单是学习文化知识，还包括人格及心灵的成长。人的一生虽然短暂，可是，人应当因生而为人而感到愉悦与快乐。有了这种感觉，看任何事物都会觉得有一种特殊的美感。即使每天看日出日落，也并不认为它只是太阳在循环往复地运动，而是认为它是一个又一个新景象的呈示。我早晨锻炼的时候，身处山林绿色之中，空气非常清新，如果再背诵经典文本，就感到有一种自然美、人文美与自己心灵之美的和谐，快乐无比，幸福莫名。

李先启： 所以，老师要在孩子幼小的心田种下美的种子，让他们有一双慧眼，可以发现美，能够欣赏美，并用美改善自己的心灵。所以，我校办学的中心理念是"教育就是播种爱"。这个理念不仅仅是一个口号，还是一个完整的理论体系和操作体系。教育是什么？《现代汉语词典》对"教育"是这样解释的："按一定要求培养人的工作，主要指学校培养人的工作。"说到教育，我们一般会想到学校、教师、学生、课本、传道、授业、解惑等词语。教育的本质究竟是什么？经过多年的教学实践与思考，我将之概括为"教育就是播种爱"，是由"爱人"、"爱大自然"、"爱学习"、"爱生命"、"爱梦想"、"爱真善美"这些具体的内容构成的理念体系和思想体系。以前我们对教育更多的是从母爱这个角度来诠释和理解。而我理解的教育，应该是在孩子的心灵中播下爱的种子，让爱生根，开花，结果。作为老师，应当热爱每一个学生，会爱每一个学生，让每一个学生都能感受到爱。

（原载于《现代教育导报》2008 年 8 月 18 日）

崔其升

决胜课堂之外

—— 对话崔其升校长

　　崔其升，中学高级教师。1981年毕业于临清师范，从事教学工作四年后，1985年至1987年初在聊城教育学院脱产学习，1987年至1997在杜郎口联合校历任业务辅导员、会计、业务校长。1997年4月至今任杜郎口中学校长。现任全国学习科学会尝试学习研究会副理事长、中国教育学会初中教育专业委员会常务理事、山东省教育学会常务理事、聊城大学教育学硕士生导师。2003年被评为聊城市农村教育先进个人，2004年被评为聊城市优秀教育工作者，2005年被评为水城名校长，2007年被评为全国目标教学实验研究十佳校长、全国学校规范化管理杰出校长、全国科研型杰出校长，2008年被评为第三届全国十佳中学校长、山东省年度教育创新人物。

陶继新：近几年，您和杜郎口中学荣获全国优秀教育工作者和全国教育系统先进单位等多种荣誉称号。到目前为止，已有来自全国各地的三十余万教育界专家、同行到杜郎口中学考察访问。但是，我发现，关于杜郎口中学的众多报道，谈的大多是课堂教学改革。除此之外，您认为您改革成功还有哪些原因呢？

崔其升：这是一个特别有价值的问题。近一段时间，我也一直在思考这个问题。其实，我们还有决胜课堂之外的东西。

人不自信，谁人信之

陶继新：崔校长，十几年来，杜郎口中学从一个几近垮掉的薄弱学校，跨入了全国名校的行列。这个飞跃，凝聚了您与老师们的巨大心血。那么，让您坚持不懈，终于走向辉煌的座右铭是什么？

崔其升："人不自信，谁人信之？"

1997年4月28日，我接受县教育局的任命，出任杜郎口中学校长。从此，我的生命历程就和杜郎口中学的兴衰紧紧地连在了一起。

当时的杜郎口中学，缺这缺那，但最缺的是自信。在百废待举的时候，如何找到自信？有一副对联的上联说得好："说不行，就不行，行也不行！"长期生活在这种"我不行"的环境中，师生总是处于受压抑的状态，积极性得不到充分发挥，一切都是被动应付，教育质量上不去是很自然的事情。

古人云："人不自信，谁人信之？"我在杜郎口中学就采取了对联中的下联："说你行，你就行，不行也行！"我们用了差不多三年的时间，排除干扰，艰苦奋斗，从重建教学秩序开始，把涣散的人心慢慢凝聚起来，真正找回了老师们早已丢失的自信。

陶继新：自信确实特别重要。一个人如果拥有了自信，即使今天失败了，明天还能成功。所以，正是因为全面启动了老师们的自信系统，才有了今天的杜郎口中学。自信也是会蔓延与传递的，在当时非常艰难的境况下，您的自信给了全体教师心理的支撑。老师们在前进的道路上，因为逐渐有了自信，而一步步看到了希望。

1997年您初到这里任校长的时候，老师是什么状态？现在感觉又是如何？可以说有天壤之别。不远万里来取经的人络绎不绝，带来的不单单是学习精神，无形中也给老师和学生带来巨大的自信。自信可以创造奇迹，也可以开发潜能，久而久之，就形成了一种良性的心理暗示、一种特殊的自信心理场。这一点，对杜郎口中学的发展起到了始料不及的作用。

崔其升：其实，在这个过程中，我的自信心也越来越强了。

陶继新：自信心的培植需要一个过程，更需要能够启动自信心的人。而您，则是启动杜郎口师生自信心的一个核心人物。别人可以学习您，但不可能复制您。他们可以学到形式的东西或某些内核的东西，但很难真正地入乎其中，透视心灵，更难克隆您的性格与思想。所以，我认为，要想真正学习您的话，还要在学习您的高尚人格和健康心理上好好地下一番工夫。

要有教育敏感

崔其升：最近一段时间，我一直在思考一个问题：教育究竟是什么？杜郎口下一步该怎样走？为此，我挤时间翻阅一些大师的书，有了自己的心得体会。比如，对教育本质的理解，大师们各说各话，没有一个统一的说法。

孔子说："知之者不如好之者，好之者不如乐之者。"

卢梭说："教育的过程就是生长的过程。"

爱因斯坦说："兴趣是最好的老师。"

叶圣陶说："教，是为了不教。"

郭沫若说："教学的目的是培养学生自己学习、自己研究，用自己的头脑想、用自己的眼睛看、用自己的手做这种精神。"

诸如此类的说法，自然都有他们的道理。"教育的目的"是人类社会共有的话题，无论中国外国，无论西方东方，无论古代现代，人们对教育本质的理解应当是，在使学生获得知识的同时，更要使其获得健全的人格、健康的心态、从善的德行。重要的是我们对教育要有自己的认识。

陶继新：教师的责任不仅在于给学生灌输课本知识，还得用自己的人格魅力去感染学生，用智慧来开启学生的大脑，给学生创造一个和谐安全的生活、学习环境。要想做到这一点，教师就必须不断地学习，在学习中提升自己对教育的认识，增强自己的人格魅力。

崔其升：对，搞教育改革，就必须学习。如果不清楚整个国家教育的发展方向，那么你所做的一切就没有意义。最近我又一次学习党的"十七大"报告，胡主席指出："优先发展教育，建设人力资源强国。""教育是民族振兴的基石，教育公平是社会公平的重要基础。要全面贯彻党的教育方针，坚持育人为本、德育为先，实施素质教育，提高教育现代化水平，培养德智体美全面发展的社会主义建设者和接班人，办好人民满意的教育。""更新教育观念，深化教学内容方式、考试招生制度、质量评价制度等改革，减轻中小学生课业负担，提高学生综合素质。""建设全民学习、终身学习的学习型社会。"这无疑为我们指明了教育的方向。

陶继新：作为校长，必须有教育敏感。我认为，您就有这种敏感。只有把握了国家教育发展的大政方针，才能在教育实践中有的放矢地开展工作。所以，改革不是自己想干什么就干什么，更不是头脑一热就不顾国家政策而另搞一套。您在大刀阔斧地进行改革的过程中，始终没有偏离为国为民这个大方向。

崔其升：我想，这个大方向，不能只校长一个人知道，我们还引导全校老师学习胡主席关于教育的一系列重要论述，以提高教师积极投身教育改革的自觉性。胡锦涛强调，全面实施素质教育，核心是要解决好培养什么人、怎样培养人的重大问题，这应该成为教育工作的主题。要坚持育人为本、德育为先，把立德树人作为教育的根本任务，努力培养德智体美全面发展的社会主义建设者和接班人。所以，我多次在教职工大会上讲，全体教师一定要自尊自励，努力成为无愧于党和人民的人类灵魂工程师，以人民教师特有的人格魅力、学识魅力和卓有成效的工作去赢得全社会的尊重。事实上，我们学校的教师，绝大多数都做到了爱岗敬业、关爱学生、刻苦钻研、严谨笃学、勇于创新、奋发进取，将教育当成了自己生命中的事业。

对教师严格要求

陶继新：您不仅对领导班子严格要求，对教师的要求也特别严。为此，您采取了一系列措施。可否从您认为比较重要的方面谈一下？

一、"十六字"方针

崔其升：可以。先说说"十六字"方针吧！就是"点点滴滴、扎扎实实、精耕细作、紧锣密鼓"。我要求老师从小处着手，打造精品，对教学的每一个环节都追求最优化。比如老师备课，自己备好后要送给学科主任，学科主任批准后方能上课，做到好几个层次把关。要求老师每天把小事做好，比如人走桌净，并把自己的椅子放在桌下等。开会时，针对老师不愿意往前坐的现象，我采取"从第一个座位坐起"制，中间不留空位，这样谁来得早谁来得迟一目了然，批评、处罚，谁也没什么话可说。学校还要求老师上班穿工作服，佩戴校徽。正是因为抓了这些小事，把它们做得很精致，才取得了最佳效益，促进了各项工作的发展。

陶继新：老子说："天下难事，必作于易；天下大事，必作于细。"小事如果件件做得精彩，就可以做成大事，就可以做好各种各样的工作。

二、找不足，寻差距，谋发展

崔其升：我们学校还有一个工作准则，概括来讲就是九个字——"找不足，寻差距，谋发展"。

这几年，我们学校形成了一个很好的风气，评课时不对老师的优点过多评价，更多的是找不足，老师们也喜欢找差距，以寻找提高教学水平的新的增长点。开会的时候，主要讲存在的问题，哪些地方有失误，存在什么问题，并怎样解决。

我们对老师的评价抓得很及时，每天对每一位老师都有一个评价。每天上班之前，老师们都提着小黑板，上面写着不足和改进措施，全校形成了"闻过则喜"的大好局面。现在，杜郎口中学的不少老师，课堂上出现了问题，教学成绩落到别人的后面，就会偷偷地流泪，并主动到有关领导跟前作检讨、表决心。

这样，老师们都盯着学校的发展，当然，他们自己也发展了。

陶继新："闻过则喜"是孔子对他的弟子子路优点的评价。但是，现在有一些人却是"闻过则怒"，很多领导不再敢批评了，甚至有的人犯了严重的错误，领导也一言不发，听之任之。结果，单位没了正气，领导没了威望，事业不再发展。您所倡导的在"寻不足，找差距"中"谋发展"，是很多领导应当好好学习的。

三、课堂带动工程

崔其升：我们还开展了多层面的课堂带动工程：一是领导班子成员上观摩课，二是学科骨干上示范课，三是普通教师上达标课，四是较弱教师上过关课。每月一轮。老师们的自身素质、教学水平是不一样的，我们要求优秀教师与薄弱教师结对子，优秀教师承担帮助薄弱教师进步的责任，学校把这项工作也纳入考评之中。所有的公开课，事前不给老师打招呼，提前三分钟让老师带着学生到公开课教室上课。这样就促使老师们行动起来，大家都在不断地努力。

陶继新：课堂带动工程是从领导开始的，领导的课必须上得精彩，不然，下面的课就很难进行下去。这个要求，是对领导者能力的要求。其实，在学校这种业务单位，就是要让大家盯着如何提高自己的业务能力，而不是所谓的"官"。只有这样，教育教学工作才能真正更好地开展起来。

崔其升：为了把课上好，我们还实行了层层把关制。教研组长、学科主任担负着学科研究与管理工作，教务处变成了档案室，业务由学科主任承担起来。每个学科至少有三种课型：示范课，优秀教师上样板课；研究课，研究对某一方面的突破；促进课，促进水平低的老师进步。而且要层层把关，课上得好坏，与每一个关口都有关系。

年级主任主要对班主任进行管理，要把教学方面的信息及时地提供给学科主任。班主任做保底课，他有聘、辞本班任课教师的权力，对本班几位任课老师的综合考评就是班主任的名次。

陶继新： 在教学管理方面，这是一个大的改革。教务处虽然成了档案室，但有了一层又一层的业务管理，而且层层负责，这样对每一节课就都有了研究，上好课也就是必然的了。

四、评选教学能手、学校名师

崔其升： 我们在学校内部评选教学能手、学校名师。近三年已经产生了34名校级名师、39位级教学能手，并发放一定的津贴，给教学能手每月发200元津贴，名师每学期进行一次性教学奖励。

陶继新： 在采访中，老师们谈过你们的这种教学能手和学校名师，不管他过去多么有名，哪怕有了省级以上的称号，只要到了杜郎口，就都成了"过去时"。即使以前没有任何荣誉称号，他也可能被评为能手与名师；即使以前很有名气，在这里也可能评不上能手与名师。这要求校长具有气魄与胆识。好在老师们已经认同了这种评价机制，而且正是这种机制，使每一个在不同层面的教师重新走到了竞争场上。

崔其升： 我们不仅有比较好的评价机制，而且评价也特别及时。每天上午第一节课前，老师签完到后，由学科主任对自己科目下的老师们进行评价；中午对上午的情况进行评价；每天有一节课的反思会，要用事例对本学科教师上课情况、办公情况、学生预习指导、育人等等进行总结。每周全校有一次总结会，由业务校长牵头，学科主任对自己学科的教师进行评价，评价时要抓好与差的典型，用事实说话。大家聚到一块儿，分学科进行总结。

有学者说，一位教师认真反思三年，就有可能成为名师。我说，一支教师队伍，真真切切地反思三年，就一定会成为一支优秀的教师队伍。我们反思的特点是反思事实，用事实反思，不弄虚作假，不作秀。在这样的反思中，我们的教师队伍、教学水平都得到了快速提升。

多年的实践告诉我们，抓教学必须以课堂为中心，以听课、评课为重点。这里我们注重了两个度，一个是力度，一个是密度。在我校每天都有30多节课被听、被评。我们要求校长每周听 9 节课，学科主任每周听 7 节课，老师每周听 5 节课。我们的老师就是在这种听课、评课中提高了上课技能。

陶继新：孔子说："学而不思则罔，思而不学则殆。"教学也是这样，如果缺少反思，就不能步入教学的高境界。而且你们的反思是在评价基础之上的反思，因为有了更多教师的参与，这种反思也就更有价值。

崔其升：通过长期的探索，杜郎口中学提出了教师应具备的十大素质：

第一，登高望远，积极进取的人生追求；

第二，脚踏实地，吃苦耐劳的奉献品质；

第三，小事抓起，打造精品的质量意识；

第四，勤于交流，促优正劣的改革勇气；

第五，善于合作，取长补短的进步要求；

第六，努力学习，完善自我的探索态度；

第七，关心集体，先公后私的奉献精神；

第八，关注科研，总结规律的创新思想；

第九，尊重学生，关注学生的民主观念；

第十，相信学生，利用学生的主体理念。

通过几年来的努力实践，杜郎口中学鼓励老师们争创一流、努力工作、敢为人先，建立了一个良好的工作环境。

有了这么一个工作氛围、工作环境，取得成绩就是必然的。

让自觉成为常态

陶继新：当人们走进杜郎口中学课堂之后就会发现，学生的学习不是被动的，而是主动自觉的。那么，这个自觉状态是如何形成的呢？

崔其升：杜郎口为什么成为杜郎口？校长自觉带动领导班子自觉，领导班子自觉带动班主任自觉，班主任自觉带动学生自觉。以前说杜郎口是吹出来的，实际上杜郎口是做出来的，是从民间出来的，人们口口相传杜郎口行，所以他们都来了，络绎不绝地来了。为什么来？就是因为有吸引人的地方——不是校长在说什么，而是在做什么。

我若十天半个月不在家，学校照样能够非常好地运转，关键是校长的理念变成老师、学生的自觉行动了，而且这种自觉已经变成常态了。

陶继新：自觉与常态有一种内在的因果联系：没有自觉，就不可能成为常态；同时，有了常态，又可以进一步升华为自觉意识。杜郎口中学的成功，与校长、教师和学生在管理、教学和学习中形成的自觉意识息息相关；而由此构建的适合杜郎口中学的教育常态，又促进了个体之间自觉意识的共振与和谐。于是，杜郎口中学就有了超越自我和其他学校的经典之处。

这种自觉变成常态的教育现象，从根本上说，形成了一种属于杜郎口中学的文化。我们经常说一个好校长就是一所好学校，如果这个好校长不在了，学校的既有景观也就不存在了。这还不是一所好学校。好学校就是校长在这里是这样，不在这里也是这样，校长的理念已经一点一点地内化到老师、学生的心里，也就是说他们对之已经有了一种高度的心灵认可。

不是有这样一个笑话吗？中国的一个小伙子在美国找了一个对象，在走向神圣的婚姻殿堂的前一天晚上，两个人手挽手要过一条马路，此时亮起了红灯。因为路上空无一人，小伙子就要闯红灯，但是他的女朋友不同意。小伙子就硬拉着她走到了马路的对面。没想到，女朋友非常严肃地对他说："我决定不嫁给你了。"接着解释道："你连红灯停绿灯行这个最基本的规则都不遵守，神圣的婚姻规则怎么能遵守呢？"不管小伙子如何解释与请求，都无济于事。回国之后，小伙子又找了一个女朋友，登记的前一天夜间过马路，也是遇到了红灯，路上也是空无一人。女朋友说过去吧。他因为有了先前的教训，说什么也不过。直到绿灯亮了之后，才和女朋友走到马路对面。令他怎么也没有想到的是，女朋友非常遗憾地对他说："我没法再跟你结为百年之好了。"小伙子万分诧异，问及原因。女朋友说："马路上一个人都没有，你还非要等到绿灯亮了之后再走，这不是一个典型的傻瓜吗？"

红灯停绿灯行是一个世界规则，为什么在不同的国度和不同的人那里竟然有如此不同的诠释？关键是规则是不是内化到了人的心里。我们有好多制度是贴在墙上的，形同虚设。而您则把杜郎口中学的理念彻底内化到师生的心里了。所以，我认为，您的最大贡献是，不仅使杜郎口成为当今教育的一个品牌，还使这个品牌意识根植到了师生的心里。我相信，即使以后您退休了，不再当这个学校的校长了，杜郎口中学还是杜郎口中学。

崔其升：杜郎口中学的学生不但能学，也会学。他们不只是现在考试成绩好，将来在前进道路上不论碰到何种困难，都挡不住他们前进的步伐。

陶继新：这就是文化的力量，具有长久的生命力。

领导就是样板工程

崔其升：一个单位搞得好坏，领导是关键。在某种意义上说，领导就是样板工程。

陶继新：说起这个样板工程，我想起了一直关注与支持杜郎口中学的谢金国先生说的一些关于您的事。在杜郎口中学还非常艰难的时候，您为了给学校省点钱，好多活都是亲自干。学校电焊您是第一个学会的，学生自行车车棚、学生宿舍的床都是您带着有关领导做的，省下了几万元。老师的瓦房漏水，您第一个带着老师上，顶着风冒着雨，把坏瓦拿掉，用塑料布盖好，然后把瓦封好。夏天下大雨，雨水排得不顺畅，当时的厕所是土厕，坑里都满了，厕所不能再用了，您就带着现在的会计一宿没睡觉，把厕所的水抽掉了。

崔其升：这样的事的确做了很多，做这些事的时候，真是觉得学校比我的生命、比我的家庭重要。有时候因为这个我们夫妻俩还吵过嘴。因为我有病，整天还去忙一些在别人看来连农民工都不愿意干的活，而且经常是中午12点不回家，13点不回家，甚至14点还回不了家，晒得跟黑人一样，背上都晒得脱了皮，爱人心疼啊。但是我就是觉得非把事情干好不可，做完了就觉得特别幸福、特别快乐。不然，就饭也吃不下，觉也睡不好。

陶继新：校长的这种追求和精神，对全校的师生员工是个表率和鼓舞。

崔其升：2005年，全省教育教学现场会在我校召开，会议前几天还有几排房子需要拆除，我连着三宿没睡觉。第一天晚上36间房还好好的，第二天早晨连块砖头都没有了，就是我带着后勤人员连夜干的。我觉得一线老师苦、累，第二天还有课，所以就没让他们干。

有一天在房顶上扒房，我把椅子拿到房顶上坐在那儿守着，我怕扒房的时候破坏周围的建筑，因为那时框架结构的报告厅已经起来了，离这些正在扒的房子只有 2 米远。要是砸着新建的报告厅，学校又会受损失。

有一天晚上，一个铲车干到凌晨 2 点的时候，轮胎被大钉子扎坏了，我到街上的维修部砸门，说我是杜郎口中学的，我姓崔，我还想用我的身份把人家叫起来。可是他们不愿意起来，又是没有工具了，又是没人干什么的，找了一些理由。没办法，为了按计划做完活，我又跑到 30 里地外德州那边找铲车，这样耽误了一个半小时，找到后接着干，第二天早上原来的计划一点儿没有耽误。有人说："原来都说深圳速度，你这里的速度比深圳还神速！"

陶继新：我在采访老师们的时候，他们谈起这些事情，都有一种敬仰的心情。有的说，我们不好好干，对不起崔校长。我想，这种感染力当是杜郎口中学成功的一个基石。当然，这需要校长大公无私，公而忘私。这种精神，在今天已经很少有人提及了。但是，这恰恰是杜郎口中学最为可贵的地方。

崔其升：是的，作为一个合格的校长，公要大于私，甚至，私要消弭得无影无踪，要完全把单位当成自己的生命之存在来领会。一个领导的工作就是样板工程，是他人学习的楷模。品格不是抽象的，也不是一些普通的文字能表述的，应该说它是有形的。作为领导，很重要的一点就是有本钱，要有说服力，要能够征服人心。领导最大的价值是什么？就是你是最优秀的。在这一点上我提出，是领导，首先必须是优秀教师，反过来，不是优秀教师的，不准也没有资格当领导。这些年我就把握住这一点，有三五个原来是领导的，现在都不是了，你不优秀就起不了带头的作用。

在南京作报告的时候，他们问我："你的干部被你辞退的时候，他有情绪怎么办？"我说我对谁都这样，我是对事不对人，两个人的感情、私人情结没有考虑，我考虑的是在学校这个范围内，他对学校的成长、发展有什么价值。第一个人下来的时候可能有意见，第二个人下来时也许少了一点情绪，第三个人就没有情绪了。

陶继新：你的价值导向好，所有班子成员都是最优秀的，而且老师们都认可。一个好单位，领导班子一定是团结向上的。单位如果出问题，大都是因为领导班子出了问题；如果领导班子不出问题，尽管会有许多其他问题，但是都可以解决。

崔其升：对，问题都在领导班子内部。

陶继新：如果当校长的不是考虑学校的发展，而是考虑自己的升迁或私利，就不可能形成一个优秀的团队。因为一个校长心不在事业上，其他领导成员和教师都会看在眼里，想在心里，当然，就不可能形成积极向上的氛围。杜郎口中学整个群体如此奋发向上，就是因为有这样一个好的领导班子率先垂范啊！

（原载于《现代教育导报》2008 年 9 月 8 日）

顾 泳

百年老校
年轻校长的历史担当

—— 对话顾泳校长

　　顾泳，江苏省常熟市石梅小学校长、党总支书记。常熟市幼教教学能手，常熟市精神文明先进个人，常熟市十大杰出青年，常熟市、苏州市师德模范，苏州市幼教学科教改带头人，苏州市双十佳青年教师，苏州市青年道德榜样，江苏省红杉树园丁奖银奖获得者，全国优秀教师。

　　石梅小学已经荣获江苏省实验小学、江苏省模范小学、全国现代教育技术实验学校、教育部基础教育司劳技教育先进学校、苏州市信息化示范学校、苏州市安全文明学校、苏州市绿色学校和苏州市首批双语实验学校等殊荣。

胸怀：海纳百川，有容乃大

陶继新： 如果说老师需要胸怀宽阔的话，校长就更加需要，因为校长是管理者。有的教师可能脱颖而出，名气超过校长。这个时候，校长如果心胸狭窄，就会嫉贤妒能，甚至压制打击教师。而据我所知，您不但希望学校的教师出名，而且帮助他们出名。对于这个问题，您是如何思考的？

顾　泳： 我很喜欢我们常熟的一家餐馆，原因是它的名字"海纳百川"，我喜欢它蕴涵的壮阔——海纳百川，有容乃大。

一个管理者会遇到各种各样性格的工作伙伴，所以拥有豁达的心胸就特别重要。容人之短，用人之长，是我和伙伴们相处共事的原则。要让每一位老师都拥有专业自信、人生自信，用心去做好每一件事。所谓"尽人事知天命"，我们在乎的是过程中的努力，面对结果，则要学会坦然与平和。

在我们这个团队中，如果有的老师成长得好，发展得好，我会很高兴；如果学校搭建的平台于他而言已经太小了，他能够往更大更高的平台上去发展，我也会为此欣慰，因为他的起点在这儿，因为他曾是我们的同事。而我也始终相信，当他走出这片天空的时候，他对我们会眷恋，会感激，甚至会支持，会回报。

我的老同事小 G 老师，是作家协会的会员，出版了一些儿童文学作品。这么优秀的老师心中却藏着担忧，担心领导会对她的"不务正业"有异议，担心同事会对她的"不务正业"有质疑。作为当时的园长，我真诚地告诉她：你千万不要担心！你爱上了阅读与写作，也就拥有了诗意与"柔软"。当你花费大量的业余时间进行思考、写作时，你的知识、你的思想、你的日渐温暖的心会通过课堂、通过和孩子的接触传达给他们，这些熏陶已远远超出了课程本身。于孩子们而言，岂不是一件幸事？

陶继新：我在采访时发现，有的校长对教师的写作并不感兴趣，甚至觉得这是歪门邪道。其实，教师不但要教好课，也要读好书，还要写好文章。一个老师如果不会写作，在某种意义上说，不是一个真正意义上的好教师。陶行知和苏霍姆林斯基都是堪称大教育家的校长，都是写了大量文章的大家。写作，是人的精神和心灵的收藏；写作的过程，便是精神锻造与心灵提升的过程。甚至可以说，写作会使人变得越来越有品位，越来越有思想，越来越有爱心。那么，在教育教学之中，它就自然会传递给自己的学生。这种隐性的影响，有的时候甚至超过了正式的教育活动与课堂教学。您在担任园长期间就关注教师写作，现在依然没改初衷吧？

顾　泳：是的，甚至有点"变本加厉"。我们正在用心创办一份校刊——《石梅苑》，我将其视作所有石梅人思想栖居的园地。这本费了思量、情意厚重的刊物记录了老师们的教育心得、课改体验与人生感悟。它像一个立体的舞台，演绎着老师们的万象生活。在这里，老师们可以自由地言说，自在地呼吸，用各自独特的方式去实践"一棵树摇动另一棵树，一朵云推动另一朵云，一个灵魂唤醒另一个灵魂"的教育追寻。

为了更好地成全教师个人的生命成长，我们的《石梅苑》还将推出一系列教师个人专辑。沈丽新老师的文集是第一辑。沈老师游学英伦28天，记录了十万多字的文稿。这种勤勉与智慧深深打动着我，打动着身边的每个人。所以，我们愿意将它呈现给更多的人，哪怕这样做会有一笔不小的花费。

陶继新：我与沈丽新老师虽然只接触了一天左右的时间，但已感受到她的那份对教育的挚爱之情，以及对文学创作的特殊喜好。给她出了一本书，这是对她的一个巨大的精神鼓励。在言谈中，她的感激之情不经意间就会流露出来。我想，她从此会更加喜欢写作，更加喜欢这所学校，更加喜欢她所钟情的教育教学工作。另外，这会在无形中产生一种辐射作用，更多的教师会将写作看作一件"神圣"的事业。一所学校如果有了更多喜欢写作和会写作的教师，就自然拥有了更加深厚的文化底蕴。这是学校发展的软实力，我觉得比盖上几座大楼、增添一大批设施作用还要大。不过，为她一个人出一本书，学校要掏出一笔不少的钱，老师们的心理会不会不平衡呢？

顾　泳：您的这种担心，也曾有人对我说过。事实上，这个专辑从装帧设计到内容编辑都是我们《石梅苑》整个团队齐心协力完成的。大家团结共事，因为这是我们石梅人共同的荣耀。

陶继新：看来，你们学校已经形成了一种文化氛围。教师不是看到别人发展了就去嫉妒，而是去学习，去助兴，去欣赏。因为它昭示出一个意念：如果我努力写出了一本书，校长和老师们也会像关注沈丽新一样关注我。教师向上发展的态势，会带动学校的蓬勃发展。

顾　泳：是的，学校的发展，关键在教师。所以，"教师第一"是我一贯秉承的管理思想。我和老师们一起努力从传统的"自闭"、"自轻"、"自贬"中挣脱出来，去自由表达，诚意倾听，彼此欣赏，在石梅这片海洋中摇曳自己独特的美丽。

品行：爱心传递，温润心灵

陶继新：听说你们学校的老师特别富有爱心，甚至构成了一道动人的"人性美"的风景。您可不可以举个例子，让我们也感受一下那道风景的美丽呢？

顾　泳：可以。我们《石梅苑》的封二曾介绍过这样一位老师——汪明波。他戴着眼镜，外表年轻斯文，给人的感觉却是坚强而执著。虽是一名普通的劳技教师，他却将无偿献血和公益事业作为自己生命的重要组成部分，倾注了大量的爱心和热情。自踏上工作岗位以来，他已累计献血2200毫升。他说，每次看见殷红的血液流进血袋，想到自己的鲜血能够让他人的生命重放光彩时，内心就感到充实。同时，他还是一名造血干细胞捐献志愿者。2007年，汪明波老师获得了市首届无偿献血"爱心大使"的称号。

除了积极参加无偿献血，他还组织并参加公益活动。作为社会论坛爱心版的版主，他将爱心活动组织得有声有色——每年组织虞山保洁活动，去市儿童福利院送温暖，去市老年公寓打扫卫生，发动身边的朋友、网上的志愿者捐书捐衣给贫困山区的人，组织爱心义演捐款活动，等等。所有这些付出，汪老师从来没有声张过。他甚至还心存顾虑，生怕影响了工作而遭到反对。我告诉他："爱心是一名老师最重要的情怀。一个人如果能有博大的爱心去对社会负责，我相信，他对学校、对孩子同样是有爱心的。我为你感到骄傲，我们所有的石梅人也会为你骄傲的!"

事实上，对于这样一位充满了爱心的老师，孩子们是格外喜欢的。因为卡尔·荣格也说过："课程必须由一个个知识点构成，但对于成长中的植物和孩子的心灵来说，温暖才是最重要的。"

陶继新：爱是没有边界的。如果将爱仅仅定位在学校之内，那就显得太过狭隘了。汪明波老师的爱，几乎是无处不在的。这恰恰是教育的至高境界。我甚至认为，没有爱，就没有真正意义上的教育。特别是现在，爱的教育尤其重要。目前，有些人，包括有的孩子，已经不知道爱是什么，更不知道爱是何等重要。对于人的生命，包括对自身的生命以及对动物、植物生命的漠视甚至戕害，有的已经达到了令人不寒而栗的地步。唤醒这些人的爱心，当是教育工作的重中之重。所以，对于那些有爱心的人，我们不但要敬仰，还要大张旗鼓地进行宣传表彰。让爱充满校园，让爱充满人间，才是教育的真谛。从这个意义上说，汪明波老师不但是你们学校的骄傲，也是全体常熟人的自豪。

顾　泳：爱是没有边界的，爱更是可以相互传递的。正是基于这样一种思考，我们学校还成立了一个爱心团。这个团队里有老师，有家长，有学生，大家都是自愿报名的。我们希望借助这个团队，连接校内外的力量，营造一种爱的氛围，让爱洒满人间，让爱温润心灵，用爱让我们的孩子懂得一份责任，塑造一种品格。

这个暑假，学校爱心团和社会义工组织联手开展了一次到涟水的访问活动。爱心团的成员们积极参与，带去了大量的书籍、衣物等礼品，也带去了我们学校的扶助资金。大家实地参观了当地的校舍、民居，和那儿的老师、学生进行了交流，个个都感触深刻。在对比中，不管是成人还是小孩，都开始重新审视自己的内心，从而更加懂得了珍惜、感激与回馈。

陶继新：将汪明波老师的爱心之举辐射到整个学校的师生，又由学校辐射到家庭与社会，且组建了"爱心团队"，这需要老师们的自觉，更需要您的引领。一个没有爱心的校长，是不会干这种"劳而无功"的事情的。如果每个学校都这样去做，我们的社会就会充满爱心，就会越来越美好。我认为，一个学校的教学取得突出的成绩固然可贵，而让爱心不断地传递就更加可贵与高尚。所以，这当是你们学校的一个品牌，它甚至超越了教学质量。一个品牌，不但要有知名度，还要有美誉度。而这种美誉度的形成，正是你们学校所有教师以及学生在爱心道路上共同结下的硕果。

顾　泳：我们学校是有了一定的美誉度，这也是我们引以为自豪的地方。我特别喜欢冰心老人的那句话："爱在右，同情在左。"怀揣着这样美好的情怀行走在教育之路上，该会成就多少美丽的风景！一位教师的生命内涵包含着太多的东西：专业技术、知识积淀、社会责任感。而爱心，则是这一内涵最为丰厚的精神所在。

引领：传播温情，润泽生命

陶继新：校长自身的发展固然重要，但是，校长又有一种特殊的历史担当，因为校长还是整个学校发展的引领者。作为一个很早就在幼教专业方面取得很多成绩与荣誉的青年幼教教师、一个上任不久的小学校长，您是怎么看这个问题的呢？

成全教师的专业发展

顾　泳：校长需要不断学习，不断进步，这是自身工作岗位的需要，也是引领学校整体工作的需要。我非常钦佩那些专业素养很高的小学校长，因为他们不仅是管理的行家里手，还是学科的领跑者，他们是我学习的榜样。我相信，他们努力提升自己，也一定为教师的发展提供了很好的榜样和力量。

我的专业是学前教育，同时参与过两年的小学管理。如今因为工作需要，重心完全转移到了小学教育上。这种转变从我 37 岁开始。我想，这些年的工作积累或许会让我有更大的发展可能和空间，但也完全可以适应归零的一切重来。然而事实上，我也不完全是重新开始，因为我所在的幼儿园是附属于小学的。在我管理幼儿园时，学校小学部领导和老师给予过我很多帮助，我在内心深处始终非常感激他们。现在我的身边有一大群堪称优秀的石梅同伴，而且我面对的还是"缤纷"的儿童。

《西游记》是一部家喻户晓的经典之作。我常想，那个团队里，最无能的恐怕就算是骑着白龙马的唐僧了。他手无缚鸡之力，但他与能干的悟空、踏实的沙僧、开朗的猪八戒合作，最终竟然取到了真经。这当然不是他一个人的功劳，这个团队的共同信念、各司其职的努力、合理的协调无疑是终成正果的主要原因。所以，我的重要任务之一，就是让各个类型不同、能力不同的教师，都有施展才华的地方，都可以快乐地去做他们愿意做而且可以做好的事情。

陶继新：一个好校长，要善于发现老师们的长处，而且要扩大这些长处，用好这些长处。这样，老师们才会更快地发展起来。其实，任何一所学校的教师，都不会是平行发展的。校长首先要承认这个事实，将其视作学校发展的一种生态平衡。同时，又要不断地改变教师的生命状态。这就要适当引领，就要人尽其才。甚至有时候，还要牺牲个体的发展空间。如果教师这个群体发展了，那么这所学校就发展了，校长就成了这个发展团队最大的功臣。

不过，有时，校长的发展与教师的发展是会发生冲突的。这恰恰可以作为检验一个校长是否将教师的发展视作生命的试金石。

顾　泳：所以，作为石梅的校长，忽略小我，将手上的所谓的权力和有限的资金投在老师们的发展上，为他们的发展服务，让他们做得更好，让他们在石梅这个空间里成长为生命丰实的教师，是我应尽的天职。因为老师们的成功就是石梅的成功，更是惠泽石梅孩子的成功。我想，这就是做校长的快乐。

营造温情的校园气息

陶继新：在采访老师的时候，我发现他们除了对您的人格和学识佩服之外，还特别欣赏您的人文情调，说您很会生活，尤其善于将自己的情趣传递给老师们，从而营造了一个温馨的学校文化氛围。请您就这个方面谈一谈。

顾　泳："认真工作，情趣生活"是我的QQ签名，也是我的人生格言。富有情趣的生活会更好地推动工作的状态。所以，校长为老师们的工作多创造些情趣，也是有意思、有价值的事。所以，我总是在生活上较多地关爱老师，希望老师成为生命健康、完满的人。

陶继新：这也不单单是情趣问题。从本质上说，这是校长心里有老师。

如果一味地想着自己舒服，就不会考虑到教师的感受，就不会有对教师这个群体的温情。

顾　泳：很多人说我不像校长，还是像老师。其实，我很享受像老师的感觉。我真的觉得校长是为大家服务的一个特殊的岗位，所以我内心里从没把校长定位为"一个好像有权驾驭学校老师的人"。我觉得作为一个校长，真的是要心中有老师，这样，老师才能心中有孩子，他才知道被关怀是一种很幸福的事情。老师若感觉到他在学校里被看重，感受到学校给他的温暖，他在工作中就会得到更多的幸福。那么，他就会把这样一种幸福感带到他与学生的接触中，我们的学生也就能感受到一种更具温情的教育。

秉持诚信的办学信念

陶继新：孔子的教育内容主要是"文、行、忠、信"，他甚至说："人而无信，不知其可也。大车无輗，小车无軏，其何以行之哉？"可见，这个大教育家是何等重视诚信教育。可是，目前社会上，甚至学校里作假已经不是什么新闻。殊不知，校长作假会影响到教师，教师作假又会影响到学生。所以，我们应当将诚信教育作为学校教育的一个重要内容。

顾　泳：是的，诚信是人生的金律，我一直信奉。管理团队的公信力对学校工作的开展有很重要的影响。除了能力、才干之外，我觉得最重要的就是诚信。弄虚作假，欺骗的只是自己，这是很简单的道理。如果校长有意作假，教师也会上行下效，来应付你。所以，不管在什么情况下，即使因此而影响到学校的荣誉，我也决不作假。得到了一时的荣誉，往往会付出更大的代价。

定位适当的得失境界

陶继新：一所学校、一位校长的荣誉异常重要，但是，这种荣誉不能是刻意取来的，而应是水到渠成得来的。如果为了一己之名利而强行为之，失去的东西也许会更多。这就是有得必有失。所以，校长有得的时候，要考虑会不会有失；而有失的时候，可以去想将来还会有得。

顾　泳：我觉得，荣誉能激励老师和学生看到共同努力下的点滴进步。

但只有真实的积累才珍贵，才能换来办学的公信力、美誉度，也才能使之成为一个名副其实的好校长。

陶继新：孔子的弟子司马牛问怎样才是君子，孔子回答说："君子不忧不惧。"司马牛认为，怎么会是这个样子的呢？他甚至提出了怀疑。孔子说："内省不疚，夫何忧何惧？"是的，具有君子人格者，即使得到了也要"内省不疚"，不然，就会既忧又惧，不是道法自然得到的，特别是那些不是通过正道得到的东西，就在他的心里埋藏下大"失"的种子。

顾　泳：今年暑期，我看到电视记者采访姚明。记者问他："这么多人关注你，这么多国人对你的爱有些超出你承受的能力，你一定压力很大？"姚明沉思了一下，然后说道："是的，但是很少有人有这样的机遇承受这么多的关心和爱护。承担这些压力，是我应该的。"我觉得，做校长跟这一样。有的时候也有些焦虑，因为你必须生活在这个很现实的社会里。但是，我会说服自己："你是校长，你就不仅仅是你自己了。你既然承受了这些压力，你就必须自己去消化。焦虑，暴躁，甚至把这些不良情绪发泄出来，是不会解决问题的。"我有自我调节的方式。我会找一个很好的咖啡馆，打开我的笔记本电脑，慢慢地我的身心就会调节过来。老师们出现什么情绪，我都能够体谅。然后，我会想想，怎么把这个事情处理好。我不会让烦恼蔓延，而基本上让自己保持一个优质的情绪状态。

视野：关注阅读，诗意生活

陶继新：在采访老师的时候，他们几乎都说起过你们学校的"心灵之约"读书会，说那是一个读书的特殊场所，也是一个心灵栖息的园地。曹丽秋老师甚至说它是一个使人走向审美的富有诗意的地方。老师们为什么如此钟情于这个读书会呢？

顾　泳：说起这个读书会，组织起来还真是蛮有意思的。每个月的一个晚上，我们把会议室精心布置一番，将桌子重新摆放，铺上素雅的台布，提供各式茶点、咖啡、水果，然后在轻柔的音乐中开始我们的读书之旅、心灵邀约。每次读书会，我们的主持人都会用心策划，从结构的安排到气氛的调节，甚至礼物的发放，无一不细细推敲。人是需要环境烘托的。在这样宽松而温馨的氛围中，老师们会忘却一天工作的劳顿，敞开心扉，畅所欲言。读书会上，大家或是深情诵读，或是自由辨析，或是诚诉疑惑……每每在兴奋处、叹息时，便会流淌出一串音符，那是音乐老师在钢琴上即兴奏出的旋律。于是，所有的人便都融入了此景此情之中。我觉得，从形式上看，这是一个小小的茶话会。其实，它改变了老师的心态。久而久之，他们便不再用一颗坚硬的心、一个坚硬的外壳去做一名语文、数学或是英语等学科的老师。这种柔软的带动会让他带着柔软的心踏进课堂，然后柔软地对待孩子。

陶继新：读书的至高境界是审美，是超功利的。孔子说："知之者不如好之者，好之者不如乐之者。"儒学名家李泽厚认为，这里的"知"指向知识层面；"好"呢，则在道德层面；而"乐"，则上升为审美境界。所以，孔子说他自己已经是"发愤忘食，乐而忘忧，不知老之将至"了。《周易·系辞》中有这样一句话："君子居则观其象而玩其辞，动则观其变而玩其占。"《周易》博大精深，深奥难懂。可这儿却说要去"玩"，而且在"玩"中了其要义。这看起来令人费解，其实，读书本来就是特别快乐的精神之旅，而您又在这个读书会中特意布置了富有诗意的"插曲"，就有了更多的审美乐趣。

另外，教师之间、教师与领导之间也是需要心灵交流的。这个读书会，还为他们之间的心灵沟通提供了一个"软"性的载体。老师们既在读书中提升了自己的文化品位，也在读书中与其他人进行心灵对话。所以，这种读书会，是"以文会友"，也是"以友辅仁"；它可以增长智慧，也可以增进感情。可谓一举多得。

顾　泳：是的，我们从去年成立这个"心灵之约"读书会的时候，就确定了"以书会友，坐而论道；开阔视野，荡涤心灵"的宗旨。我们期望老师们在阅读与交流中体味成长的快乐，努力做充满热情、乐于读书、善于思考、尊重他人、超越自我的石梅人！这样，他们才能带着对幸福生活的敏锐感知参与到学校的教育工作中来，而不是一个个机械的知识传递者。

陶继新：读书的内容不能单一，除了教育的书，还要读教育之外的书。如果只读教育的书，就会如苏东坡的诗中所言："不识庐山真面目，只缘身在此山中。"只有既读教育的书，又读教育之外的书，甚至是高层次的书，教师才能视野大开，才能走进苏东坡诗中所说的那种境界："横看成岭侧成峰，远近高低各不同。"

顾　泳：我们的看法是一致的。除了一些教育名著，我们还向教师们提供了李开复的《做最好的自己》等企业家的书。这些书的内容并不生涩，和老师们的日常工作贴得很近，也具有很好的价值引领功能。它们所折射的对于环境的认识、对于自我的定位等，都能帮助我们更好地认识自己的职业价值，拥有积极、平和的健康心境和状态。以后，我们还将阅读更多教育之外的书，不断拓宽阅读的视野，读厚教师的生命。

陶继新：据说，学校每年都要免费向教师提供一些优秀图书。如果教师们都在读书，都喜欢书，其实就是在接受高尚情趣的洗礼，其作用甚至超过了对某个教学技巧的传授、对某种课堂教学方法的分析。

顾　泳：是的。学校需要文化的引领，必须有一些东西把零碎的思想收起来，让老师们把目光的关注点集中到这里来。至于教学技能，我认为，在积极的意识状态下，它的培养和调整并不难。况且，读好书还可以养颜，可以使人更加健康。所以，读书有着超越教育的更大价值。

陶继新：诵读好书，不但可以丰盈自己的智慧，还可以促进心灵的内在和谐，使自己长期处于快乐、愉悦的心境之中，而心灵的和谐才是健康之本、幸福之道。我写过一篇题为"读书，使我驶进宁静的心灵港湾"的文章，认为诵读好书，可以使人物我两忘、优雅从容、淡定自然、快乐无比。如果天天如此，月月如此，年年如此，那么你还会不健康吗？我甚至有一个想法，那就是：人是可以不得病的；即使得了病，也是可以自己治愈的。真的要达到这种境界，不仅要锻炼，而且要读书，更要通过读书抵达心灵的高贵境界。

顾　泳：我看您博客的时候发现，在您的"简介"部分，您说您是农民出身。这是真的吗？

陶继新：是的，当过十年地道的农民。农民有许多可贵的品质，但也有许多劣根性，我们从鲁迅先生的作品中可以看到这些东西。我认为，我把农民最为优秀的本根性的东西保留了下来，同时，我又没有像农民那样疏离文化，而是一直在读书。所以，一个人从农村走进城市，由农民变成国家干部，由乡间小屋住进高楼大厦，还不能说他已经是一个真正意义上的优秀的城里人了。因为身份与地位的变化只是形式上的，更为重要的是，要变灵魂，要变气质，要变思想，要变视野。这是一批从农村走进城市的优秀知识分子的共同特点。如果原来就是城里人，而没有通过诵读好书来不断提升自己的思想文化品位，又将城里小市民的习气扩而大之，那么他还不如现在的农民。所以，城里人也好，农民也好，只有不断地读书，才能使自己发生凤凰涅槃式的变化，才能重新塑造自己的人生。

顾 泳：确实有道理。我发现，老师们通过读书，都在发生着变化，而且都是向着好的方面发展。我想，过上三两年，当您再次光临石梅小学的时候，您就会发现，我们的教师将变得更加优雅、美丽。

（原载于《现代教育导报》2008 年 10 月 6 日）

李新生

在"自主·合作·探究"中提高课堂效率

—— 对话李新生校长

李新生，现任济南市历城区教育局副局长，济南市历城区第二中学党支部书记、校长。曾获全国优秀教师、全国创新型校长、山东省富民兴鲁劳动奖章、济南市劳动模范、济南市十佳校长、济南市优秀共产党员等荣誉。

李新生校长重视内涵与外延并重发展。2002年，完成了济南市"五个一"全方位优化升级，使历城二中由一所普通农村高中变成济南市窗口学校。2004年，创办历城二中附属初中，又一次实现了跨越式发展。目前，学校科学规范的管理、"自主·合作·探究"高效课堂教学模式的构建、科技创新和陶艺教育等已成为特色，并以优异的教育教学成绩赢得了社会各界认可。

学校被评为全国创新型学校、省级规范化学校、山东省文明单位、山东省教书育人先进单位、山东省绿色学校、济南市教学工作示范校。

陶继新：加班加点也许可以提高学生的学习成绩，但是，那是以牺牲学生的发展潜力，甚至是戕害学生的生命为代价的。用更少的时间，让学生取得更好的成绩，才是最为有效的学习方式。而高效课堂，无疑是一种最佳方式。据滕德新等老师介绍，你们学校"自主·合作·探究"高效课堂教学模式，有效地解决了这样一个问题。您可否将这个模式简介一下？

李新生：所谓"自主·合作·探究"的高效课堂，就是在先进课堂教学系统理论的指导下，师生共同创设符合学生认知的各种学习情境，通过学生积极自主的探索研究、小组合作交流、训练反馈，实现"课堂知识容量最大化、有效信息交互量最大化、思维活动容量最大化"，从而较好地实现"知、能、德"三维教学目标，形成高效课堂。

自 主

陶继新：对于自主学习，人们已经普遍认可。可是，也有人认为，学习优秀的学生，大都具备自主学习的能力；学困生则缺少这种能力。记者在各地采访时发现，在课堂上听讲或自学时间过长时，学生，特别是学困生，非但自主学习能力差，甚至集中精力的时间都比较短。但在你们的课堂上，学困生大都自主甚至积极地学习，发言时也不甘落后。您认为，你们的学困生为什么会有这么好的自主学习精神呢？

李新生：主要原因是小组合作学习给这些学困生提供了积极发言的机会，使他们拥有自主学习的动力。在一般的课堂上，一个老师面对好几十个学生，由于时间和机会有限，很多学生，尤其是学困生和性格内向的学生，很少有发表自己见解的机会，更缺少向老师提出自己的疑惑的勇气。久而久之，他们发言的"胆量"越来越小，问题也越积越多，成绩自然越来越差。而我们的小组合作学习，使一个老师一下子变成几十个"老师"。他们对自己的疑惑，及时地交流、辨析、反馈、矫正，使问题得到了及时有效的解决。

陶继新：学困生在小组合作学习中，不但有了发言的机会，争得了自己的话语权，还获得了早已失去的胆识与自尊。在这个宽松且被大家认可甚至欣赏的环境中，他们的自信心也在一步步提升。自信心的提升，会构建一种巨大的动力系统，影响现在，更影响未来。一个拥有自信的人，即使现在遭遇失败，以后也会成功的。

李新生：学困生的变化令我们大为惊喜。他们在小组范围之内，既听"小老师"的教诲，也可以与"小老师"分庭抗礼。因为他们认为都是学生，在同一个层面上，即使有"越轨"行为，也不会受到训斥。况且，教师也有意营造这样一种自由发言的环境，特别是自主思考的氛围。就是在全班的发言中，学困生也大多跃跃欲试，甚至屡屡有令人始料不及的表现。

陶继新：支撑学生踊跃发言和自主学习的动力是他们心灵的自由和自我肯定。学困生在小组合作中，心无挂碍，无拘无束，在这种心理状态下，一度深藏心底的潜能便会喷薄而出。而发言次数的增多与成功率的不断攀升，又使他们越来越有信心。这种自我肯定反过来又会增强其自主学习的积极性。久而久之，他们就会在不知不觉中步入优等生的行列之中。

李新生：是的。初入学校时的所谓"差生"，已经有很多改换门庭，成了公认的优等生。

合 作

陶继新：合作学习已经被公认为一种很好的学习方式，但是，我们发现，在一些所谓的"合作"学习中，不少还是流于形式，起不到应有的效果。甚至有人以为，只要把学生按照人数分好组，把桌子并在一起，学生围起来，就是实行了小组合作学习。同时，小组合作还容易使家长产生误解，认为这样分组，就是让好学生教差学生，教师已经无关紧要，而且有可能因此而耽误好学生的学习。

李新生：您提到的这种担心不无道理，开始的时候，不只是家长，就是教师，也提出过类似的看法。可事实上，这种担心很快就在家长与教师中烟消云散了。因为学困生和优秀生的考试成绩，在合作中都有了不同程度的提高。比如，去年小组合作学习搞得最好、最实在的初三（9）班、（11）班，总成绩在级部十二个班中排在前两名，整体成绩远远高于没有开展小组合作学习的班级。老师们普遍反映，学困生进步了，学习优秀的学生更优秀了。因此，小组合作学习首先在学生中受到了认可与欢迎，这便有了全校合作学习的基础。

陶继新：这正如《学记》中所言："教学相长。"想来也是，那些学习优秀者，在以小老师的身份向学困生讲解的时候，心里自然会生出一种特别的欣慰和自豪感。而且为了讲解得好，有的优秀生还要"备课"，于是，对于所学内容，就有了更深的理解与把握。这便形成了双赢的态势，双赢才有生命力。在某种意义上说，这种学习小组已经形成了一个很好的学习共同体，不但学习成绩共同提高，还加深了学生之间的友谊，凝聚了集体主义精神。这对孩子们以后走向社会，都会起到很好的作用。

你们的合作小组是如何组成的呢？这恐怕是人们急于要了解的问题吧！

李新生：是的，很多前来学习的老师和专家几乎都会问到这个问题。我们是这样做的，从初一学生入学，我们就对他们进行"学习策略量表"和"学习优势量表"共218个题目的问卷调查。根据调查结果，统计测量出学生的学习特点和优势，再将学生按照学业成绩、智能差异、学习优势、能力水平、个性特征、性别比例、家庭社会背景等因素合理搭配，按照"组间同质组内异质"的原则，形成一个个微型（4—6人）的、相对固定的合作学习小组。这既避免了随意性，又为提高小组学习实效性提供了保证。

陶继新：也就是说，一个小组学生的学习成绩、意志品质、行为习惯各不相同，属于异质同构。具有不同智慧水平、知识结构、思维方式、认知风格的成员可以互补。在合作性的交往团体里，当所有的人聚集在一起为了一个共同的目标而工作时，他们就会互勉、互助、互爱，直到共同达到目标。

李新生：我们还特别注意选择有责任心、能协调小组成员之间的关系、善于听取组员的意见、能推动小组合作学习顺利展开的学生担任小组长。但小组长人选并不固定，以便引进竞争机制，便于不同层次的学生都能得到锻炼。

陶继新：孔子说："其身正，不令而行。"小组长的"官"虽然很小，可是，在这个小组里面，他却是权威人士。为此，在小组长的选择上，你们注重了小组长的"人气"。而小组长的不固定，又会使现任小组长产生一种危机感，使其他组员产生争当小组长的动力。这样，小组的"领导"就会始终处于优秀与努力之中，整个小组也就有了生命的活力。

李新生：合作小组的小组长虽然不固定，可小组成员却是不变的。班主任、所有任课老师的教育教学活动，无论课内还是课外，无论学习还是生活等各个方面，都以小组为单位进行组织，用多种途径和方法对小组作出评价。而且把学习过程评价与学习结果评价相结合，把对合作小组集体的评价与对小组成员个人的评价相结合，在此基础上，侧重于过程评价和小组集体的评价。这样，就促进了学生在小组集体中，不仅个人努力，而且乐于与同学互助合作的良性制约机制的形成。经过长时间、全方位的磨合与培养，小组成员之间达成一种默契，产生深厚的感情，荣辱与共，形成共同的目标和责任意识，小组成员的价值都得到充分体现。有时候，因为一些原因要给同学调座位时，经常出现小组成员抱成一团，挥泪相送的场景。学习小组从组织形式升华到精神内涵，有了核心和灵魂，形成了真正的小组合作学习。

探　究

陶继新：我在全国听过很多被称为"优质"的观摩课，发现有的也在实施小组合作学习的策略。但是，不少是教师刚刚说完精心创设的有一定思维难度的问题，马上就让学生分组讨论。由于缺少自我探究的时间，只有个别"好"学生可以回应教师，很多学生只是盲从。这种小组合作，其实是有名无实。

李新生：我们则不然，教师将问题呈现之后，必须留有一定时间（一般1—2分钟），让学生独立思考。别小看了这1—2分钟的时间，学生有了自己独立的思维和观点，有了属于自己的精神探究，再与其他同学交流的时候，就是拿自己的观点去和别人交流碰撞、取长补短、思辨感悟，而不是一个毫无思想和主见、等待灌输的听客、看客。通过小组内交流与探究、相互补充、思维与智慧碰撞，组间交流、修正完善、反馈评价等一系列活动，使人人参与其中，使其探究成果得到印证、修正乃至升华。可以说，留给学生独立思考、独立反思的时间，就如同戏曲艺术中的"留白"，有"此时无声胜有声"的效果。长期下去，学生自主探究的意识就会越来越强，学习的效果当然也就会越来越好。

陶继新：这种探究有双重效应，一是个体在有限的时间和空间里，进行了富有独立价值的探究；二是在小组和组间交流中，又有思维碰撞性的交流，从而形成了群体的研究成果，这是共同探究的结晶。更为重要的是，学生在交流过程中形成了一个探究问题的"场"，他们身在其中，自觉不自觉地进行探究，进而形成习惯。而探究的习惯一旦养成，就等于取得了一把解决问题的万能钥匙，不仅能解决学习中的问题，也可以解决生活等方面的困难。

李新生：您说的这个"场"的作用太大了。在教学过程中，对知识点的认知探究，一般要经过"积极探究，认真观察"——"精心研究，活跃思维"——"广泛运用，加强迁移"这样三个不同层次的过程。其中"观察——思维——迁移"是教学的心理要素，"探究——研究——运用"是教学的行为要素。由此启动了认知的执行操作机制，反映了教学的认知规律。每一个知识点的探究都形成一个探究的场，培养了学生的科学精神和创新能力。

高　效

陶继新：有研究发现，在课堂教学开始的 10 分钟内，学生的思维逐渐集中；在 10—30 分钟内，思维处于最活跃状态；随后思维水平逐渐下降。看来，上课开始时，让学生尽快进入学习状态至关重要。你们是不是关注了这个问题，且实施了有效的教学策略呢？

李新生：是的。我们在课堂教学的开始时段进行了"脑力风暴操"、"脑力激荡"的训练。即由老师出一两道与本节课知识相关的题目，其解题方法具有不唯一性，答案具有多样性，思维具有开放性。比如，在教学郁达夫的《故都的秋》时，提出问题："请说出有关秋的诗句或文章，看谁想得最多。"在学习"多边形的内角和"时，提出问题："猜想五边形的内角和是多少。你能想出几种方法来证明？"在学习"空气的组成和保护"时，设置问题："如果要取一份空气样本，你能想出多少种办法？"学生兴致勃勃，想出了几种甚至十几种不同的方法或答案。这样用"脑力风暴操"进行发散思维、求异思维训练，提高了思维的深度、广度、灵敏度，从而使学生头脑得到极大锻炼，很快进入学习状态。这既克服了开始时学生进入状态慢、注意力差的缺点，又充分地利用了 U 形记忆规律中开始时记忆效果好的优势。

陶继新："脑力风暴操"、"脑力激荡"的训练，让学生在上课伊始就产生了巨大的兴趣。但是，很多时候，我们的老师仅仅在课的引入上注意了调动学生的兴趣和激情，而不能贯穿始终。如何才能让学生继续保持高昂的学习激情，进入更佳的状态呢？

李新生：为了让课堂思维更连贯、更高效，经过改进，我们按照知识探究点，把诸多小问题以有层次的问题组的形式整体展现给学生。先由学生自主思考，再在小组成员间进行交流、辩论，让观点和思维相互碰撞，不断修正，臻于完善。学生们全部投入，"处处开花"，从"老师——学生"这种单渠道，转为小组内同学之间多渠道的信息交流。信息针对性、信息有效性和信息反馈及时性都大大增强，有效的信息交互量也达到了最大，学生学习的收获很大，积极性很高。

陶继新：问题组的提法非常新颖。它的形成，首先需要教师有问题意识以及设计。不过，这些问题既要有内在的关联性，又要有一个不断递进的过程。学生解决一个又一个问题的过程，实际上也是对整体内容逐渐明晰的过程，甚至是一个螺旋式上升的升华过程。同时，运用问题组减少了一次又一次组织教学的流程，学生在同样多的时间里，能探索学习并落实更多的问题，增大了课堂密度，使课堂信息容量达到最大。这样，实现了课堂知识容量最大化，有效信息交互量最大化，思维活动容量最大化，实现了高效课堂。

李新生：不仅如此，我们还把学生的心理活动视为一个系统。要发挥其功能，就离不开控制、调节和反馈。我们的教学模式体现了教学过程的科学运转机制。所以，我们的教学过程，始终贯穿着"情境—情意"要素。在教学过程中创设"问题情境"、"动态情境"、"实验情境"、"讨论情境"、"交流共享情境"、"质疑情境"、"应用情境"、"归纳概括情境"等。通过情境的体验和意志的发挥形成学习动机，激发学习兴趣，使学生始终保持一种最优化的心理情意状态，从而充分启动情意的动力调节机制，反映教学的情感过程和意志过程。

陶继新：兴趣是最好的老师。实现课堂高效的关键因素之一就是激发学生的兴趣。而且您所提及的"兴趣"，不是个别同学的兴趣，而是全体同学的兴趣；不是支离破碎的，而是构成了一个动力系统。这样，就形成了一个兴趣动力场，不但让学生学得兴趣盎然，还会激发其内蕴的巨大潜能。学习效率很高，就成了必然之势。

李新生：我们还根据课堂教学心理结构的组成要素，全面启动了教学过程的运转机制，其中包括三个相辅相成、相依为命的子机制。三个层次的要素启动了认知的执行操作机制——启动学生的认知过程，引导学生以科学的思维去认识客观世界，并使认知因素获得发展。"情境—情意"要素启动了情意的动力调节机制，包括情感过程和意志过程，以激发学生的学习兴趣，调动认知思维的积极性。"反馈—同化"要素则启动了教学系统的反馈调控机制，通过及时反馈调控学生的认知因素和情意因素，使教学沿着既定的方向健康发展。

陶继新：看来，你们学习和掌握了一系列前沿性的教育科学理论，并且将这些理论付诸实践，充分发挥了教学系统的最佳功能。不过，现代教育心理学、教育统计的研究表明，学生课堂思维活动的水平是随着时间而变化的，所以，即使是问题设计，也要富有层次感与变化性。

李新生：是啊，我们用问题组给学生创设了有层次性的问题情境，给学生提供了挑战的机会，激发了学生的探究欲望，又切合学生的"最近发展区"，调动了学生的学习热情和兴趣。在讨论、交流、展示、评价等环节，给学生创设自主探究、人人参与、相互学习的情境，始终调动学生的学习热情和兴趣，使他们在紧张而又快乐的氛围中学习。不论是自主、合作，还是探究，目的都是实现课堂教学的高效率。评价课堂高效与否，自然也要有一个指标。我们衡量是否实现了的指标就是"三个最大化"——"有效信息交互量最大化、课堂知识容量最大化、思维活动容量最大化"。可以说，自主、合作和探究是因，而高效才是果。

陶继新：自主、合作、探究与高效构成的因果链，大多不是处于平面的并列关系之中，它们往往你中有我，我中有你。我们之所以将其分篇独立出来，只是相对分类而已，目的是让人对这个课题的研究有一个相对清晰的认识。

（原载于《新世纪文学选刊》2008 年 10 月下半月）

张 红

求思文化造就卓越学校

——对话张红校长

　　张红，天津市实验中学校长，特级教师，天津市第十四届、第十五届人大代表。曾获全国中小学德育工作标兵，全国文体工作先进个人，全国红十字活动先进个人，天津市"八五"、"九五"立功先进个人，天津市教育系统先进德育工作者，天津市思想政治工作先进个人，天津市最具创新精神校长等荣誉称号。张红校长的治校理念是：以人为本，力行创新，为学生终身发展奠基。在她提出的"求真求实，思学思新"——"求思文化"的引领下，天津市实验中学曾荣获全国中小学心理健康教育先进校、全国首批绿色学校、全国红十字活动示范校、全国青少年科技活动示范校、全国奥林匹克示范校、全国群体活动先进单位等荣誉。

建筑上的文化呈示

陶继新：我这是第一次来到天津市实验中学，从一入校门的那一刻起，就被承载着厚重思想的物质文化建设吸引了。可以说，学校处处都蕴涵着富有思想品位的文化。

张　红：是的。我们学校的每一处标志性建筑上都蕴涵着育人的寓意。比如，连接逸夫楼和思学楼的 13 根柱子，设计师在设计时没有什么特别的寓意，只是为了让两个不同风格的楼连接起来看上去比较舒服，而我们就将学校 1985 年以来发生的重大事件刻在柱子上留念，在每根柱子上做成浮雕，于是这 13 根普通的柱子就变成了学校发展的里程柱。

我们的主楼大钟楼，是我们老校区的一个象征；我们的主雕塑——两块方铁，其寓意是教书育人；下面绿白相间大理石拼成的花就是我们的校花玉簪花；正门进来时四个图形"规"、"矩"、"方"、"圆"，使学生一进入校园，就感觉到每一面墙乃至地面都在"讲话"；文化墙、荣誉廊、国际墙，都在润物无声地教育着学生。也就是说，让物质的东西更加显现其精神的内涵，具有教育的寓意。

陶继新：现在很多学校也都关注物质文化的建设，但是我发现一个问题，就是大同小异，缺乏个性，从深层来说，就是缺乏一种文化的内涵。我感到，你们搞物质文化建设却独具匠心，有很高的文化品位，物质层面的每一个点都蕴藏着丰富的内涵。

张　红：我们的教学楼叫思学楼，就体现了我们的思学文化，"科海思学"四个大字是吴文俊院士题写的。

学校文化的突出特点为"求思文化"

陶继新：近年来，天津市实验中学在厚重文化积淀的基础上，实现了一次又一次飞跃，这必然与学校的文化建设有着内在的维系。文化建设不只是呈示在物质层面上，更显示在精神层面上。而你们的"求思文化"，当是学校精神文化建设的一个突出特点吧！

张　红：是的。我们的"求思文化"，全称为"求真求实，思学思新"。"求真"讲的是科学性，"求实"讲的是务实性，"求真求实"就是讲求科学与务实。这与我校的校训"实事求是"的要求是一脉相承的，是我们的立校之本。"思学"讲的是创造性的学习，"思新"则讲的是创造性的工作。"思学思新"是以创造性的学习，推进创造性的工作，不断开创学校各方面工作的新局面。

"求真求实，思学思新"体现了实验中学融中外为一体，承先后为一脉的学校文化；体现了独具立校之本，独创建校之魂的办学理念；体现了求科学、求务实、思发展、思创新的治学精神。这就是天津实验中学"求思文化"的品格与精髓。

陶继新：从本质上说，文化建设是学校发展的魂之所系。你们的"求思文化"，便成了贯穿学校发展的一条生命线。而由此开展的各种各样的工作，就有了属于实验中学的卓越与精彩。

张　红：我非常同意您这个观点，也感谢您的理解。实验中学就是在"求思文化"的引领下，不断实现飞跃的。

指向高远的办学理念

陶继新：提到学校文化，不能不谈及它的理念。那么，你们的办学理念是什么呢？

张　红：进入21世纪，实验中学在原来"以人为本，力行创新"办学理念的基础上，重新审视中学阶段对人的终身发展具有的特殊意义，将培养公民的基本素质和健全的人格、引导学生自觉思考和规划未来的人生、为不同潜能学生的发展创造条件、面向未来为学生的终身发展奠基作为根本的使命，明确提出了"以人为本，力行创新，为学生的终身发展奠基"的办学理念。

陶继新：这是一个指向高远的办学理念。在这个理念中，"以人为本，力行创新"与"为学生的终身发展奠基"是一种因果链条。前者落到实处，后者就会不求自得。两者的结合会让学生在校三年期间，生命得到发展。于是，学校就真正成了学生一生成长的奠基之地。

张　红：是的，重点中学的基本任务，应该是帮助学生思考并规划好未来的人生，为不同潜能学生的发展创造条件。我很钦佩哈佛大学校长在学校300年校庆时说的："我们学校不只是培养了6位诺贝尔奖的获得者，更重要的是，我们让每一颗金子都发光，让每一个学生的人生都走向成功。"我认为这应是我们学校今天的办学使命、办学性质和发展的定位。

陶继新：办学理念中的"力行创新"，是学校不断追求卓越的行动口号。而口号一旦物化为行动，就会结出累累硕果。

张　红：是的。实验中学始终没有停止过思考、探索的步伐，我们要不负实验之名，努力成为天津基础教育改革实验的排头兵。

近年来，学校在科学发展观的指导下，大胆地进行了一系列办学模式的探索实验。例如，1994年我们率先在天津市创建了国际教育交流与合作部，打开了对外开放的窗口；1996年我们第一个在天津市创办了公办民助的津沽实验中学；1998年我们从联合国教科文组织获悉国际文凭组织要落户中国，便成为天津第一家国际文凭学校；2001年我们又不断探索中外合作的双语办学；2003年我们受欧盟教育委员会特邀，加入欧盟教育委员会夸美纽斯项目，并承办夸美纽斯会议；2005年在国家汉办的领导下，我们创办了全球第一家在泰国挂牌的孔子课堂；2007年国家汉办正式授权我校为汉语国际推广中小学基地；2008年5月我校再次通过了国际文凭高中项目，成为至今中国境内既具有初中项目又具有高中项目的唯一一所公立学校。这不断的创新、探索不仅向世人展示了一种实验中学走出国门、积极吸纳国际先进教育经验、面向世界办教育的胸襟，同时也有力地增强了学校办学的实力和发展的后劲，印证了"思学思新"的理念。

陶继新：您刚才说了几个第一，这是一般学校很难做到的。在你们取得一个又一个骄人成绩的时候，有一个核心的东西在起着作用，那就是流动不居的文化。它甚至是无声无息的，可是，它却使学校发生了一次又一次的飞跃。在这种飞跃的过程中，您与全体教师的思想也在不断提升。实验中学有着厚重的文化积淀，它成了学校发展的一笔极其丰富的精神资产；可是，你们在有效的继承之中，并没有躺在既有成绩簿上徘徊不前，而是大胆进行实验和创新，成就了一所名副其实的"实验中学"。

张　红：很感谢您解读实验文化。我们天津实验中学的发展正是得益于有一支不断思索、不断探求、不断耕耘、热爱教师岗位的教师队伍。

发展成为教师的幸福之源

陶继新：如果只有校长一人在创新，而得不到教师群体的文化认同，学校就不可能有如此快速的发展。所以，您与教师已经达成一种思想默契，形成了一个和谐的团队。教师在这所学校里努力向上，又深感幸福。

张　红：是的。我们学校的教师有这样的一个感觉：在实验中学做一名教师真幸福。他们有一个自己的家——实验中学教师发展学校，在这里大家播种着希望。比如，每年无论新老教师，都有很多机会见面座谈，学习交流，敞开心扉谈自己教学的苦与乐。特别是学校请来很多专家多次与老师面对面地交流，共同探讨教育的真谛。同时，我们的教师每年都有教学基本功、才艺展示大赛，因为我们的校花是玉簪花，所以大赛就以"玉簪杯"命名；我校每年都有新课程改革的教学展示活动，有时领导说暂停一年，老师们都不愿停，想以此展示自己的教育教学和学科文化研究的成果；每年的教师节是老师们最为期盼的节日，因为那时校长要给大家一个惊喜，而这个惊喜就是要举行特别贡献奖的颁奖仪式，学校要对在教书育人方面作出突出贡献者给予特别的奖励。老师们在这个教师发展学校里面迅速成长，他们将自己的人生，将自己最宝贵的年华，与实验中学的三尺讲台相约，奉献给他们最爱的学生。

陶继新：教师之所以幸福，是因为他们心灵的自由与快乐。一个心灵不自由不快乐的人，就不可能拥有巨大的创造力，甚至会出现这样那样的问题。而您为教师创造了一个非常融洽和谐的环境，使老师们工作虽然紧张，可心里却一直在唱歌。正因为心灵的自由与快乐，才有了一个又一个超越自我的飞跃，而且在超越过程中自然而然地生成了一种特殊的幸福感。教师群体的发展与学校的发展是一脉相承的，所以，学校越来越发展，教师也越来越以学校为荣，也就有了自主向上的不竭动力。邓小平说："发展才是硬道理。"教师在学校里不只是奉献，还有自身的生命发展以及长期流动着的幸福感。

张　红：我们的教师曾在全国第八届、第十届信息技术与学科整合大赛中连续获奖，而且奖项级别很高，获一等奖第一名。教育部陈小娅副部长颁奖时很惊讶："又是天津实验中学的老师获奖！"我们历经十年开展的全方位中学生心理健康教育模式的探索实验，被中科院心理所定为全市首创、全国领先，并在全国推广。我们从 2001 年开始在全市创建了首家"名师工作室"和"教学督导室"，将退休的特级教师、高级教师和有经验的学科组长请回来，对教学工作进行评估、监督和指导，帮助青年教师迅速成长，成为教学骨干。我们还连续四年面向全市乃至全国举办以"新理念、新课程、新探索"为主题的教育教学成果展示活动，受到教育部的关注和表彰。

在今年 5 月 9 日举办的教育教学成果展示活动中，我们请来上海的 8 名特级教师，与南京、天津和我校的优秀教师，开展同上一节课的"同课异构擂台赛"，并请来教育部专家进行点评，来自北京、天津、上海、山西、浙江、四川等省、市包括我校教师在内的 1000 多人现场观摩，在天津市乃至全国都产生了很大的影响。

陶继新：本校退休优秀教师是非常难得的优质资源，将他们请回学校，既是对他们生命价值的认可，又可以让他们有的放矢地对青年教师进行指导。而将上海、南京等地的名师请到学校与本校优秀教师举行"同课异构擂台赛"，既可以让老师们与全国"高手"过招，又可以使全体教师在这种比试中总结经验教训，从而使教学水平"更上一层楼"。

张　红：是的，这是一种高层次的文化追求，是教师文化的积淀。

陶继新：我国一流教育大师没有一个不是高层次文化的追求者，孔子、陶行知、张伯苓等是教育家，也是文化大师。以前的春晖中学、南开中学、苏州中学等，就是因为有一些文化大师而名播四方，而不是因为有几栋漂亮的大楼，有先进的设施。因为物质是可以累积的，只要有钱，人人可以为之。而厚重的文化则不然，它可以使一所学校几十年、数百年甚至更长时间辉光不减。我觉得实验中学在打造教师幸福团队的同时，肯定也关注了如何培养自己的教育专家甚至文化大师。

张　红：在"求思文化"的引领下，学校建校 85 年来，不仅有名师出现，而且近年来走向成功的学生也很多。像袁家骝，他是吴健雄的丈夫、袁世凯的孙子，是我们学校著名的校友，是世界著名的高能物理学家，并且是我们学校的荣誉校长；再有红学大师周汝昌，原国务院新闻办主任、原上海市副市长赵启正，中国工程院院士石学敏，他们在世界或者国家的各相关领域都作出了突出贡献。

独家举办四届国际教育论坛

陶继新：据老师们讲，你们学校自 2002 年以来，已经独家举办了四届国际教育论坛。每一届的主题是什么？可否简要地介绍一下论坛的情况？

张　红：可以。第一届的主题是"21 世纪基础教育的走向"，第二届的主题是"教育的国际化与教育创新"，第三届的主题是"同一片蓝天，同一个家园"，第四届是在 2008 年 10 月 18 日刚刚举办的，主题为"课程改革与学校发展"。我们认为按照我们的办学理念，要放眼世界办教育，实验中学的教师不能仅仅坐在办公室里思考怎样教好学生，还应该站在操场或者学校的楼顶上放眼世界基础教育改革的走向。

世界各国与我校建立友好关系的学校校长和师生应邀参加了这些论坛。第一届来了 11 个国家和地区的学校。第二届来了 17 个国家和地区的学校，并举办了基础教育巡回展。我们将 17 个国家和地区的学校带来的展示其国家基础教育特色的上百幅图片，以及反映我国基础教育特色的照片巡回展出。第三届我们变为以学生为主体，举办以"同一片蓝天，同一个家园"为主题的国际中学生环保知识大赛。百余位外国学生和我校的千余名学生开展了为期两天以环保为主题的活动，4 人一组，撰写一篇环保论文，10 分钟当场做一个科学小实验。中外学生一起到蓟县八仙山进行实地考察，回来后共同向全世界中学生发出了保护大自然的倡议，并将倡议书寄给前联合国秘书长安南。我们刚刚举办的以"课程改革与学校发展"为主题的第四届国际教育论坛，针对不同国家的课程改革情况，邀请了来自 30 多个国家和地区的 51 位教育专家、中学校长。他们就课程改革进行主题演讲，并分别给我们的学生上一节特色课。他们所传递的不同国家课程改革的最新理念、最新经验，使我们的老师站在三尺讲台上就可以感受到世界基础教育改革前沿的讯息。

陶继新：早在 1983 年，邓小平同志就提出了"教育要面向现代化，面向世界，面向未来"的战略性口号。但是，20 多年过去了，不少人依然停留在口头的言说层面。而你们的论坛，则有了面向世界的具体行动。这个活动，既培养了教师的跨国文化意识，又增强了学生与世界交流的国际情结。现在人们说整个世界就是一个地球村，那么，我们每一个人都是这个村里的村民。所以，所谓的面向世界，并非多么遥远的瞻望，而是就在眼前。如果没有这个意识，中国文化和世界文化就不可能交融，中国教育也就难以融入世界教育之中。其实，国家之间最大的竞争就是文化教育的竞争。我们往往关注经济是不是发展了，其实，支撑经济发展的是文化教育。从这个意义上说，你们的论坛有着超越性的价值。

张　红：感谢您的鼓励，我相信会产生深远的影响。听到一位美国的教授讲他搞的探究性学习后，我们老师说：那您给我们上节课吧，我们去听课。老师们听后回来说：咱们做的研究性学习并不比他的探究性学习差，而且从某种角度来说，我们的研究性学习在培养学生的创造性上比他的还强，他的方式比较机械，而我们的教学方式则比他的更灵活。这就使我们的老师增强了课改的信心。

陶继新：美国教授，给你们送来的不只是"美国味"的课堂内容与形式，还有在中美比较之后而涌动于教师心里的那份自信。而这种自信无疑源于你们教师的高素质。因此，老师们完全有信心走向世界，而且在这个过程中展示你们实验中学甚至中国的教育风采。

张　红：您概括得很好，也就是说，通过这样的学习，我们的老师有了一种世界性的视野去看教育。

品牌在个性凸显中造就

张　红：近年来，在"求思文化"的引领下，学校明确提出了"寓国家的教育要求于每个学生的个性发展之中"的教育哲学命题，将教育的根本着力点放在承认和尊重学生的个性差异上，并通过对学生个性差异的深入研究，寻找每个学生蕴藏着的有待开发的潜能和优势，从而为每个学生的发展创设优良的教育环境。

陶继新：实验中学不仅是天津市的名校，在全国也很有影响。而名校的特点之一，就是有着鲜明的个性，而且形成了自己的品牌。

个性特长发展教育

张　红：首先，我们加强个性特长发展教育，就是要使每一个学生都拥有精彩的人生。我校曾在全市首创"体育"、"艺术"、"数学"、"英语"等特长班，为学有所长的学生提供实现自我价值的空间。足球、电子琴、击剑、艺术体操、民族舞、芭蕾舞、交响乐、棋艺以及航舰模、机器人等各种社团丰富多彩，热风艺术团、绿茵运动队、"求索"青少年科技爱好者俱乐部等，使学生们在综合素质全面发展的同时，个性特长也得到专门培养，既锻炼了他们创新求异的思维方式，又极大地发挥了学生主动参与、动手实践的积极性。20 世纪 60 年代的校友葛文庸，是中国第一位试驾新生产的或者新购买的飞机的飞行员，曾任空军某部参谋长。正是从航舰模小组的经历开始，书写了他为祖国航空航天事业作出丰功伟绩的精彩人生。90 年代的校友蔡世淳，弹得一手好钢琴，参加学校的生物小组后，和老师一起做实验，进行草坪草耐盐性的研究，以期解决天津市环渤海地区盐碱地不能种草的问题。经过一次次的失败，用了一年的时间终于实验成功，该项研究获得了全国生物与科学大赛一等奖。当学校把她作为钢琴独奏演员保送到天津大学学习的时候，她毅然放弃了优越的学习和生活条件，考入南京农大，继而到中科院读博，立志一生从事农业与生物科技研究。不久前，当"神七"腾空而起的时候，担任副总设计师的何宇给母校打来电话，兴奋地告诉校长和老师，这是他用实际行动对母校的最好回报。前不久学校校庆的时候，他因为来不及回母校参加校庆，就特意寄来一个"神七"的模型，以感谢母校对他的培养。您听着都为我们骄傲吧！

陶继新：学生在个性特长发展教育中，被激发出来的不只是浓厚的兴趣，还有超越兴趣的责任感与使命感。兴趣固然重要，但是若没有责任感，就会使这种兴趣转瞬即逝。反之，兴趣则可以延续一生，甚至遇到挫折都不会改变。而兴趣与责任联系在一起，就更能爆发出巨大的潜在能量。你们的学生之所以能够走向全国乃至世界，与你们对学生个性、兴趣和责任的激发有着内在的联系。

个性心理发展教育

张　红：实验中学的另一个创新点是独具特色的个性心理发展教育。在多年的德育工作中我们发现，对于学生所犯的错误或出现的问题，简单地用行政处罚来解决是不行的。举一个事例吧：一个八年级的学生把本班一名同学的自行车私自拿来骑，每天把车锁在师范大学，离我们学校有 5 分多钟的路程，放学之后到那儿去练骑车，然后把车锁在那儿再回家。我们经过调查后发现，原来他家有一辆新自行车，可家长就是不让他骑，说他什么时候考了好成绩什么时候才能骑。学校如果简单地把这种行为按偷自行车来处理，是不正确的，其实是他心理的需求得不到满足，缺乏和家庭的沟通造成的这种行为，不能简单地用行政处罚的办法解决。

陶继新：中小学生出现的问题，大多属于心理问题。如果归结为思想道德问题，往往不能从根本上解决问题，还影响了学生的发展。所以，研究孩子的心理问题，就成了学校教育的一个重要课题。在校学生的心理问题解决不了，不但影响到当下，还会影响到未来。一个心理不健康的孩子，即使现在成功了，以后还是会失败；而一个心理非常阳光健康的孩子，即使现在失败了，将来还是会成功。

张　红：所以，1989年我们开始创建全方位心理健康教育模式。我们自编初、高中心理课本，独创心理指导课，在各年级建起心理辅导站，班班有了心理小顾问，从一对一的辅导到每年一次的大型普及心理知识的"心育节"，从落实心育目标到每一门课，到中科院心理所全国心理健康示范基地的挂牌，从初中少男少女课堂师生倾诉"悄悄话"，到高中职业倾向的指导及选课咨询，实验中学成为每一名实验学子心灵得到健康呵护的沃土。如今，400平方米的心理健康教育服务中心成为家长、老师、学生、兄弟校同人最感兴趣、流连忘返的地方，其中有大型的团体咨询室，有心语书屋，还有个体咨询室，环境很温馨。孩子们中午、下午放学后都愿意到那儿去，甚至把他们最不愿意和家长说的话都向心理老师倾诉。我们感到这十几年来在心理健康教育上探索出了一条成功的路。曾有三个女孩子因为感到初三压力大想出走，分别在家里拿了400多块钱，火车票都买好了，家长们都不知道，但是她们也在思考自己这样做对不对，所以去找心理老师谈。老师发现这一情况之后对她们及时做了心理辅导，与家长沟通，制止了这一即将出现的离家出走事件。

陶继新：对这一突发事件的解决，是对这些试图出走的孩子心灵的拯救。如果真的出走了，那将会在她们的心理层面笼上很深的阴影，而且心理问题积得时间长了，还会形成思想人格问题。另一方面，学生的心理出现问题之后，必然会影响学习的成绩。而成绩的好坏，又会影响到他们的心理。

张　红：是这样的。所以现在每一位实验中学的学生，一入学，学校就发给他一个折叠的小册子，上面明确写着，当你有了心理问题时到哪儿去咨询，去找谁，心理热线怎么打，哪些属于学习性的心理指导，哪些属于同伴交友性的心理辅导，等等。而所有这些，都为学生一生的心理发展奠定了基础。

个性学习潜能发展教育

陶继新：学生的潜能是巨大的，而最爱他们的教师与家长，往往忽视甚至扼杀了这种潜能。而学生时代的潜能一旦开发不出来，影响到的，就不只是临时的学习成绩，还有其一生潜能的发挥。

张　红：为了发展学生的潜能，我们采取了很多行之有效的措施。比如，一走进实验园，最让学子们心醉的是著名校友红楼大师周汝昌先生题名的图书馆，那里有反映现代高科技发展前沿的专业阅览室和书籍，能使他们遨游在知识的海洋里。而33间标新立异、备受学子们欢迎的创新实验室，全天候开放，为具有不同学习潜能的学生发展自我、培养动脑动手能力，铺就了成才成功的平台。

我们学校从2006年开始围绕新课程开设了140余门校本课程，如同巨大的课程"超市"，为学生根据自身特点选择学习最适合自己个性发展的课程，提供了广阔的空间，从而使他们的学习兴趣、探究精神以及个性与潜能得到充分的彰显。学生们感慨地说："校本课程让我们知道了世界如此奇妙！以前教科书就是我们的世界，现在世界变成了我们的教科书。"过去我们用最形象的比喻来说学生听老师讲课就像大家围坐在一起用餐一样，10个人围在一起，服务员给上什么菜就吃什么菜；现在就像吃自助餐一样，可以根据自己的需要选择课程。根据什么样的需要呢？就是未来培养和发展的方向。形成这样140余门课程"超市"，我个人认为必然会对我们的学习质量产生直接的影响，必然会促使学生们尽早将眼前的学习与未来事业发展的志向联系起来，从而去选择学习对自己有用的、自己爱学的知识。因此我认为，一个学校不能不要升学率，但是升学率不是唯一的追求。我认为学校教育质量的不断攀升，学生学习成绩的不断提高，与我们开发学生的个性学习潜能、培养学生的特长、注重学生的心理发展、培养学生的个性心理品质都是有连带关系的。

陶继新：校本课程是开发学生潜能的一种重要资源，而且你们的课程是一种大课程，它包括了固化文本与生活文本两个方面的内容。如果只关注高考升学率，就不会在这个方面如此大动干戈。看来，你们关注的是学生未来的发展。但同时，由于学生在这些课程中有意无意地开发了自己的潜能，在为成绩而学的内容相对减少的时候，学生却生成了特殊的学习能力。因此，你们并不特别关注的考试成绩，往往是不求自得的。如果单纯是为了考试拼命地做练习题，视野就会很狭窄，就成了应试机器，没了学习的兴趣，更没有潜能的开发，所以再拼命地追求，反而追求不到。您设置了一个很高远的目标，并且为这个目标设置了一个很有效的渠道，所以学生考试成绩很好。

张　红：感谢您的理解与高度概括。在"求真求实，思学思新"这种求思文化的引领下，经过我们一代又一代"实验"师生的努力践行，学校铸就了大气却不张扬、厚重却不逼人、谦和却不乏创新的办学风格，形成了不奢华而求本色、不浮躁而讲稳重、不虚妄而重学养的学府风范，我觉得实验园的文化积淀，在传承，在发扬，在光大。

陶继新：您今天谈了很多创新，其实这里面自然也有您对既有优秀文化的传承。学校文化，不可能割裂过去，历史就像一条河一样，中断之后就不可能再流活水了。作为校长，在您任职的这些年里，又不断地为这条河注入新的活水，使这些活水澎湃前进，而且使这河水流淌得很自然，也很美。

（原载于《现代教育导报》2008 年 12 月 8 日）

钟惠河

营造良好的人文氛围

——对话钟惠河校长

钟惠河，1987年毕业于泉州师范，本科学历，小学语文高级教师。福建省泉州市小学语文学科带头人，福建省德育研究会理事，《新世纪文学选刊（教育文学）》编委，网名"小河弯湾"。自2007年8月以来，任福建省泉州市泉港庄重文实验小学校长，以"为孩子营造幸福成长的空间，为教师搭建成功发展的平台，让学校成为师生发展的共同体"为办学理念，推动学校新一轮发展。

[对话实录]

陶继新：在人们多谈"以学生为本"的时候，您却强调了"教师的职业幸福感"。您为什么提出这样一个话题呢？

钟惠河：主要原因有四个：一是我们历来都是强调"以学生为本"，平常都讲"为孩子的健康成长和终身幸福奠基"，关注学生的幸福较多，而关注教师的幸福较少。二是一提到教师，大家就把老师和蜡烛的意象联系起来，"燃烧自己，照亮别人"似乎成了老师的代名词。宣传某某老师的先进事迹时，往往都是为了工作连孩子发高烧了都顾不上，父母亲重病在床也没空去照顾，等等。这时我们都会想：他们幸福吗？三是当前教师职业倦怠现象非常严重，有的评上小学高级教师后，就觉得自己老了，船到码头车到站了，没什么奔头了，只等时间一到马上退休。四是"以人为本"的管理思想得到广泛认同，不论在教育系统还是在其他行业，可我们的人本管理思想怎样才能落实到教师身上？我个人认为，关注教师的幸福感，是我们做教育工作的起点。只有具有幸福感的教师，才会把幸福传递给学生；只有教师感到在学校的工作是幸福的，才会积极地投入工作；只有教师感到教育教学是幸福的，才会自觉地、努力地提升自己的专业水平。所以，我认为，只有教师感到幸福了，才能培养出幸福的学生，才会形成一种积极向上的现代的学校文化。

教师的第一责任是育人

陶继新：教师之所以没有幸福感，一个特别重要的原因就是没有生命发展的目标。特别是那些年龄稍大的教师，甚至有一种日薄西山的感觉。其实，新的脑科学研究发现，人到80岁的时候，每天在脑细胞大量死亡的同时，又有远远超过死亡数量的新的细胞产生。也就是说，这个年龄的人，依然有着生命的活力。可是，有的人到60岁，甚至50岁、40岁时，就感觉自己老了。为什么会这样呢？因为这种人在自己的大脑里无意中设置了一个"说你老你就老"的程序。之所以有这种设置，是因为他已经感觉不到生命的价值，没了继续前行的目标。所以，我一直主张教师要为自己设计一个生命成长的规划书，强调教师的责任意识，且让包括老教师在内的所有教师都能日有所进，都会感到生命存在的价值，都会感到前方还有一片绚丽的风景。

钟惠河：我个人认为小学阶段，第一是要让孩子学会做人，第二才是学会学习，即做人第一，学习第二。我读了您采写校长、教师的作品，感到您一直在为教育的理性回归做着努力。

陶继新："做人第一"是孔子一贯的主张。孔子在谈"好学"的时候，经常是说做人做得好。比如在《论语·雍也》里就有这样一章："哀公问：'弟子孰为好学？'孔子对曰：'有颜回者好学，不迁怒，不贰过。不幸短命死矣。今也则亡，未闻好学者也。'"孔子之所以认为颜回最好学，就是因为六个字："不迁怒，不贰过。"意思是不把自己的怒气无故地迁移到别人身上，不第二次犯同样的错误。

孔子说："弟子入则孝，出则悌，谨而信，泛爱众，而亲仁。行有余力，则以学文。"意思是说，年轻人啊，在家要孝敬父母，出外要敬爱同家族的兄长，谨慎而守信用，善待众人而亲近仁者。做到这些还有剩余精力的话，就用来学习文化吧。看来，做人远远超过学文。

现在尽管一再强调思想道德教育，可实际上还是把学文放在了第一位，将做人放在了次要甚至可有可无的位置上了。

钟惠河：教育要发展，教师是关键。要成就学生，就得先成就教师，在成就学生的同时成就教师。成就一名教师，受益一片学生。因此，我非常关注教师的成长。我认为只有教师感受到成长，才会体验到从事教育的快乐和幸福。我认为，爱与责任是师德的核心。我在教师会议室贴上这样一幅标语："教孩子六年，为孩子想一生，为国家想一百年。"时时刻刻提醒老师，要记住自己肩负的责任。

爱，是教育的前提，但远不是教育的全部。由爱而升华为责任——对孩子的一生负责，这才是教育的真谛。我们的行为影响着孩子的一生。一个好的老师，可能会因为一句话、一个故事、一节好课、教孩子一年而影响其一生，作用不可谓不大；相反，一个不好的老师，可能会耽误孩子的一生。

陶继新：责任的确很重要。鲁迅为什么要弃医从文？就是为了国家，这是大责任。您把教育工作与关乎孩子一生及国家发展的大责任联系起来，这样，教师在行动上就有了更高远的奋斗目标。他们有了这种责任感以后，对于校长所安排的工作，就会尽心尽力地去做，甚至是创造性地去做。反之，如果没有这种大责任感，就可能目光短浅，只是为了以职谋钱，或者让学生多考几分而已。

钟惠河：所以，我一直向老师们强调，班上的孩子对我们来说，是五十分之一、六十分之一，但对家长来说，却是百分之百，百分之二百、三百，甚至更多，因为他们身上承载着好几代人的希望，所以我们有责任把他们教好。最令我感到欣慰的是，在我们学校，教师的责任意识越来越强。我想，从这里走出去的学生，也必然会有更广阔的发展前景。

校长要修身、慎思、笃行

陶继新：如果说教师是育人者的话，校长则是这支育人队伍的领跑者。所以，校长的思想品格高下，对于教师的育人，对于孩子的成长，无疑起着至关重要的作用。

钟惠河：是的，校长的思想和行动在很大程度上影响着教师，影响着学校的发展。我认为校长首先应该做到有思想。作为校长，要有对教育终极价值的追问，要经常思考这样一个问题：教育究竟是为了什么？难道我们的教育仅仅是为了培养几个清华、北大的学生吗？高等教育都已经走向大众化了，何况我们小学教育！能考上清华、北大的毕竟是少数，大多数孩子将成为各行各业的建设者，我们应当把为未来的文明社会培养合格公民作为首要任务。所以，我们要为更多孩子的未来着想，要为国家的未来着想。

陶继新：校长有没有思想与文化品位，决定着所在学校发展的走向。我在为校长作的《做有思想与文化品位的校长》讲座中，就重点谈了这样一个问题：教育到底是为了什么？校长的历史担当是什么？有的校长并不明白。他们没有哲学的追问，也没有历史的责任感。只是满足于上传下达，纠缠于行政事务，甚至将自己的"发展"目标锁定在职位提升或换一个更好的职位上。我认为，这样的校长不是真正意义上的校长，甚至在做着有辱人格的事情。在这样的校长所领导的学校里工作的教师，其职业幸福感自然无从谈起。所以，真正优秀的校长，首先人格是高尚的，有一种舍我其谁的历史使命感。

钟惠河：是的，校长必须有信念。"修身、慎思、笃行"是我的六字箴言。修身就是提高自身的文化素养，完善自己的人格，这是做事的基础，是做好事情的前提；慎思就是做事情要深思熟虑，作为校长，我们作出的任何一个决定，都会关系到上百名教师的利益和上千名学生的健康成长，不慎重不行；做事情肯定不会一帆风顺的，但我一直认为，只要我们的方向是正确的，不管道路如何曲折，最终总会达到理想的境界。在这个过程中，需要有坚强的意志。

陶继新：我在作《〈论语〉解读》报告时，就把《论语·学而》定格为"修身做人篇"。我认为，这《论语》的首篇，强调修身做人，符合孔子的思想，而且这一篇，谈的也就是修身做人。您说的"慎思"，在这一篇中也可以找到注脚——曾子曰："吾日三省吾身：为人谋而不忠乎？与朋友交而不信乎？传不习乎？"作为校长，责任重大，一旦失误，造成的损失将不可挽回。所以，校长不是一拍脑袋就可以随便决定学校大事的。不慎思是绝对不行的。笃行也很重要，孔子的哲学，从本质上说，就是实践哲学。他特别强调行的重要性，甚至认为古人的美德之一就是"耻其言而过其行"。校长之行，是一种无声的号令。只说不做的校长，教师在听其言而观其行之后，就不会再信任他，甚至看不起他了。

钟惠河：校长还得有目标。校长的学识水平有多高决定着他所领导的这所学校能走多远。说大点，就是校长要有自己的教育理想。有教育的理想才会有理想的教育。我的办学理想就是，"为孩子营造幸福成长的空间，为教师搭建成功发展的平台，让学校成为师生发展的共同体"。

教学是生命与生命的碰撞

陶继新：教师的幸福感，还来源于自身的发展。现代教育，不再是教师教着学生前进，教师也要在这个动态过程中，与学生共同学习，甚至向学生学习。

钟惠河：是的，《学记》就提出了"教学相长"的原则，意思是教与学是相辅相成、互相促进的。我个人认为，对这句话还可以赋予时代意义：学生有自己的人生理想，要发展，要成长；教师也不能安于现状，也得有自己的职业理想，比如成为名师，所以教师也需要发展，需要终身成长，要把教学活动本身作为促使自己完善的途径，在成就学生的同时成就自己。只有教师成长了，才能使学生更好地成长，最终才有学校的发展。所以，我们要把成长的关注点转移到教师身上，千方百计地创造机会让教师不断地学习、成长，造就一批名师。

陶继新：其实，"教学相长"就是孔子的一个重要教学思想。而且这里的教与学，既有知识层面的，也有思想方面的。他在教学生，学生也在影响着他。有一次，孔子问子贡：你和颜回谁更强些？子贡说："赐也何敢望回？回也闻一以知十，赐也闻一以知二。"于是，孔子说："弗如也，吾与女弗如也！"他认为，他都赶不上颜回。所以，颜回死了之后，孔子说："噫！天丧予，天丧予！"不但颜回，曾子、闵子骞、冉伯牛等弟子的品德都非常好，对孔子都有较大的影响。如果要给"教学相长"赋予时代意义的话，就是我们老师也要向思想、人格发展优秀的学生学习。"教"不但是"教学"，还是"教育"。教育是"教"的应有之义，只是一般人在解释的时候没有深究而已。

钟惠河：将"教学相长"与做人联系起来，确实很有道理。

陶继新：在某种意义上说，教学还是一种生命互动。教材文本不是死的知识，而是富有灵性的生命话语。教师与学生的交流，是生命与生命的对话，他们在与课本中的生命话语进行碰撞时，就会闪烁出生命的火花。

钟惠河：是的，课堂教学时，教师在用生命润泽生命的心灵对话中，只有真正把学生作为"人"来精心呵护、精心培养，才能促成学生人格的健康成长。只有基于这样的理念，并用慈母般的情怀去关照、去包容孩子的一言一行，才有孩子的幸福成长，老师才能体验到教育的幸福感。

陶继新：我在作《读书与教师生命成长》的报告时，就没有把题目定为"读书与教师专业成长"，尽管专业成长肯定与读书相关，但从本质意义上来说，读书是在提升教师的生命质量。课堂亦是如此。教学，更高的追求是实现生命的飞跃。教师与学生、学生与学生之间，读者与文本之间都要有生命的互动，没有这个"动"，肯定抵达不了课文的深层境界。

钟惠河：老师的幸福感还来源于学生。看到学生快乐地成长，老师就会有一种成就感。所以，我们经常开展一些活动，让学生有展示的机会。

陶继新：学生的发展和成长与老师的幸福感有很大的关系。老师对待学生就像父母对待子女一样，不存在嫉妒，只寄予希望。"青出于蓝而胜于蓝"

时，教师会由衷地高兴。因为学生表现得越好，说明老师教育得越好。学生的展示从另一个层面来说也是在展现老师。从某种意义上来说，学生是教师生命的维系，学生的发展则是教师生命的荣耀。

钟惠河：经过二十多年的探索和实践，人们对素质教育已经取得共识，但没有固定的模式。近几年来，随着课改的推进，各种理论、各个流派的观点可谓异彩纷呈，令人目不暇接，有时简直让人无所适从。但是我认为无论什么流派、什么学说，都应当把学生的生命成长作为关注的核心。

陶继新：您说得很对。现在各种提法实在太多了，可是仔细分析一下就会发现，不管如何五花八门，总是万变不离其宗，只是换个说法而已，都可以从孔子、苏霍姆林斯基、陶行知那里找到源头。现在各种理论层出不穷，种种课题纷涌迭出，但是，真正能起到巨大作用者，却是凤毛麟角。甚至有人打着某种课题研究的旗号，进行商业操作，令人有一种人心不古的感慨。而一些公开课，则变成了表演课，生命的对话不再彰显。这样下去，课堂教学的生命意识就不复存在了。

钟惠河：所以，我们提倡课堂的原生态，提倡课堂中的生命对话，因为课堂上的作假，传递给学生的是一种做人方面的虚假。

读书改变生命状态

陶继新：我为你们的教师作了《读书与教师生命成长》报告之后，有好多教师给我来信，说你们学校的读书已经蔚然成风。这令我特别高兴。不过，读书一定要"取法乎上"，不然，教师之读就不会有理想的效果。

钟惠河：在您给我们作《读书与教师生命成长》的报告后，我就把开展教师读书活动作为重要的事情来做，而且做到了"取法乎上"。2008年暑假，我就要求老师们读好两本书，一本是《论语》，一本是苏霍姆林斯基的《给教师的建议》，并在秋季开学的第一次教师会上进行闭卷考试，有老师说这是"一次别开生面的教师会"。为什么要推荐这两本书？一是因为《论语》是我们中国最古老的教育著作之一，是东方各种思想最初的集大成者，我们现在的很多理论都可以在这里找到源头。二是苏霍姆林斯基的帕夫雷什中学被称作世界教育的实验室，同时《给教师的建议》写得非常好，娓娓道来，没有高深的理论。只要认真读好了这本书，肯定会受益匪浅。我给老师们介绍这本书的时候说过这样一句话：伟大的教育家像普通教师一样在思考日常的教育问题，我们普通教师要像教育家那样思考身边的问题。这是受到您所说的读书要"取法乎上"的启发。这学期，我又对老师们提出要拥有"四个一"的建议，即要有一位自己崇拜的教育家，系统地学习他的教育思想；要有一本看家的教育名著，精心研读，做到常读常新；要有一份高质量的教育期刊，博采众长，努力形成自己的教育理念；要有一个经常浏览的教育网站，披沙拣金，了解最新的信息。

陶继新：这样做太好了，你这两本书选得好，都是上乘的教育名著，而且都是可以读一辈子的好书。为老师选书，又进行考试，像您这样做的恐怕不多。

您说的"伟大的教育家像普通教师一样在思考日常的教育问题，我们普通教师要像教育家那样思考身边的问题"这句话太精彩了，简直可以当作格言。其实，伟大的教育家也是普通人，像孔子，也是一位很可爱的老头儿，他有时也会发脾气，也会不讲理，但他又是哲人，他会站在一个很高的视点观照人生与教育，所以，其思想历经了两千多年，依然辉光不减。

钟惠河：最令我欣慰的是，我们学校教师的读书热情越来越高，他们不但在教学上学习这些教育家，还在平时的生活中不断地学习，且逐渐地提升着个体的人格。

陶继新：从教师的成长来看，读书应成为教师成长的必需，读书问题解决不了，其他问题就很难解决。读书不仅能增长知识，还能改变整个人生的生命状态。因为读书就是与几千年前、几百年前的哲人进行心灵对话。要想真正成为一名幸福的教师、高尚的教师，读好书是绕不过去的一个坎。

钟惠河：您今年5月份出版的新书《做一个幸福的教师——陶继新教育讲演录》，书名取得太好了，当前教师群体中普遍存在职业倦怠的现象，唤醒教师心灵深处的幸福感已成为重振教育的当务之急。

陶继新：当时为这本书拟了十几个书名，最后确定了这个书名。因为我喜欢"幸福"，教师也喜欢。那么，什么是幸福呢？幸福就是久存于生命个体心中的具有高尚情结的快乐。必须久存于生命之中，不是昙花一现，而是伴随一生。快乐还不能是低级趣味的快乐，比如虽有高官厚禄，但是贪污腐败，这样会遭人鄙视，自己内心也很恐慌，当然不是幸福；假如你有万贯家财，但吃喝嫖赌，也不是幸福，别人也会看不起你的。幸福必须建立在精神高贵的基础上。我这本书里收录了我的三个演讲稿：第一个是《读书与教师生命成长》，通过读书，提升生命质量，到达理想的彼岸；第二个是《打点幸福人生》，这是最受欢迎的一个演讲，现在很多人在看这个讲演内容，包括教育以外的人，甚至我们院里的老太太也在看；第三个是《孔子的精神境界》，主要是从孔子的精神层面上谈的，我认为孔子是最好的老师，在心灵和精神方面都达到了幸福的境界。我认为，幸福的基础是心灵的高贵，否则，即使你个人发展得再好，也不算幸福。我采写的对象，不但学识好，更重要的是品格高尚。我在采访他们，也在向他们学习，而且不知不觉地提升了自己的思想与文化品位。

为教师营造和谐的氛围

钟惠河：另外，您从读书中，也获取了很多智慧。

陶继新：读书不但使我获取智慧，也使我更加善良。因为大师作品中流淌着的，都是令我高山仰止的大师的高尚品格。

钟惠河：听说您有一次外出讲学，因别人安排上的失误，您只好在路上滞留两天。据说您不但不生气，反而想，这样就可以在宾馆里，在没人打扰的环境中写写文章了，甚至还对造成这次失误的人心存感激。我觉得人的心态很重要，有时候我们看问题换一个角度就好了，为快乐寻找理由，但要做到换个角度看问题，就得有"善待他人"的豁达的心态作支撑，只有这样，才能保持长久的幸福感。我们当校长的经常遇到这样的问题——希望能多调进一些优秀的老师，可往往不能如愿。这时，我就想，如果一位非常优秀的老师，调进来工作一段时间以后还是优秀的老师，那很正常；如果一位普通的老师在你的学校里成长为一名优秀的老师，这才是你学校的成功所在，一所优秀的学校应该有海纳百川的气度。所以，我就从心里接纳他们，没有丝毫的排斥，也希望他们在同一个平台上与老师们共同成长。

陶继新：您的想法和做法是对的。教师群体本身就是一个生态系统，所以必然会存在差异，作为校长，就要"行不言之教"——用"不言"的方式施行教化，很平和地接纳他们。马斯洛的需要层次理论认为，尊重需要的满足将使人产生自信。

钟惠河：得到尊重是获得幸福感的前提。每个人都渴望得到尊重，特别是付出了一定的努力后，更希望得到人们的认可。对于一些没有奖杯奖状的研讨活动的参加者，我就会给他们一些奖励，就像您写《教育先锋者档案》、《非常父母》等教育专著时编写颁奖词一样。比如，在一次校内的研讨活动结束后，我为三位老师写了颁奖词，并在教师会上大张旗鼓地表彰：

你勇挑重担，始终以"没有最好，只有更好"支撑着自己在讲台上展现生命的价值，在"雏鹰争章"中引领孩子的成长。有梦就有未来，有爱就有希望。这次区演讲比赛，从接到任务到参加比赛只有一天时间，你以自己的实力和努力，为实小又一次赢得了荣誉。有请柯向妹老师。

生活的问题沉着应对，教学工作微笑面对，你用最传统、最朴素的方式诠释着对学校工作的理解和支持。"研透教学目标，锻造高效课堂"是专家对你的评价。虽然你已经上过市级优质课，但学校需要，你就毅然接受任务，虽未请缨，已然感动。有请林惠琼老师上台领奖。

作为年轻的妈妈，你克服家务的劳累，典雅端庄的身上透露出刚毅、果敢。作为教师，你的谦虚和对教育的执著追求，给同事们留下了美好的印象，从同上一节课、校内研讨课到数学优质课，你都能勇敢地面对，值得我们敬佩。有请雅芬老师上台并预祝她在下周的比赛中取得好成绩。

在那种特定的场合，你念了颁奖词，老师很感动，比你奖励他多少钱都高兴，那是一种个人价值得到认可的愉悦。老师们经常说："累并快乐着！"

陶继新：您写得很真诚，也很精彩。教师幸福不幸福与其工作量的大小关系不太大。我一直有个观点，累不死人，却可以气死人。凡是没有工作的或者工作量小的人，特别是心里不愉快的人，其生命大都不长。但是，如果拥有了幸福的氛围，累了也没有太大的问题，有了这个氛围，教师就会感到和谐与温馨。校长与老师之间的关系要和谐，老师与老师之间的关系要和谐，老师与学生之间的关系要和谐，学生与学生之间的关系要和谐，从而形成一种向上、向善的心理场。这实际上也是孔子的思想。蔡元培是一个非常伟大的校长，他在任北大校长期间，提出"兼容并包，思想自由"的思想，北大因此而聚集了一批思想观点各不相同的时代精英，如陈独秀、李大钊、胡适、鲁迅等，蔡元培的办学思想直到现在还在影响着北大，并且还将继续影响下去，因为它已经形成了一种文化。校长应该有包容各种人才的胸襟。

平时我在与老师们交流时，发现老师们对他们生存的环境非常在乎。校长的一颦一笑，他们都很在意，比如您今天因为个人原因不笑了，老师都会觉得难受，《小公务员之死》就是很典型的例子。老师看到您笑了，会觉得我在这里很安全，我不会受到校长的指责和打击。有了尊重，有了安全感，有了心灵自由，就有了创造力。有人问我：你为什么写起文章来那么快？我说，因为我心灵自由。不然，肯定写不快，更写不好。所以，老师的潜能和工作积极性，往往与校长给他们创设的环境紧密相关。

钟惠河：前几天我就遇到这样一件事：一位老师要参加区级优质课选拔，我对她说了一句——"你可要争取拿第一呀"。她对别人说：校长这么不信任我，好像我不努力似的。谁敢保证能拿到第一？要是拿不到第一，我可怎么办呢？我知道了以后，就给她打了个电话，说不是这个意思，不管我们做什么事，都要努力做到最好，如果拿不到第一，也没关系，只要我们努力了就行了。实际上，老师参加赛课，他本身已经有压力了，谁不想在比赛中取得好成绩？但一个人心里老是想着我要拿第一，可能反而会使他应有的水平发挥不出来。应减轻他拿名次的心理压力，让他更专注地备好课，提高教学艺术，真正把赛课的过程变成提升自我的过程，变成成长的过程，这样才会有幸福感。只有感受到生命成长的愉悦才是长久的幸福。

陶继新：要让教师有幸福感，就要尽可能不给他们施加心理上的压力。比如奥运会上好多有可能取得金牌的运动员，最终没能拿到金牌，并不是他们没有这个水平，他们往往是输在心理状态上。有人给我提了个建议：您讲课时有些地方语调可以高昂一些，体现演讲的艺术性。但我没有采纳这个意见，因为我绝不会为了追求艺术而故弄玄虚，"道法自然"比刻意追求的"艺术"要"美"得多。所以，老师参加比赛时就不要特别强调让他争第一，就说你行，名次是次要的，咱们努力就行了，让老师彻底放松，有一种"游于艺"的心理状态，有时甚至要给失败者庆功。

这几年我读《论语》，就读出了很平淡的心绪。我也经常遇到一些在别人看来不如意的事情，比如外出讲课时，或因不能播放课件，或因扩音效果不好，讲课达不到理想的效果。但我认为这都很正常，从不自责、难过。有时课讲得异常成功，我也不会得意忘形。在我看来，这都是自然而然的事情。

钟惠河：您经常提到"道"，"道法自然"太重要了，做事做人，都要"道法自然"，做人一定要真诚。真，就是自然。

陶继新：最怕老师自己根本不发展，还抱怨这抱怨那。教师群体中确实有这样一些人，遇到这种情况就要换一种心态，换一种方式，把坏事变成好事。

钟惠河：我认为人一定要懂得感恩，才会有幸福感。

陶继新：我有一个报告，题目就是"永存感恩"，其中讲到感恩父母、教师、社会等层面的问题。一个不懂得感恩的人，不但遭人鄙视，自己也不会幸福。比尔·盖茨把他的财富全部捐给慈善机构，不给子女留一分钱，他说得很明确，就是要回报和感恩社会。大企业家与小企业家的差别在哪里？我认为大商在德，小商在器，大企业家成功在德行的修养上，小企业家成功在技巧上，一味地讲求技巧，就永远达不到"道"的层面，只能在较低的层面上徘徊。

（原载于《新世纪文学选刊》2008年12月下半月）

张志湖

文化系学校发展之魂

——对话张志湖校长

　　张志湖，山东省东营市胜利第十一中学校长、书记，中学高级教师。先后做过中学教师、机关干部、小学校长等。待人和善，勤于思考，善于观察，喜欢为文，爱好诗歌。先后承担过两个国家级教育科研课题、三个省部级实验课题，已出版三部文集，在国家正式刊物上发表十余篇论文。先后获得胜利教育优秀教育工作者、首批名校长、中石化家庭教育先进工作者和山东省校本教研先进个人等称号。目前，在胜利第十一中学开展的"学校新文化运动"已取得初步成效，"谦恒文化"逐渐成为学校品牌，并小有影响。个人博客"老虎沉醉山水间"（http://zhang16370. blog. sohu. com)深受同人青睐。

核心理念"谦"、"恒"应运而生

张志湖：长期以来，我一直在思考文化在学校发展中的作用，我带着许多困惑与期待，参观了一些学校，也考察了一些名校，还看了许多书。这个假期，我没有外出，更多的是在学校里读书、思考，突然有了灵感，就马上记录收集起来，整理到电脑上，专门建了一个栏目叫"研修拾零"。整理思绪以后，非线性的理念不断跳出来。同时，结合放假前我在全体教职工中开展的学校新文化运动，进行文化反思与提炼。胜利十一中有着四十多年的办学经历，沉淀了丰厚的文化，但是从学校历届领导、老师和学生，到社会各界的反馈印象，总让人感觉在文化体系与品牌方面不够系统和鲜明。虽然我们有自己的办学目标和学校精神、校风、校训等文化定位，但总觉得不够精确、缺乏个性，也没有真正成为一种文化品牌。

陶继新：您谈到一个很重要的问题，就是富有特色的学校文化。而要形成这种文化，首先校长要有思想与文化。它的来源有三个，一是读书，二是实践，三是研究。这三个方面，您基本上都做到了。但是，真正形成富有自己特色的学校文化，特别是梳理出学校的核心理念，还需要更加深入的思考，还需要一个不断提升的过程。

张志湖：是的。我们是按照三个路径酝酿学校文化的核心理念的：第一个路径是移植过来的，有一个学校是济南一个公司帮助设计的，我将它拷贝过来，用它的旧瓶装新酒。他提"厚德载物"，我说"桃李不言"。就这样设计了一套方案。但是，细细琢磨，发现没有十一中的影子，也没有我个人思想闪光的地方。不是我，张三李四都可以做到。所以这个路径不要了。然后，我发动老师们研究第二个方案。我设计了整个过程，一步一步运作——学校领导开会，中层启动，全体教师发动，老师们把建议汇总上来，反复两次。整合一看，似乎不错，全体教师参与了，而且围绕原有的学校文化，经过检讨和反省，出来的东西比较有学校味道了。虽然比第一个要好，但仍感觉不满足。所以第二个路径又被否定了。进入8月份，我的思考更加深入，也逐渐聚焦。有一天去济南，在回来的路上，突然灵感来了，悟了两个字——谦、恒。对老师来讲，我们最需要的是什么？在做人方面应该提出一个"谦"字，在做事方面应该突出一个"恒"字。从"谦"字再上溯，最后追本向上到"真善美"的善，上善若水。善本义是好，好的根本是利他的，从哲学层面向上，先说自己"容人"、"宽容"。后来有的老师说"容"是好，但还有点空，是不是"谦"字，最能体现你的做人，你做人很谦虚、谦和，十一中的老师这些年来，不争不抢，桃李不言，默默坚守，虚怀若谷。

原来我在一小提出的是"从小做起，力争第一"，很向上，但这里面有一种霸气，事事不服输；我们十一中呢，默默坚守，你争第一，我争第二也行，但是我要与学生一起成长。而"谦"则不然，我承认自己的不足，我要虚心向你学习，这样，就会产生一种合作意识。学校的发展也是一样的，要虚心学习外校的经验，以海纳百川的心怀，博采众家之长，形成自己的品牌。

陶继新：您说的"谦"，有继承，也有创新。为什么呢？新领导走马上任的大忌就是否认前任。您不是这样，您在挖掘前任领导的闪光点，"谦"在挖掘之中闪现出来了。况且，其中也有前任领导思想的影子，继承自然就有了。但是，您的这个继承又不是原样照搬过来的，而是有自己的创新。因为您对"谦"的把握很深，也有群众基础，而且与您一贯倡导的真善美紧密相关。《周易》中的谦卦，就有善的意思。老子的《道德经》也提"上善若水"，而且说"水善利万物而不争，处众人之所恶，故几于道"。这就是您所说的利他精神。教师工作的一个重要特征就是利他性，不但要利于学生，还要利于社会，甚至更大的层面。而教师之间的利他，能形成一种和谐向上的氛围。长期坚持下去，就会形成一种风气，也就是校风。好的校风，便是学校文化的一个重要呈示。

张志湖：说到"恒"，我是这样理解的：目前的学术界也好，教育管理也罢，我感觉最大的一个问题，最大的制约瓶颈，就是缺少一个"恒"字。从教育体制改革来看，从上世纪八九十年代到现在，从学习汨罗，学习烟台，到学洋思，学杜郎口，所有这些，有几个真能学到家，真能坚持下来的？

陶继新：学习别人的经验固然重要，但是完全的"拿来主义"都不会收到预期的效果。因为各个学校有各个学校的特点，校长、教师文化背景、道德修养不一样，学生来源与基础也不一样，一味地照搬，肯定会出问题。关键是在学习别人经验的时候，要联系自己的实际，形成属于自己的东西。而要坚持的，正是这个有个性的东西。而一听说一个先进经验就蜂拥而来，不加思考地拿来就用，用得不好就丢，这样的学习，怎能坚持下去？

张志湖：教育是一条河流，是一个指向未来的事业，来不得半点虚假和作秀，所以，若没有恒心就必定会半途而废，或者功亏一篑。同样，我们在教育学生时，也要有耐心。自从到胜利十一中来工作那一天起，我就抱定了与老师们同呼吸共命运直至退休的信念。不求别的，给我一个学校足矣！那就得立长志，而不是常立志；立恒志，而不是恒立志。在学校治校方略上，既要稳定我们的目标，又要培养大家做事的精神。持之以恒，有恒心，不要半途而废，具体的教学也好，德育也好，最后实际上就是养成好习惯，而习惯培养需要的就是恒心，恒定的东西。所以，从"谦"、"恒"引展开来，然后在管理文化、教师文化、学生文化、环境文化这些方面，就可以"迎刃而开"。

陶继新：做任何事情，都需要恒心，尤其是被人们称之为"百年大计"的教育，就更需要恒心。真正成功的人士，大都具有超人的恒心。向一个高远目标奋进，最艰难的时候，也就是即将成功的时候。但是一般的人往往在这个时候退了下来，结果是功亏一篑。所以，孔子说："譬如为山，未成一篑，止，吾止也；譬如平地，虽覆一篑，进，吾往也。"他能成为一个大思想家，也是一直坚持学习与研究的结果。您来到这所学校，还会遇到各种各样的困难，不但要充满信心，还要充分估量前进之中的艰难，特别要在自己的心里树立一个坚定不移的信念，而且要将这种信念内化到老师以至学生心里。这样，所谓的"恒"才能真正落到实处。

要真正做到"恒"，就不能浮躁。当今社会，浮躁之风盛行，功利之心蔓延，即使作为精神圣地的学校，有时也抵御不住这种风气的浸染。所以，您所说的"恒"文化，就是要老师们守住这片圣土，在不良风气袭来的时候，要像泰山一样岿然不动。这样，您所构建的学校文化的这一核心理念，才能真正负载起"恒"的价值。

张志湖：我想，在学校老师和学生的心里慢慢根植下"谦"、"恒"的核心理念之后，还要向家长延伸。在小学阶段，我还非常关注家长教育，接待了好多家长，针对孩子的情况与他们交流。我动员老师搞了一个心理咨询室，志愿者也好，成功策划者也好，针对学生将来的发展或现在存在的问题提供一些咨询、服务，让每个人都有进步。这个也很不容易，如果做得持久，也会有效果。而如果家长有了"谦"、"恒"的理念，教育孩子就会更有效果。

陶继新：家长有着教师不可替代的作用，这方面的工作做好了，可能会成为学校的一个亮点。家长若都能关注学校文化，感受到文化对孩子的重要性，他们就会给予学校支持，这将是超越人们想象的。我在省内外给家长讲课的时候，发现他们都听得特别专注，超过了教师。但是，他们大多不知道如何教育孩子，更没有坚持到底的恒心。而您的"谦"、"恒"文化如果能深入家长的心里，学校文化的这一核心理念就有了更大的生命张力。

写作成为乐此不疲的生命需求

张志湖：我在小学工作了 11 年，在这 11 年中，我感触最深的是文化层面的"桃李不言，下自成蹊"。在这 11 年当中，我没有到外面请人包装学校，只是按照自己的诺言和信念，默默坚守。11 年也是一个成长的过程，一开始靠经验，后来靠制度，最终还是走到人文关怀上来了。直到 2005 年，自己感觉思想上有了一个飞跃，这个飞跃也说不清是从哪里来的。经过这么多年的积累以后，搞教育，当校长，已经成为我生命中的一种享受，不管多么累，不管老师遇到什么困惑，甚至与老师发生冲撞、矛盾，我都泰然处之，甚至有困惑、矛盾纠缠时我很欣喜，这正是一次让我思考提升的机会！有了这种心态，我对困惑、矛盾就泰然处之了，把它们纳入到我的视野，作为写作的一种素材。这样，近三年来，我就走进了教育的写作之中，使得写作成为我生命不可分割的一部分。从 2006 年 4 月 11 日起到现在，我每天写 1000 字，每天作一首诗。同时，用我的做法给教师以引领。慢慢地，胜利一小的老师就随着我做起来了。后来我又搞了"一百千"工程，"一"是校长每天 1000字的随笔，"百"是学生每周 500 字的练笔，"千"是教师每周 1000 字的反思，而且已经成为习惯。我到胜利十一中以后，一小的许多老师仍然给我发来他们的随笔呢！

陶继新：一般的老师，特别是校长，多把写文章作为精神负担，不得已而为之，甚至让别人代写。您之所以能把写作当作生命不可分割的一部分，甚至一写就快乐，是因为这已经进入到了一种审美境界。这比坚持，甚至比您说的"恒"都进了一步。审美不是他律，而是自我超越，是乐此不疲，是高度快乐。所以，才有了您的每天一首诗、每天1000字。这成了您生命历程的精神记录，也成了您感情抒发的心灵园地。我认为，一个优秀的校长，是不可能疏离写作的，苏霍姆林斯基如此，陶行知也是这样。因为写的过程，也是对学校管理与自己的生活再认识的过程，甚至是一种精神升华的过程。

张志湖：是的，我在写作过程中，感到的不是累，而是快乐。

陶继新：我也有这种感觉。不少人问我：陶继新老师，你整天采访、写作、讲课，一定很累吧？说一点不累也不现实，可是，累中有乐，累中能感受到生命的价值，所以，心里永远不累。而一个心不累的人，一定是快乐的。比如去年、前年、大前年连续三年的暑假期间，我都连续讲过七天课，而且每天两场，大多不在一个地方。有时在一个地方上午刚讲完，拿上几个包子或者馒头就上车，一边吃一边赶路。有人感到不可思议，说，三四十岁的人这样做都受不了，您怎么能行呢？我说，乐此不疲嘛！况且，我在讲课的过程中，不认为自己只是在传授知识，而是有点传道的历史担当。这可能说得有点高，可是，面对那么多教师，您能没有历史责任感吗？所以，孔子的"己欲立而立人，己欲达而达人"就成了我的座右铭。因为我在读书与写作中发展了，也希望更多的教师发展起来。想到这种担当，就不再感到累，而是异常快乐了。

张志湖：您为什么不累？因为有一种信念在支撑着，而且您的付出让大家获取收益，感到快乐。我认为，您一是传道，布道，再就是度人。度人是什么？您的感悟，可以点化人们心中的郁结，使大家通了。我相信我们好多老师听了您的报告以后，会豁然开朗，甚至顿悟，生命会有一个很大的飞跃。

陶继新：写作有着巨大的生命价值，可是，却被人们忽视了。特别是校长，如果喜欢写作，且能通过写作来提升自己的文化品位，将会对其管理起到意想不到的作用。

张志湖：的确是。写作就是一种管理，同时也是一种沟通，是我与老师对视的窗户。这几年，我把与老师的沟通叫作心灵对视。这种素材很多，有老师给我写的，有我写给老师的，这个过程没有功利性，只有信任和欣赏。只要通过文本，写了你真实的东西就好。我在字里行间能捕捉到很多信息，这个信息，老师可能是有意流露的，也可能是无意流露的，想掩盖也掩盖不了。所以文本的交流很重要。与老师的交流，除了座谈，还要求他写作。回去写一写，再给我看看，传给我之后，我又会获得更多信息。我可以捕捉到你想的是什么，你的价值取向是什么，你在抱怨什么，你的诉求、需要又是什么。所以我觉得离开写作的话不可想象。我的研究生论文就是以此为题的。

陶继新：一般的校长大多是通过谈话的方式与教师进行交流的。我认为写作是超越谈话的，有些想法能写出来，却不一定能谈出来；有的能谈出来，但写不出来。它的隐性作用在哪里呢？一是通过网上个体的写作交流，能交到心灵的朋友，他会非常信任你。一个校长若平等地与老师交流，他们就会感到很亲切。二是它会引发老师写作的积极性，老师一旦进入读书和写作状态，就会感到一种很大的乐趣。一旦在教师中形成写作的氛围，校长的管理就会变得轻松自如。我在山东教育社担任总编期间，写了那么多作品，极少有时间与别人闲谈，无事生非的事自然也少了很多。老师如果愿意写作，他就不会闲聊打牌，无事生非。在写作过程中可以生成自己的精神，有一种实现自我价值的感觉，心理上会有一种满足感。教师有了这种心理状态，学校管理就会进入无为而治的高层境界。

张志湖：人人都可以成为写家，但不一定是作家。基于这一点，我觉得他只要写了就行。敞开心灵，每个人都可以写，甚至门卫、后勤人员都可以。哪怕你写上一句话，也可以。你不一定要写1000字，有感而发即可。所以，开学时，要求管理人员每个人都要做到。第一，培养一个好习惯，好习惯的培养是一个目标要求，也是自我修养的必然过程；第二，把这一学期的建议书拿出来，写一写。这里面有一些做法在别人看来很幼稚，但是我要求骨干教师、中层人员必须写，其他同志可慢慢来，我也没有额外要求，比如这一学期的计划、总结，一次会议的安排内容，也都可以算作指标。

陶继新：我采访江苏省张家港高级中学高万祥校长时，就很为他的要求之"高"而感叹。他对教师的写作也有近乎苛刻的规定。他要求全校教师都要写生活小故事，每个青年教师每周不得少于3篇，中老年教师每周也不能少于1篇。有人甚至说他在这方面有点专制，有些"不择手段"。但他对此充耳不闻，一如故我地"专制"下去。他说："现在有的教师因为我的要求很严可能会有意见，但以后他们一定会因为我的要求之严而感谢我。"结果，两年以后，老师们都喜欢上了写作，都非常感谢他。他要求学生每周写6篇以上的日记。他把老师、学生写作的积极性调动起来了。他本人就是文化学者，喜欢写，喜欢读。当然他有点急，我觉得可以给大家留个余地，循序渐进。如果有写得稍微好点的，即使是一句写得很好，都要表扬，甚至可以采取点奖励措施，把大家慢慢引到喜欢写作上来。我觉得文化就是逐渐"化"的过程，大家慢慢认可你这种思想，就愿意写了。写得越来越多，越来越有情趣，就不会感到有什么负担，甚至会有一种享受的感觉。

写作本应是人们异常快乐的生命需求，可是，大多变成了迫不得已的痛苦过程。我们在这方面已经充分感受到了幸福。但是，这还不够，要让更多的教师步入这个境界之中，进而提升他们的思想和文化品位。

包容教师的"不善"之言

张志湖：我 2007 年 8 月到十一中，到现在已经一年的时间了。这一年，是我熟悉、融入、被大家认可，然后调整的一个阶段。在这一年中，我做的第一件事，就是通过我的博客，把我的坦诚展示给老师，与老师握手，与大家交流。老师点击我的博客，与我交往，不管是工作还是生活，既有积极的正面的，也有负面的甚至不友善的，但我都容纳了。我觉得这样很好，让大家发泄一下，老师不向校长发泄，向谁发泄呢？

陶继新：您做得很好，校长要给教师一个发泄的机会与渠道。不通过这种方式发泄，他们还会通过别的方式发泄。这种方式不仅使教师的情绪及时得到宣泄，也使您更加了解情况。容物、容人，不仅是一种胸怀，也是一种品格。一个校长如果不能容人，就不会有大的成就。同时还要容物、容言。有的教师文辞激烈，甚至带点攻击的味道，校长都要沉住气，静下心来思考为什么会有这样的言语，然后再采取有效的措施。我在《打点幸福人生》报告中，就提出这样一个观点："天地何以长久，正是因为它形成了一个和谐体。既有风和日丽，也有雷鸣电闪。所有这些，都被天地包容下来。"学校管理也是这样。老师有可能赞赏你，也有可能诋毁你。你即使做得再好，也会有人不满。这是一种常态。他说得对，我可以改；他误解了，可以解释。做到这些不太容易，但是您做到了。那么，您的管理就跃升到了一个较高的层面，学校的和谐就会不求自得。

张志湖：这样做是基于"人心都是向善的"的思考，人之初，性本善嘛。我忍一忍，就有可能海阔天空。他之所以不友善，可能是因为受到各方面的影响。他心存不善，或者有一些恶意，但在我的眼里，他也是一个受害者，需要理解和帮助。我一直坚信，善是一种无法替代的力量。在管理中我有一种理念，那就是：因为我眼中没有一个坏人，所以我周围都是好人。为什么？因为人心都是向善的。在工作和生活中，因为我宽容大家，理解别人，不斤斤计较，所以我朋友很多，老师也好，家长也好，同事也好，都愿意和我做朋友。这样，给学校发展，给大家的成长，就提供了良好的平台。

陶继新：在这一点上，我们有共同的语言与相似的做法。我有两句座右铭。第一句就是"善待他人，发展自己"。首先把对方当作善良人来对待，尽管他可能有不善的地方，但有了这种心态，工作和生活就会少很多烦恼。如果你对所有的反对声音都以恶言相加，结果必然是收获更多的恶言。你善待教师，他们会有心理感应的，他们也会善待校长的。即使有个别老师一时不善待你，以后也会善待你的。一所学校，如果构建这样一种向善的学校文化，管理起来也就不会特别困难了。

由"术"入"法"，由"法"进"道"

张志湖：关于学校规范化建设，去年一年我们主要是达标，迎接东营市规范化学校建设复查。在这个过程中，我跟老师们一起努力，从争取资金到内部管理，从环境建设到学校文化整理。再一个就是谋发展，主要是制定学校近五年的发展规划，老师也要拿出自己的发展规划。学校要继续往下走，不能总是这样，怕的就是老师无所求，在无所求的情况下逐渐厌倦，甚至无事生非。所以让老师们有所求，是人性化管理的基本点。我打算会后让老师以组为单位填写一个关于校园文化建设的建议表格，同时要求老师撰写一份个人发展规划书。这个东西是根据学校给老师设计的四个层级——一般老师、学校骨干、中心骨干、市级骨干来设计的。每一个层级都有一些内涵，每个人根据自己的情况和将来的意向，自己设计。这个我并不着急，因为老师们要审视自己，要内省，在听完报告之后要系统思考。

陶继新：其实，您让老师们填的是两个规划书：一个是学校发展的规划书，一个是教师个人生命成长的规划书。这两者是相辅相成的。学校把规划书做好以后，会把老师的基础力量灌注到学校发展当中；个人规划书做好以后，他们会特别关注自己将来的发展。我一直认为，个人发展了，学校必然会发展；学校发展了，必然也会带动个人的发展。所以一个人、一所学校是不能没有目标的，是不能没有规划书的。不然，就像打靶子，没有目标，就必然会无的放矢。但仅有规划书还不行，还要落实好，即切切实实地按规划书去做。这样，老师就会在学校的发展中尝到甜头，在自己的发展中感受到收获的幸福。

张志湖：说到发展，我在去年为胜利教育中心新聘教师培训班讲课时提出，教师发展的三个层次，或者说三个状态，一种是"术"，一种是"法"，一种是"道"。现在分析看来，这三个层面的存在都是合理的：新教师到校以后，是作为一个教书"匠"存在的，他要严格按规定备课上课，批改作业，一个教师的成长必须经过这个阶段。经过几年的磨炼之后，他对教学规律、特点进行总结，慢慢走出教书匠这个层面，开始到教"师"，到"法"的层面。然后再经过几年历练，他的层面又高了，不单单是教学生知识，还要教学生做人，在付出自己智力和才能的同时，个人的心理开始有感应，对生命开始反刍，开始把教学当成一种享受，这就到了"道"的层面，到这个时候，就接近成"家"了！目前来看，在一个单位当中，"术"这个层面的一般有20%左右，一生当中就是做一个教书匠，做一个合格老师就不错了；再一个就是"道"这个层面上的，把教育当成难以割舍的情怀，能够成为名家，能达到这种境界的连10%都不到；大多数教师（70%）集中在"法"的层面上，介于前两者之间。这么一分之后，我感觉一个单位里各种人的存在都是合理的，甚至一个学校集体存在着某些弊端，有时也是合理的，不必过于着急。通过这几个层面的分析以后，面对老师的不足，面对当前存在的困难，也就心气平和了，就会从容地应对了，就能做到沉着理性、游刃有余了。

陶继新："术"、"法"、"道"的提法很好。一般老师要真正达到"道"的层面，"术"、"法"是个必经的历程。即使在最好的学校，这三个层面也会存在，只是比例有所差别而已。处于"术"层面的老师，不能只重技巧，还要关注文化品位的提升，不然，就会在这个层面徘徊不前，不要说很难抵达"道"的层面，就是"法"的层面也不会太快到达。现在的教育教学，不少是急功近利，甚至试图速成。其实，教育永远不可能速成。所以，对于您所说的"术"层面的教师，一方面要教其技术，另一方面还要积淀其文化。这对他以后的发展会起到重要的作用。通过文化的力量，可以加速这个过渡。再就是，"道"层面是一个很高的要求，而且这也不是一成不变的，追寻

"道"的过程，是一个永无休止的过程。所谓"道"，只是相对而言的。

张志湖：您说的这个观点对我震撼很大，因为我当初发现这三个层面以后，很欣喜，同时也有些沮丧。为什么沮丧？竟然是这么一种构成，后面这一块太大了，怎么办？只能承认它！您这么一说，让文化作为一个促人跨越的能量，非常让人兴奋。

陶继新：我发现一些学校教师的整体素质相当不错，也就是说，近"道"的成分比较高。比如吉林省吉林市第一实验小学的教师，我只给他们作了一个半小时的《读书与教师生命成长》报告，可是，老师们的心灵感动却是令人吃惊的。我的个人网站的管理员有一天告诉我，在网上发现这所学校几乎个个教师都写了一篇听报告感想。我拜读了所能搜集到的文章，深深地为其感动。我感到，他们不只是在听我讲课，更是在用心触摸生命的发展历程，甚至是与我不见面地进行心灵沟通。整体而言，这所学校已经有一半以上的老师进入到您所说的"道"的状态了。我感觉，您是一个很特殊的校长，您喜欢文学，读书、作诗、写文章，是一个典型的文化型校长。在您的引领下，若干年后，学校就可能改变现有的结构。庄子说庖丁解牛19年之后，技近乎"道"了。通过文化熏陶，通过高层次的阅读，您的教师也可以由"术"到"道"，产生飞跃。

张志湖：胜利教育移交地方以后，整体移交，独立运行，由100多所学校变成目前的47所。回想这几年走过的路，我感觉我们主要是从两条路来运行的。一条路是按常规，有政府教育行政部门对我们的管理和帮助，另一条路，我们走民间学术团体。从王敏勤教授的和谐教学、课堂管理，到以孙云晓为组长的全国成功计划、团中央习惯研究课题。这两条研修之路，使我和老师们受益匪浅。在学校里，我走的也是两条线：一是课堂教学，一是习惯养成。经过总结反思我发现，光这样还不够，这两条最多还是"法"的层次，还没有到"道"的层次。让老师在自省和提升中悟到生命之道，克服职业倦怠，享受教育。这既是对于教师成长的一种升华，又是构建学校文化的一条红线和平台！

陶继新：您说的是很对的，"道"的最高层面是没有任何倦怠的。我还有一个基本的观点：一旦温饱问题解决了，更多的就是精神诉求。以前，过节的时候，有可能给老师发点福利，但是现在最高的福利不是物质层面的了，他们更加需要精神层面的支撑，包括请专家作报告、给他们买书，扩大他们的精神内需，从而使他们快速发展起来，使更多的教师抵达"道"的境界。那样，学校的发展就成了必然之势。

张志湖：关于学校的定位，十一中是胜利油田建校较早的学校，文化传统、社会口碑都很好，名师也不少，但下一步发展怎么办？在打造名师方面，在课堂教学方面，我给老师提出来，首先要成为一个有特色的老师。特色是一个品牌，在特色之上，有个性的东西，就是教学风格。现在老师在设计个人发展规划时，我们给他们提供特色教学场所，专家的评点、同行的交流都是重要措施。我们要求同伴交流两周一次，读书好的、课堂教学好的，读书和写作联系起来，宣读文章、读后感或随笔，我们为他们发表、展示、结集，这样慢慢引领大家走向"道"的层面。

陶继新：在一个适当的机会，你们可以承办一个山东省甚至全国性的教育教学研讨会。可以在会上响亮地提出您的"术"、"法"、"道"以及"谦"、"恒"文化。面对来自四面八方的教师，您可以放开来讲，教师可以出课，也可作报告。同时，请全国专家、名师也来作报告、讲课。从而让老师们在展示自己风采的同时，感受大家风范，学习他人之长。而且，前来参会的外地老师们也是一个重要的资源，你们可以与他们交流。这样，胜利十一中就会抒写其历史画卷的新篇章！

（原载于《新世纪文学选刊》2009 年 1 月 25 日）

班绪斌

为师生一生储备幸福

——对话班绪斌校长

班绪斌，山东省淄博市张店区莲池学校校长、党支部书记，淄博市优秀教师、优秀校长。教过小学数学、语文、地理、历史等课。先后担任过教导主任、教育局普教科副科长。自1992年任职校长至今，主张在基础教育阶段的小学，全方位地实施素质教育。着眼于为孩子打好未来人生的基础，培养有中国道德、有科学头脑、有世界眼光的人。在他亲自组织和参与下，"小学生心理辅导"、"学生分组合作自主学习实践与探索"、"中华优秀传统文化和传统美德的学习与继承"、"学生自主管理"等实验与研究，都取得了可喜的成绩。

德育指向人生幸福

班绪斌：一个忽视德育的学校，一个不注重塑造人的灵魂的教师，决不可能培养出具有高尚人格的学生。莲池学校建校十多年来，始终将德育置于首要位置，在这方面做出了很大的努力，也取得了一定的成效。

陶继新：早在两千多年前，孔子就特别重视德育。他将自己的教学总纲确定为"志于道，据于德，依于仁，游于艺"，其中除"游于艺"之外，其他三个方面都是谈人格成长方面的事情，都与"德育"有关。现在我们的教学大纲，更多关注的是教学，与当年孔子的教学总纲大相异趣。

班绪斌：是的，《论语》中说："子以四教：文、行、忠、信。"这四教之中有三教为德育内容。古代圣贤们的教育思想和做法，历经两千多年而一直被沿用，确实值得我们思考和借鉴。我认为，德育工作就是引导学生明辨是非、善恶、美丑，构建健康人格，提升生命质量的教育。所以有人说，德育就是把人引向希望和幸福的教育。

陶继新：您说的这个问题，当是德育的高层境界，目标指向的是人一生的发展，是人格的生成、永远的幸福。

班绪斌：是的，有幸拜读过陶老师的《做一个幸福的教师》一书，您对《论语》的研究令我受益匪浅，也让我更加明白了德育的至高境界。

陶继新：在《做一个幸福的教师》中，我就有一个《打点幸福的人生》的讲演稿，其中谈了什么是真正意义上的幸福。我认为，幸福不是获取了高官厚禄，也不是获得了万贯家财，因为那样也未必幸福。真正的幸福，则是心灵的愉悦，有着高尚的况味。

习惯养成关注"行"

班绪斌：为学生打好幸福人生的基础是我们的目标，这还是要从最基本的抓起。小学德育普遍存在的主要问题之一就是违背学生心理发展特点，贪大求全，忽视基本的基础性的东西，灌输多，道德实践和体验太少。鉴于此，我们在实施德育中强调了学生行为习惯的养成。

陶继新：习惯养成需要在"言"的层面进行教育，更重要的则是"行"。如果重"言"轻"行"，所谓的德育就会成为空中楼阁。你们学校所进行的习惯养成教育，就特别重视学生的"行"。

班绪斌：英国思想家培根曾经说过：习惯是一种顽强而巨大的力量，它可以主宰人生，因此人应该通过教育培养一种良好的习惯。对于小学生来说，没有具体的"行"与认知的配合，是难以内化为道德品质的。因此说，行为习惯的培养，也是道德实践和道德体验的过程。

陶继新：一个好的习惯养成，是需要反复实践与体验的。而这个反复的过程，也是将习惯内化于心的过程。老师说得天花乱坠，如果在学生那里得不到内化，老师的期盼就会化作飘浮于空中的一朵悠然而逝的白云。而良好习惯一旦养成，就会惠及一生。真正的幸福者，大都具备良好的习惯。在某种意义上说，习惯决定一个人的命运。

班绪斌：是的，我们在实践中深深体会到了这一点，一千次说教，不如一次亲身实践；一万句灌输，不如一次切身体验。所以，我们尽最大可能为学生创设道德实践和体验的机会，例如学生中队"轮流值周"活动，学生在值勤的过程中，不仅指出他人的不足，而且告诉他人应该怎么做，自己也以身示范。这样，在教育他人的过程中，自己也受到了教育。

陶继新：在"轮流值周"活动中，"值周"者是示范者，也是"指导"和"监督"者。所以，他们有了平时没有的自豪感，以及必需的自律精神。由于是"轮流"，所以，被"指导"与"监督"者也可以成为"指导"与"监督"者。由于角色的不断转换，即使不在"值周"时段，学生大多也有了比较自觉的自律意识。

班绪斌：我们的学生读了《弟子规》，我们首先让他们按照书中的要求做一个孝敬父母的孩子。先从对父母说一句感恩的话、为父母洗一次脚、替家长做一件力所能及的家务活做起。学校每学期都要组织评选"莲池学校十佳小孝星"，目的就是帮助学生树立尊老的意识，培养其爱老的习惯。

陶继新：你们结合《弟子规》的内容让学生从点滴小事做起，培养其高尚的道德品质与良好的行为习惯，如是坚持下去，学生就会积累一个又一个良好习惯。看起来"小",其实太"大"了!

班绪斌：是啊,正如您所说,我们学校教学楼和办公楼是连在一起的,而且走廊是全封闭的。在楼内,不论老师还是学生,说话或走路的声音稍大些,就会传遍整座楼。为了让孩子们养成进楼即静的习惯,我们提醒同学们体验别人大声喧哗对自己学习造成影响时的感受,然后让大家交流,从而起到了事半功倍的效果。因而,同学们在进入楼内后基本都能做到走路快步轻声,悄声交谈。不仅如此,同学们还能做到到餐厅就餐自觉排队,安静就餐,饭后自觉收拾餐桌。

陶继新：在公众场合不大声喧哗,既是文明的表现,也是自己形象的展示。而形象的背后,是素质。你们让孩子们养成进楼即静的习惯,是在与世界先进国家接轨。而且这个"轨"接的是先进的,而不是不良的。我到北欧一些国家出访的时候,发现那里的人在公共场合很少有大声喧哗者,如果谁这样做了,就会被人们认为是不文明不礼貌的。他们在火车上或者餐馆里也是低声谈话,接听电话的时候大都捂着嘴用很小的声音说话,起身去接电话之前会说声"对不起"。

回想我这几十年走过的历程,如果说有点成功的话,好的习惯起到了一个非常重要的作用。比如每天锻炼、读书和写作,即使春节也没有中止过。在有的人看来,我这样做有点不近人情,甚至活得太累。其实,我是非常幸福的。因为这已经成了我富有生命张力的精神源泉,成了我幸福人生的必备品质。

班绪斌：童年时期养成的良好习惯,会使人受益终生,是一笔宝贵的人生财富。而您几十年来获得了人生的成功与幸福,我想就是得益于您长期以来形成的良好习惯,所以说,成功与幸福离不开良好行为习惯的养成。实际上,这也是一种高尚的道德情操,因为人的生命的辉煌与人生的乐趣,也是道德教育应当追求的。一个人的失败,在很多情况下,不是做事的失败,而是做人的失败。正像英国人萨克雷所说："播种一种行为,可以收获一种习惯;播种一种习惯,可以收获一种性格;播种一种性格,可以收获一种命运。"好习惯,必然能够奠基好人生。

陶继新：一个人的成功,是以做人为基础的,更多地体现在精神层面,我称这样的成功人士为"精神贵族"。而当了官,发了财,思想却特别低下的人,我并不认为他走向了成功。而且我相信,他最终的结局一定是悲惨的。

为富不仁者，多是风光一时，而不可能久远的。每个人在前进的道路上都会遭遇到或大或小的"失败"，但这并不可怕，可怕的是心灵上的失败、人格上的失败。只要这两个方面没有失败，所有的失败都是暂时的，而且后面一定会有特别大的成功在迎接你的光临。

中华美德教育形成"研发""共同体"

班绪斌：我一贯主张"先成人，再成才"，做人是第一位的。为此，我们除了对学生进行系列养成教育之外，还注重通过多种渠道对学生进行中华传统美德的教育，效果也不错。这期间，通过传统节日对学生进行教育，是我们学校的一个亮点。

陶继新：现在的不少孩子，知道诸如圣诞节之类的"洋节"，而对中国传统节日却近乎到了无知的状态。这并不是说"洋节"不必关注，而是说我们是中国人，更加需要了解我们中国人的节日。因为了解这些节日，也是在接受热爱民族文化思想教育。热爱本国文化的教育，应当从小的时候开始。而一个有着深厚的民族文化情结的孩子，长大成人之后，就会更加热爱我们中国的文化。

班绪斌：我们首先让学生在每个节日到来之际，搜集相关节日的来历、意义，以及不同地域过节的风俗习惯。搜集的过程，就是亲近、了解传统文化，增强民族自豪感的过程。这也是在为学生提供一个体验和继承中华民族传统美德的机会。另外，我们还让学生搜集家乡名人的故事，在此过程中，让学生了解家乡名人高尚的道德情操和理想追求，进而接受熏陶，为接受传统美德打下良好的基础。

比如学校曾经在寒假前开展过"红红火火中国年"的大型活动，我们还给全校学生和家长写了一封信，提出了具体的要求——过一个平安祥和的春节，过一个有传统文化意义的春节，过一个节俭的春节，过一个文明的春节等，而且推荐了一些传统文化的书目。后面还附有"寒假记录评价表"，要求每个学生认真填写。

在这个过程中，我们还注重发挥教师的指导、引领作用，要求教师首先要了解和热爱中华文化，教师的文化素养也在此体现出来。值得一提的是，我们在开展工作的过程中，得到了学生家长的积极配合和热情支持，应该说没有他们，我们的工作也不会开展得如此深入、持久。

陶继新：您说得很好，教师发挥的是"指导、引领作用"，而不是越俎代庖。学生有着巨大的潜能，让他们深入其中，他们就能在兴趣盎然的状态中搜集到各种各样，甚至是老师们都搜集不到的内容。同时，这也体现了一种教育理念——相信学生，因为让学生自己获取教益比老师直接送给他们知识重要得多。

你们让家长介入，就更加富有意义。这样，不但学校里，就是家庭中，也有了共同研发这一成果的"共同体"。家长有了积极性，这项活动就有了"根"。

在这个活动过程中，老师、家长和学生形成了一个特别的"研究团队"，在这个团队中，大家取长补短。如果哪个孩子和家长"开发"和"研究"的成果丰硕，就会在这个团队中受到尊敬与欢迎，他们也会由此产生自豪感，进而产生持久的兴趣。其他家长与孩子，也会"见贤思齐焉"，更加努力地参与到这个活动之中去。所以，这个活动凝聚的不只是老师与学生的心，也有家长的智慧。

家长参与拓展教育资源

班绪斌：我们学校提倡和欢迎家长关注学校工作，关注教师的教育教学，关注孩子的成长，创造条件，让他们参与到教育教学活动中来。学校、级部、班级分别成立了家长委员会，在校园网上开辟了班级论坛，这些都不是摆设，而是实实在在地开展工作，为学校和家庭之间架起了一座沟通的桥梁。例如，我们对学生进行交通安全教育，家长们就搜集了有关交通案例的视频，发到校园网上，让师生观看，实现资源共享。再如我们的师生共读活动，在家长委员会的号召下，家长们也积极参与进来，从而形成了家校共读的喜人景象。我们每学年都要评选自己的书香家庭，带动了社区文明建设。现在我们的家长参与教育的积极性之高，是令人欣喜的。他们做的工作常常出乎我们的意料，例如，四年级（6）班的家长委员会每学期都有非常详细的工作计划。由于家长的参与，过去学校难以解决的一些问题，也都迎刃而解。

陶继新：有的时候，学校教育难以解决的难题，家长却可以轻而易举地解决。当然，家长解决不了的问题，老师也可以迎刃而解。所以，家长与老师要形成一种合力，而这个合力共同作用于孩子，便可以形成一个更大的合力，孩子的成长就比较容易了。

班绪斌：是啊，下面是我们学校四年级（6）班班主任刘健老师博客中的一则日记：

> 新学期开始，当我们忙于各项工作的计划时，我收到浩楠妈妈发来的一个短信：新学期马上就开始了，最辛苦的人是你们，无论何时何地，我们家长都是你们坚强的后盾！
>
> 看完短信，一种幸福的感觉油然而生。四年来，因为这些孩子们，我已经与我们班的家长朋友成了亲密的战友。四年来，真有道不尽的感谢！也因为有了我们家长的同行，我常常感受到教育的幸福！
>
> 新学期第一次点击班级论坛时，家长朋友已经把新学期四（6）班家长委员的活动安排发在论坛里面了。

陶继新：在去你们学校采访的时候，我就对这个"活动安排"产生了浓厚的兴趣，其中有一项是"组织1—2次企业参观活动，让同学们的视野超越学校探寻社会"，这恐怕是老师没有想到的。现在学生的视野相对狭窄，应当让他们更多地看到学校之外的世界，那个世界不但精彩，也更鲜活，更有必要了解。同时，我还欣赏家长们提出的让学生到有山有水的大自然中去演出的安排。人是属于大自然的，可是，当下的学校教育却将孩子与自然割裂开来。而脱离大自然的孩子，失去的不只是自然美的陶冶，还有与自然融为一体的那份快乐。

班绪斌：是啊！正是家校之间的密切配合，有力地促进了孩子的成长，也增进了师生之间、教师和家长之间的感情。我们学校的何昱秀老师注重与家长保持良好的联系和沟通，其学生毕业之后，有五六名家长自发到何老师家表示感谢。他们动情地对何老师说："不光孩子舍不得离开您，我们这些做家长的也舍不得您啊！希望我们今后仍然像姐妹一样保持联系！"毕静老师则以自己独特的方式——家长、学生、教师共写随笔，进行有效沟通，家长、教师、学生共同成长。陈颖老师在校园网开设了"书香飞扬"专栏，为教师、家长、学生的读与写提供了一个更为广阔和便捷的交流空间，也收到了良好的效果。

陶继新：我看了一些家长的来信，真的特别感人，特别是学生毕业之后，有的家长依然来学校看老师。这说明，老师不但教好了他们的孩子，也成了他们的朋友。而这份友情的背后，是老师巨大的付出。我也从何老师等老师的文章中，感受到他们的付出是无怨无悔的，他们为能培养这些学生而自豪，为有了这么多家长朋友而欣慰。这就是境界！在很多人追求经济利益的时候，你们的老师却全身心地投入到教育学生的生命历程之中。而且，在孩子们成长的过程中，老师们也在成长；他们在付出，也在收获。

班绪斌：我认为努力挖掘社会资源，为学校教育服务，其实不是什么创新，而是本就应该有的。只是前些年由于这样或是那样的原因，被我们的一些学校和教师漠视或放弃了，就如您曾经讲过的那样，应该让教育回归自然，还它以本来面目。

陶继新：孔子提出"教学相长"的教育思想。其实，这个"长"，在我看来，不只是知识层面的"长"，也是人格层面的"长"。老师是智慧的传递者，也是思想的锻造者。而在传递与锻造的过程中，他们也在锻造着自己。社会资源就在我们面前，可是，很多校长却视而不见。究其原因，是校长的视野问题，是校长的理念问题，也是校长的责任心问题。有效地利用社会资源，可以让学生更多地了解社会，开阔学生的视野。学生现在的视野，在无形中影响着其未来的生命发展。

做人是第一位的

班绪斌：教师不是万能的，也不是永远正确的，这就要求做教师的，包括校长，在与学生相处的过程中，要说老实话，办老实事，做老实人。在学生面前不能装腔作势，特别是在工作中出了错时，要勇于承担责任，甚至向学生道歉。与学生人格平等不应是一句空话，学生喜欢的是有亲和力的老师，有终身学习意识的老师。

陶继新：陶行知说："千教万教教人求真；千学万学学做真人。"真实自然是最为可贵的，对于老师来说尤为可贵。不要认为孩子们什么都不懂，其实，他们什么都懂。他们用天真的眼光看世界看人生，很少有功利目的。所以，很多时候，他们的眼光远远超过了大人。老师的真与假，都逃不掉他们"审视"的目光。所以，老师首先要是个"真"人，要对学生真诚。这样，教育起学生来才能达到预期的目的。当然，老师之"真"，换来的必然是学生之"真"。

班绪斌：在物欲横流的今天，坚守真诚，做有德之人尤为可贵。德育为首，做人第一，不应该是挂在口头上的，作为校长与老师，应该将教孩子做人、做真人放在第一位。如果说身体不好是废品、学习不好是次品的话，那么思想道德不好则是危险品。

陶继新：近日，我给《联合日报》写了一组系列文章——《读〈论语〉，学做人》，其中一篇就是《做人重于学文》。学生上学，当然要学知识，可是，孔子的教学，却是将做人放在第一位的，他的教学更多的是在培养有德之人，学文被放在了一个从属的位置上。所以，他说："弟子入则孝，出则悌，谨而信，泛爱众，而亲仁。行有余力，则以学文。"当今，面对社会上一些人的道德滑坡和人格失落，强调"做人重于学文"，显然是有着非常积极的意义的。

班绪斌：作为校长，最值得我高兴的就是师生的成长。正像您在报告当中提到过的，校长的思想品格高下，对于教师的育人和孩子的成长起着至关重要的作用。其实，一个校长只顾个人奋斗，追逐名利，可能会博得别人一时的艳羡，但是如果教师不能成长，学生得不到发展，那还有什么意义呢？一个校长，应该时时拷问自己：我所做的一切，是不是有利于使孩子们成为文明社会的建设者？不论做什么事，尽管有些眼下看来不出彩，但是能为孩子们未来的人生打基础，是一个奠基工程，就应该做，而且要做到底。我不止一次地对教师们讲，咱们做教育的，多数情况下是不能张扬的，要耐得住寂寞和孤独，浮躁之风不可长。

陶继新：这就是校长的历史担当，也是校长的思想境界。我最为欣赏的校长是，自己发展了，师生更发展了；我最看不起的校长是，自己不发展，也没有让师生很好地发展；我最为敬仰的校长是，虽然牺牲了自己的发展机遇，却让更多的师生快速发展起来了。校长的历史担当，就是关注学校的发展，关注师生的生命成长。

班绪斌：作为一个校长，就是要为教师的成长和学生的发展搭建一个平台，一旦他们上了路，就为他们做好后勤服务工作，为他们的进步加油、喝彩。

陶继新：您说做老师们的"后勤服务工作"，这令我感动。老师们的成长，离不开校长的支持。有的时候，校长是需要一定的"牺牲精神"的。著名教育家蔡元培先生为北京大学的发展所倾注的巨大精力，特别是所营造的学校文化，一直延亘不衰，以至成为北京大学精神的象征，成为一道永远闪烁着光辉的文化风景。可是，这位中国最知名高等学府的校长，却因此而牺牲了大量的学术研究时间。所以，在就任北京大学校长期间，他自己的学术品位没有显著的提升。就他自己而言，他失去了很多；而就学校而言，他又得到了很多。在某种意义上说，他的学术牺牲精神，超越了他个人的学术价值。您在这些年来为师生所提供的读书成长的环境，使一批老师成长起来了，使一大批学生发展起来了。在某种意义上说，是您的自我牺牲精神，使他们成长和发展起来了。

经典诵读让教师有了"底气"

班绪斌：陶老师，说起来我们还应该感谢您，正是听了您的报告，我们才号召全校师生开展读书活动，营造书香校园，促进了学校的德育工作。读书不仅让师生获得了书本上的知识，更重要的是提高了人文素养，学到了不少做人的道理。特别是在读书讨论会上，同学们能够拿书中的人和事，和自己进行比较，反思自己的言行，甚至引用书中的经典名句来说明道理。可见学生自己通过阅读明白的道理较之老师灌输给他的要深刻得多。

陶继新：其实，在我到你们那里作《读书与教师生命成长》的报告之前，你们就已经开始了经典诵读的活动，而且取得了比较理想的效果。我的报告，只是在你们原有的"篝火"上加了一把柴。我读了你们老师和学生的很多文章，有的写得特别有味道，就说何昱秀吧，她写给学生的信就特别感人，而且很有文采，有一段是这样写的："夜深人静。夏虫鸣叫。很长一段时间以来，我常常会不自觉地想到离别。在你们低头写作业的刹那间，在踩着铃声匆匆走向教室的步履中，忙碌里，独处时……眼泪会不由自主地流下来。尽管知道，这次的离别是因为你们令人欣喜的成长，可是离别，总是让人感觉忧伤，触摸五年的回忆，心中有万分的不舍。时间太瘦，指缝太宽。"而在读张桂玲的很多作品时，我也很是惊诧：她怎么写了那么多的文章，又写得那么美？

班绪斌：我欣喜地发现，读书使老师们"脱了俗气，洗了浮气，除了匠气，增了底气、大气和灵气"。因为读是吸收，是提升，写是表达，是有感而发，所以正如您在报告中所言，读与写是教师生命成长的双翼，促使他们在思想、精神、心灵上不断地成长，从而获得生命境界的不断提升。读书也解决了几乎每个学校都会遇到的难题——教师的职业倦怠感。

陶继新：教师为什么会产生职业倦怠？一个重要原因就是失去了自身发展的动力，而读书，则重新焕发了他们生命的激情。人不可能永远在诗意中生存，可是，人如果没有了激情与诗意，就会生活得没有味道。而坚持不懈地读书，一方面使老师们有了自身发展的渴望；另一方面，也使他们逐渐习惯甚至爱上了读书。时间一长，他们就会在无意识中为自己积蓄了一大笔文化财富。也就是您所说的"底气"。而一个没有"底气"的老师，只看教材与教参上的一点东西，是不可能教好学的。

班绪斌：是的，您的分析道出了教师职业倦怠的深层内因，这也是我们学校大力提倡教师读书的重要原因之一。

陶继新：我曾经为张桂玲老师的《半帘明月半床书》写了一篇序，其中有这样几句："张桂玲作品的语言，不夸饰，不虚假，如大山、旷野、丛林中的一泓溪水，缓缓流来，叮咚有声，悦人耳目。所以，读她的作品，有一种'复归于婴儿'的自然美感。"没有大量的阅读，没有大量的写作积累，就不可能有今天的张桂玲。据张桂玲讲，你们学校还有一批文章写得好的老师。这令我感叹，一个小学，竟然出了这么一批写作"高手"。如果没有一个长期读写的学校氛围，恐怕一个写作"高手"也难以诞生啊！

更为重要的是，读书为你们一些老师的心灵定位了，这比他们写出很多作品更加可贵。一个心灵宁静的人，不但自己可以静下心来读书，还可以将这种宁静的心态传递给学生以及同事们。当今社会浮躁之风漫卷，而有的老师却能够在喧嚣的环境里，保持一份淡然的心怀，这当是你们学校的一道"风景"。

班绪斌：感谢您的肯定！张桂玲等老师的成长与您的影响和引领是分不开的，这与您的人格魅力有着很大的关系。

陶继新：读书不但可以丰富我们的知识，而且可以提升个体的人格。有人说：陶老师，这些年来，您读书的最大收获是越来越会写作了，写得越来越快了，出的书也多起来了。可是，我认为，这尽管是一个收获，但并不是最大的收获，最大的收获是我在修身做人上比以前提高了一步。这并不是否定发表作品的重要性，更不是不要老师们去写作了。因为一个人如果品格提升了，又有了知识，写作之好之快就是水到渠成的了。

班绪斌：在我们学校，我欣喜地看到教师的成长和他们对读书的热爱，这在无形中带动了学生的成长，他们把对读书的情感传递给了学生。教师不读书，却一味要求学生读书，学生是读不起来的。可以说，我们学校学生的读书活动，完全是由教师带动起来的，尤其是师生共读带动起了学生的读书热情。共读让师生一起与文本对话，展开与作者心灵的对话，因而，情动于中而辞发于外也就成了非常自然的事情了。

陶继新：教师的读书热，自然会带动学生的读书热。师生共读，读的不仅是文本，还有师生之间感情的融合。因为在共同的读书中，师生的水平都在提高，师生的情感都在净化。更为重要的是，他们在诵读经典的时候，拜在了同一个或几个大师的门下，成了特殊的"同学"。尽管这些"同学"知识背景不同，他们却可以用自己的经历与感悟来诠释经典的要义，都会在潜移默化中提升着自己的品格，构建着自己的知识体系，甚至形成一定的智慧。杜甫说："读书破万卷，下笔如有神。"读书多了，特别是读的经典多了，就会逐渐形成属于自己的优质语感，写起文章来自然就会得心应手。如果没有经典文化的积累，特别是除课文之外几乎什么书也不读的人，即使有了"情动"，也难以"辞发"啊！

班绪斌：是啊，正如您在报告中所言，读书应"取法乎上"，才能"得乎其中"。所以，经典文化的浸润，让我们的师生在"与圣贤为友"的读书选择中，各方面都得到了极大的提升。

陶继新：在某种意义上说，您所做的努力，是在为师生一生储备幸福啊！

（原载于《新世纪文学选刊》2009年2月下半月）

董春玲

为素质教育而战的乡村小学校长
——对话董春玲校长

董春玲，山东省莱芜市第四届十佳校长，莱芜市教育创新校长，山东省2008年度创新校长。2005年至今任山东省莱芜市钢城区黄庄镇丈八丘小学校长。她立足于农村学校的优势，从课程和教师两个层面确立学校的办学思路，使一所名不见经传的农村小学成为省内外瞩目的学校。学校现为莱芜市办学水平优秀单位、山东省教学示范学校、山东省素质教育典型经验推广单位、全国教育系统先进集体。

[对话实录]

农村教师不"土"

陶继新：一般认为，农村教师的突出特点是"土"；可是，来到你们这所农村小学，却一点儿也没有"土"的感觉，教师西装革履，一派城市景象。不过，据说以前并非如此，那时教师也是"土"气十足。所以，才有了您别出心裁的"换装"行动。

董春玲：农村老师因为长时间生活在农村，生活观念和习惯相对比较保守，随着年龄的增长，对穿着打扮少了一份心情。但是，教师是一个特殊的群体，他们首先应当是文化和美的代表。换教师的着装，让教师统一服装，让教师成为美的载体，可以增长教师的自信，为学生树立良好的师表形象，让学生在潜移默化中受到美的熏陶。服装对人的气质往往起到很大作用，这是比较显性的教育资源。我的初步想法是通过外在的"换装"来唤醒教师内在的心灵——唤醒教师对学校、对学生、对自我的自信。

换装之后，老师们走在校园里，感到精神百倍；走到大街上，则赢得了老百姓羡慕而又惊奇的目光。

陶继新：从表面上看，换的是服装；而实质上，换的是思想。不过，开始的时候，老师们能认可吗？毕竟多数老教师已经习惯了自己随意的着装，年轻教师又想标新立异。

董春玲：开始的时候当然不支持，让他们拿钱买服装就更不可能了。不过，那年我刚到这个学校，加上我老家就是在附近的村子，父老乡亲看着我长大的，知道我来任校长，各村委便给了我一点"祝贺"，我就和校委会表明我的意见，用这个钱做补贴，让老师们免费穿上西装皮鞋。对于免费服务，老师们当然是来者不拒了。不过，同时我提醒他们："天下没有免费的午餐！"

后来老师们穿上西装，打上领带，找到了自信的感觉，不让他们穿都不行了！第二次、第三次已经不需要学校给予支持，统一着装已经成了他们的自觉规范。

我看到一种新的观念已经慢慢成长，到什么季节着什么服装，老师们都是一起商量款式、颜色，从而成为学校文化生活的一部分。

陶继新：换装也是对既有习惯的一种冲撞，在这个冲撞中，教师的"土"气被冲得荡然无存。冲撞也是一种对美的追求，统一着装展示的是教师的外在美，也是精神美。可以说，"换装"重新塑造了教师的外在美与内在美。这在农村小学自然形成一道文化风景，对塑造学校的形象美、提升学校的形象指数无疑起到了很大的作用。

董春玲：服装还是重要的文化，尤其是带着学校标志的服装，更能彰显出一种深入人心的集体观念和职业自豪感，彰显出教师的良好心态和健全人格。

陶继新：新装还可以唤醒教师的自信。他们发现自己穿上西装，一点儿也不比城里的教师差。以前，老师们将自己归于"农"字头，似乎比城里教师矮了一截。现在不同了，特别是从城市前来学习的老师们，竟然争先恐后地要与自己合影留念。看看留下的合影，哪个是城市教师，哪个是农村教师，如果让一个陌生人去辨认，他一定很难分辨。

蓦然回首，他们发现，原有的自卑感已经悄然退去，自信与自豪已经写在了他们的脸上。而这种自信与自豪，必然会影响到他们的教学和生活。

董春玲：教师的换装，又辐射到学生那里。于是，学生也跟着换起装来。由于家长对教师的换装已经高度认可，所以，学生换装的时候，家长百分之百地给予了支持。我们还为学生的服装统一做上校徽的标志。这样丈八丘学校的师生便引领了当时整个钢城区的学校仪表形象。于是，其他学校也跟着换起装来。

陶继新：这也是对教师换装的一个呼应，不然，师生在服装上就会形成一种不和谐。行动会传递，感觉也会传递。老师们的自信与自豪感传递给了学生，学生又反作用于教师，甚至向村民们传递。孩子的形象变化，也在改变着家庭的形象，改变着家庭的观念。这也是对当地农村的一次审美冲撞。广大农民发现，他们的孩子比以前精神和自信了。我们说建设社会主义新农村，这难道不是一个"新"的景观吗？

董春玲：农村教师不"土"，通过仪表的改变和规范，焕发了老师们的活力和"年轻"。

农村教师不"苦"

陶继新：相对于城里学校而言，农村学校可供老师们娱乐的设施较少，周边的文化环境也比较封闭。所以，有的教师认为到农村教学总有点悲苦。但是，我感到你们的教师没有这种感觉。这是什么原因呢？

董春玲：我们无法改变老师的家庭生活状况，但却可以创造条件改善校园生活，让老师和学生在丰富的校园生活中找到精神的快乐。

我们形成了约定俗成的校园节日，例如3月份有体育节，6月份有亲情节，9月份有读书节，10月份有艺术节，还有传统节日大体验等，学生、教师、家长全部参与。因为有了系统的活动菜单，"一家人"像过节一样提前为精彩的活动作着自己的准备，大家在活动中体验着丰富多彩的生活，感受着快乐所赐予的特殊体验。

陶继新：群体参与的过程，也是享受的过程、心灵愉悦的过程。教师是人，他们不但需要教书育人，也需要娱乐生活。但真正意义上的快乐，却是高层次的精神活动。生活的多姿多彩，不在于其外在多么绚丽，更多的是心理的感受。你们开展的这些活动，可以放松老师们的心灵，也在无意中凝聚了人心。

有的农村教师认为生活比较苦。其实，尽管环境是原因，但更为重要的是心理因素。孔子的弟子颜回住在简陋的巷子里，饮食条件极其不好。别人都无法忍受这种苦，可是，颜回却从来不改其快乐的心态。所以，如果说农村教师的生活环境需要改变，那么，其心态则更需要改变。一个有乐观情怀的人，是不会因为生活环境不好而怨天尤人的。

董春玲：我本人非常乐观，心态很好，适应能力也好。比如步入这个学校之后，看到条件不好，而且每个月的工资因为职称的影响还少了800元。但是，我很快调整好自己，生怕不好的情绪会传染给大家。为了让老师们快乐起来，我就尽可能地给大家创造开心的机会。要求下午没有课的老师必须走出办公室，而且提供了羽毛球等许多体育器材。如果不出来，就计旷课，有点"逼"的味道。结果，老师们一活动，马上就爱上了。当时老师们的平均年龄是47岁，身体状况不好，可是，锻炼之后，很多身体毛病都没有了。现在，如果谁不让老师们活动，他们还真的不答应呢！

陶继新：从性格上讲，您是乐观的；从思想上说，您是有责任感的。所以，您才有了让教师锻炼的想法。户外锻炼不但可以促进身体健康，还可以将积郁在心中的消极情绪释放和发泄出来。这样一来，老师们不但会锻炼出一个外在的健康体魄，还可以保持一个快乐的心境。

董春玲：为了保证教师有充足的时间锻炼，我要求教师布置作业课堂上消化。这样，师生的负担减轻了，而教学与学习效率反而提高了。

陶继新：学习本应是一件指向未来的幸福的事情，但是，繁重重复的作业太多，学生的负担太重，而效果却并不明显。

董春玲：在我们经常开的故事会上，我给老师们聊自己的成长经历，以及所见所闻、所思所想，老师听得津津有味，甚至有的时候还会激动得哭出声来。后来，我就让老师们上台讲故事，谈生活琐事、亲情故事、教育感悟。结果越谈越有趣，越谈越团结，这种力量慢慢地转化成了一种精神。

陶继新：因为您在谈的时候，是将自己和老师放在完全平等的位置上，所谈的事情没有空洞的口号，很真实，也很感人，让大家开阔了眼界，明白了道理。由此激发了教师的发言欲望，从而形成了一个发言场，尤其是形成了一个优质的情绪场。情绪是会传染的，您把优质情绪传染给老师，老师又传染给学生，学生又传染给家庭。这些看起来与教学和学习无关，可是，却因了心灵的愉悦，意外地提高了学习的效率。

董春玲：是的，就连家长也说，我们的孩子生活得太快乐了。

农村教师不"差"

陶继新：开全课程是素质教育的必然要求，可是，一些农村学校却将眼睛盯在应试上，不考的课程根本不开。您无疑是这方面的先行者。我想，开始的时候，您一定承受了很大的压力吧？

董春玲：是的，教师不理解，家长不理解，教育行政部门的领导也担心，现在有点不敢回头去想。不过，当时正好赶上全区希望通过教师专职化开全课程这个"东风"，通过实行教师专职化和教师技能开发，我们就把国家课程全面开了。我常常想，如果当初没有对教育的高度的责任感和敬畏感，我们现在也许依然像"井底之蛙"，学校就不会有今天。

陶继新：其实，农村学校更需要开全课程，因为相对于城市而言，农村学校学生的知识视野比较狭窄，业余生活比较单调。如果再紧紧盯着应试，孩子就更是不堪其苦。课程开全了，孩子所学的内容丰富起来，特别是让他们感到快乐的音乐、体育等科目的开设，还会激发他们学习的兴趣，焕发他们学习的热情。更为重要的是，这是为孩子的未来积蓄发展的动力。一个在中小学阶段兴趣广泛和学习快乐的人，其内在的学习动力会在大学甚至研究生学习中彰显出来。因为应试的好多东西对孩子的终生发展是没有用处的，只有提升素质，才能终生受用。所以，你们给孩子开全课程，不单单是落实上级指示精神，往远处看，还是为了孩子终生的发展奠基。

不过，这里面还有一个问题，那就是师资缺乏。一所农村小学教师的人数有限，而且缺少音乐、体育等"副科"的专职教师。即使校长想开设这些课程，也往往因为师资缺乏而成为空想。

董春玲：其实，办法都是人想出来的。我们要求每个教师都开发一门技能，因为教师虽非专业所学，却多有自己的兴趣爱好，而且有的还有一技之长。让他们教这种课，是对其爱好兴趣的一种张扬，也是消除教师职业倦怠的一种有效形式。

同时，我们还将教师的技能开发列入教师发展必修课。在这里，每一个教师都有兴趣爱好，都为能做自己感兴趣的事而感到幸福。

陶继新：教师中有着丰富的课程资源，只是没有有效地开发而已。2008年10月19日我到上海市金山区山阳中学这所农村学校参加校庆的时候，看到个个学生都会一种甚至几种乐器。但是，很多教师都是业余的，而且有的对这种业余工作如痴如醉。在艺术课程的创立与实施中，教师不是在悲苦中煎熬，而是在享受创意的快乐。

据说你们在开发这些"副科"课程中，开始的时候老师们也有点不愿意报名，可是后来却争先恐后地参与。他们的"业余"水平还真的很高，受到了学生的热烈欢迎。而且这些教师因能够展示自己的特殊才能而欣慰莫名。这种心理的快乐，反过来又刺激了他们教学其他学科的热情。以前的职业倦怠，就在这种课程开发中销声匿迹了。

董春玲：当然，有些老师不适应这些课程，我就让他们走出去学习、参加培训。现在老师们都已经能为市区提供公开课，而且许多已经成为市区骨干教师。

别人羡慕的目光，也反过来促进他们成长。老师的成长，又带动了学生的发展。理念接受起来比较慢的老师，我们提倡学生教学生，把课堂尽可能地放给学生。

陶继新：学生中有着巨大的教育资源，我们往往低估了学生的能力。如果将课堂适当地放给学生，教学效果大多会超过教师独霸课堂。孩子一旦成了学习的主人，就不会再将学习视作负担，甚至会感到快乐。

董春玲：是的，现在孩子学得轻松了、活泼了、有趣了。这是眼睛向内挖掘资源。后来眼睛向外挖掘资源，像舞蹈、跆拳道、图书共享等，都是有益的探索。

陶继新：你们学校已经成了一所优质的学校，是市区的研训基地，还是莱芜市学校均衡发展中的共同体式发展模式试点学校，而且还带动了其他学校一起发展。

董春玲：是的，"我们一点儿也不差"——这是这里老师常说的一句话。教师现在越干越有劲，越学越有动力。他们感到，比起城里教师，自己也是好样的。共同体式发展无疑又为教师的发展拓宽了平台。

陶继新：这种自我肯定甚至自我欣赏的心态，反过来又会促进其教学研究的积极性。因为他们对自己的要求高了，奋斗目标自然也就高了。

董春玲：现在老师们的学习本领越来越强，思考能力不断提升。我们农村教师一点儿都不"差"！

农村资源不"少"

陶继新：说起实施素质教育，有的农村校长就说：我们难啊！我们的资源太少了。其实，城市有城市的优势，农村有农村的优势。关键在于你怎样认识这个资源，怎样去开发这个资源。

董春玲：我赞同您的观点，在将来很长一段时间内，农村和城市的差距依然存在。城里的孩子可以玩机器人，我们的孩子可以玩树叶，捏泥巴，做手工，这同样能起到发展孩子的实践能力和创新意识的作用。

农村有丰富的自然资源，农村的家长多才多艺。我们尝试着把有专长（比如果树修剪、草编技术）的家长请到学校，让他们当我们的"老师"，这弥补了学校资源的不足。对于表现好的家长，我们还颁发了证书。学校有一片银杏园，不知为什么就是不结果，我决定让家长来给"诊断"一下，出个

"处方"；还有一棵桃树，想让家长嫁接多个品种，家长乐此不疲。学校要发现和创设自己的特色资源，这是农村学校的优势。

陶继新：学校教育教学水平的高下跟家长有着直接的关系：第一，家长如果认可学校的理念与做法，就会成为学校教育的有效补充力量，甚至可以起到学校起不到的作用；第二，在挖掘家长资源的时候，家长并没有感到这是一种负担，而是感到特别的自豪与自信，因为他们可以以"老师"的身份，在自己的孩子和别人的孩子面前一展身手。如果专门培训老师，一是需要时间，二是这样的培训也未必能使老师达到农民"老师"的水平。在他们看来只是举手之劳的事情，却成了你们的课程资源。何乐而不为呢？

董春玲：开发家长资源，就要相信家长，联系家长。通过举办联欢节、家长会和校长开放日等，我们将家长吸引到学校里来。当然，也需要引领他们，让一些新的理念渐渐地进入他们的脑海之中。这样，家校就能形成一种育人合力，家长帮助学校也就更加自主自愿了。

陶继新：这样一来，学校老师也是家长的老师，家长有的时候也可以做师生的老师。从表面来看，这是相互学习，是各自向对方传递知识甚至智慧；而实质上，这也是老师与家长更高层次的合作。正是在这种合作中，老师尊重了家长，家长理解了老师。于是，家长的观念变了：学校的发展，也有自己的一份责任；孩子的成长，更有自己的义务。当家长主动做这些事情的时候，学校的发展就会如虎添翼。

董春玲：2008年暑假我一直在想，如果不补充新教师的话，再到哪里去请老师呢？到校外去请，让家长当我们的老师，这笔资源丰富，而投入又非常少。特别是我们与家长的关系日渐密切之后，发现资源几乎无处不在。于是老师们说，农村太丰富了，在很多方面有城里学校想挖掘而得不到的资源呢！

陶继新：资源不但要丰富，还要越来越优化。比如教师吧，他们的思想文化品位的提升，也是在深层次上优化学校的资源。

董春玲：所以，我们大力倡导教师读书，让他们在读书中成长。没有丰富的文化积淀，就不可能成为真正意义上的优秀教师。

陶继新：学生也是资源，有些有特长的学生，可以当小老师嘛！

董春玲：有一个学生乐感特别好，擅长舞蹈，我们就让她利用"周末大实践"自编舞蹈，让学生教学生，效果特别好。

陶继新：您说过一句很好的话：学校不是孤岛，即使封闭起来，人家也会去评说。与其如此，不如干脆开放办学。

董春玲：是的，我就主张开放式办学。学校为汶川地震灾区捐款的时候，村民也参与进来，他们把小手绢一层一层地打开，然后从毛票里边取出一张，庄严地捐款。这对学生是多好的教材啊！我们开放办学了，周围的老百姓都知道了丈八丘学校，出租车司机都成了我们学校的义务宣传员。如果有谁问起丈八丘学校，他们就会自告奋勇地告诉他路怎么走。

陶继新：你们的学校开放了，村民进来了，他们与学校的感情也越来越深了。您刚才谈到的农民捐款，他们为什么跑到学校来捐款？因为在他们心里，这里是一个神圣的地方，在孩子面前捐款就更加高尚。这对学生的影响很大，甚至会影响他们一辈子。

农村与城市还有一个可以共享的资源，那就是网络。不管天南地北，鼠标一点，都可以各取所需。

董春玲：学校的微机室三年前就上网了，而且向老师开放，学生不上课的时候，老师便走进微机室。同时，我要求40岁以下的老师不但要会上网，还要开设博客。现在年龄大的教师都能够浏览网络，有的还会制作幻灯片。

农村情结不"减"

陶继新：在采访南京市行知小学校长杨瑞清的时候，我就为其浓浓的农民情结所感动。这位拥有"全国十杰中小学中青年教师"等十几个荣誉称号的校长，对农村小学，甚至对所在村庄的村民的感情一直挥之不去。提拔他为团县委副书记，却被他一次又一次地推辞了；请他到大城市名校去发展，也被他一次又一次地婉拒了。

不知道为什么，我总觉得您有点像他。现在您也有了一定的名气，可是，依然保持着农民的淳朴与善良。

董春玲：我是一个普通的人，是在农村长大的，对农村和老百姓情有独钟。所以每次外地朋友或者各级领导来学校，只要想听汇报，我都会有一句：我代表我们全体师生和父老乡亲，希望能够为这个农村小学做一些实实在在的事情。我一直在想：我能为农村的孩子做一点什么呢？

陶继新：从农村走出来与没走出来是不一样的，对农村怀有感情与没有感情也是不一样的。您是一个一直怀有乡村恋情的人。对农民有种深层次的爱，同时因爱屋及乌而更爱他们的孩子。孩子们在学校学好了，最受益的还是农民。有的农民没有多少文化，可是，他们无不希望自己的孩子拥有文化。您知道农民最需要的是什么，也始终为了这种需求而一直努力着。

董春玲：我也对自己有这种自主和自觉的意识感到满意。当然光有感情还不行，还要学习和实践，而且要带领老师们更好地发展。

陶继新：您对农民的感情一旦扩展到老师们那里，就会焕发出巨大的能量。老师的潜能的发挥、自主意识的觉醒，带给孩子的则是生命的快速成长。特别是由于有了爱，孩子们会感到幸福，而且这种幸福还会在其生命的历程中延伸。

董春玲：我和老师们爱学生是没有功利目的的，所以，一切都那么自然。教育本该如此。

陶继新：爱的真谛是付出与奉献。如果为了校长的名利，为了教师多发奖金，所谓的爱就变了味道。从一见到您，我就感觉到您的爱自然、真诚，这些是写在脸上的，装是装不出来的。正是因为这样，教师与学生才真正地信任您。

董春玲：老师们说我是扑下身子干工作的。我认为教育是为了创造美好的未来，生活在和乐的环境中是幸福的。尤其是到了晚年，在这种环境中生活会特别温馨。

陶继新：对构建和谐社会，教育的作用是巨大的。通过十年、二十年能够把周边农村变得文明而又和谐，真的是功莫大焉。

董春玲：所以有很多人说我们在建设和谐社会，在促进新农村建设。

陶继新：新农村的新，GDP 是个指标，但文明和谐是最重要的指标。农民有很多优点，但也有劣根性，鲁迅先生对此就进行过深入的批判。而革除这种劣根性最为有效的方法是文化和教育。只有让先进的文化教育走进老百姓的心里，才能有真正意义上的文明。

董春玲：去年学校改造时，很多同志说，这种开放式的院墙不合适，怕村民进来破坏，而且建议把大门关上。事实上，让老百姓进来看看学校有利于沟通心灵，心灵近了，就和谐了。现在附近的老百姓把这里当成了自己的公园。

陶继新：我有一个观点，就是看人先看好的一面。如是做了，好的一面往往还会扩大。如果将老百姓想象得比较好，他们优秀的一面也会呈示出来。

董春玲：今后想利用周末和假期向村民开放图书，学期初进行交流和评选。很多图书，学生、老师已经看过，所以向家长开放，向村民开放，自有它的价值。教育的本原就是求真求美。

陶继新：您这是小学校，大教育，你们不仅仅是教育学生，还想着周围的老百姓。现在这样做的还不多，做起来会成为一个亮点。即使丢掉一些书也无所谓，他们不喜欢才不拿呢！况且，不断地读好书，就会不断地提升自己的思想品位。

董春玲：2008 年 8 月份以后，上级领导让我兼任教委副主任，想给我一个大的平台让我辐射带动。我本来觉得十分累赘，很多人却很羡慕，但是后来我想，我可以带动更多的老师一起成长。我觉得人不能独，小环境好了，大环境就美了，身处其中是幸福的。

陶继新：不独，就是善，校长尤其需要善良。一个不善的校长是可怕的，会危害老师，也会害了学生。

董春玲：学校最终要把学生送出校门，要让他们在走出校门时有一种持续发展的本领，老师不论即将退休还是不退休，都要有一种持续的心态，所以我们追求的就是——让校园成为师生持续发展的家园。学校要有一个发展规划，每一个人也要设计一个小蓝图，现在的努力是为了将来的持续发展，这样有一个系统的思考，再系统地去做，老师就会有持续的发展动力。学校也是如此。

陶继新：发展目标的规划是重要的。昨天培训结束后，有几个教导主任问我：教师的倦怠问题怎么解决？我说当然有体制的原因，但更重要的问题是老师看不到希望，若干年之后会了无生趣地老死在这个地方。要让老师有瞭望未来发展前景的规划，每一阶段都有一个飞跃。为此，甚至可以对做得非常好的老师采取一定的激励措施。

董春玲：我对此深有感触，就我接触过的校长和老师来看，没有明确的目标方向的确是影响发展的一个瓶颈。学校没有目标，没有方向，就不知道要朝哪个方向走，就会走得茫然，老师也不知道怎样发展，成长不是用嗓子喊出来的。所以倦怠不能光怨老师，有时我们也要扪心自问：我们校长为老师做了什么？在农村，更呼唤教育的理想和责任，更需要浓浓的教育情结。

农村学校不"难"

陶继新：在采访一些农村校长的时候，他们往往向我诉说很多难处。你们在发展中也经常遇到困难吗？

董春玲：当然会遇到各种各样的困难，但是，如果老师们都自己主动争取发展和成长，就不会难了。

陶继新：对于难，应当进行理性的分析。经过努力做不到时就放弃，不但难，而且一事无成；如果遇到困难，校长带领教师主动地去克服困难，就可以享受成功的喜悦。我认为，如果没有对一个又一个困难的破解，就没有今天你们学校的飞跃式发展。

董春玲：的确如此，困难是成长和发展的财富，面对困难的时候，发展是硬道理，只要想办法就会有出路。老师说，这三年发展了自己一辈子。我当时在做的时候，就这样引导他们：我们别怨条件差，工作的要求就是为孩子的发展创造条件，从小处说是职责，从大处说是使命。孩子天天在成长，不能让自己懒惰的、不作为的思想耽误了孩子的发展，上课可以重复，但是生命是不可以复制的。

陶继新：如果说这三年对教师影响巨大的话，对于孩子的作用就更大了。孩子的童年是一去不复返的，在老师持续快速的发展中，最大的受益者是孩子，因为他们接受了优质的教育。而且这种教育不只在课堂上，更在老师平时的一言一行中，就像一颗颗美好的种子，悄悄地播撒在孩子的心里，随着年龄的增长，这些种子会发芽、开花、结果。

董春玲：我们规划学校发展的时候，不是定位在荣誉和奖牌上，而是定位于人的发展，这是回到学校和教育的本原来定位的。把学校投入社会的洪流中，让它顺应教育规律和人的发展规律，发展方向就不会偏离。

陶继新：把目标锁定在荣誉上，校长和师生就会为荣誉而战；将目标定位在师生发展上，校长和师生就会为发展而战。目标不同，结果各异。学校需要荣誉，但是如果只是为了荣誉而战，尽管可能会取得一些荣誉，可是，就有可能失去本真，甚至人格。而这些最为重要的东西失去之后，再多的荣誉都没了价值。

董春玲：刚来这所学校的那一年，我一看职称评聘的文件，教龄分数占的比重很大，我要参加聘任一定会落榜。很多人劝我找找领导或者回到中学，立马能够解决职称问题，但是我觉得人应该活得有尊严，所以还是坚持留在了这里。

很多老师因落聘而精神一落千丈，这会严重感染学生。所以，我就千方百计帮助老师们从"旋涡"里走出来。重新焕发生命活力的教师对我感激不尽，一个劲地嚷着要请我客呢！

陶继新：每年的职称评定，真的是"几家欢乐几家愁"，其消极影响是不可低估的。而您很快消融了教师的消极情绪，将他们引领到积极向上的心灵状态之中了。

我常想，作为一个生命个体，温饱问题解决了之后，更多的应当是精神的追求。而精神追求不在于钱多钱少和有多少荣誉，而在于是不是每一天都发展了，这才是最有价值的东西。人的钱财、地位、荣誉等都有可能被剥夺，而唯一不能从你身上剥夺掉的就是你的人品和学识。让老师们认识到这个核心问题后，就不会再为职称等问题而忧心忡忡了。

陶继新：很多人说我把工作当成了生活和生命。也许正因为这样，我从来没有感受到过倦怠，和教师在一起我有充分的自信，和孩子在一起我永葆青春。顺乎人性，做教师的朋友，做孩子的朋友，我感到很幸福。

陶继新：我认为，幸福是久存于生命个体心中的具有高尚情结的快乐。这种快乐不是短暂的，而是久远的，甚至是一生的，而且还高尚。有的人有高官厚禄，如果贪污腐败，那不是幸福；有的人拥有万贯家产，如果吃喝嫖赌，那也不是幸福。您与老师们所追求的这种幸福，才是真正意义上的幸福。因为您与大家一起发展了，而不是只有自己发展了。

董春玲：现在我非常渴望学校能够有几位特别有活力的教师来冲击教师的成长，这个团队的精神也需要继承和发扬。目前来说这仍然是个难题。

陶继新：不仅你们学校，这也是所有农村学校共有的困惑，因为老师的年龄、知识都比较老化。期望在短时间内进一批年轻的老师是不可能的，所以比较现实的还是着眼于现有老师的发展，做好规划，按照规划一步一步地发展。发展是需要时间的，不要期待发展得太快，但只要朝着既定的目标前行，最终就会有达到目标的那一天。

董春玲：我鼓励老师寻找学习的路径，希望老师能够找到适合自己成长的路子。我也在努力帮助教师寻找"新生"的切入点。人没有"笨"与"不笨"之说，每一个人都有自己的闪光点，每一个人都是一个多面体，换一个角度就可以发现一个新的层面。

陶继新：人与人之间的差异原本并不太大，关键在于是不是天天发展。只要有一个向上的积极的心态并且付诸行动，不用几年，就会令人们刮目相看。我们自身的成长就能够说明这一点。

董春玲：我觉得校长首先要定位好自己，校长是一种责任，是一种社会责任，和其他任何行业相比更具有人性化的责任。

陶继新：校长的人品、心境、理想，对学校发展起着关键性的作用。"其身正，不令而行；其身不正，虽令不从。"校长不正，学校方向就不可能正。

董春玲：陶行知说："人生，为一大事来，做一大事去。"既然总是要做事，那就踩好脚下一方土，努力做好自己。

（原载于《青年教师》2009 年第 5 期）

曹玉辉

一所乡村小学的教育
"乌托邦"

—— 对话曹玉辉校长

曹玉辉，江苏省徐州市铜山县张集镇中心小学校长。苏教版《品德与生活（社会）》教材的核心作者，江苏省新课改培训团讲师。应邀到全国20多个省、自治区讲课。徐州师范大学特聘研究员，徐州市名校长，十佳读书校长，木犁教育网站创办人、总版主，中国公民教育中心网络部主任。

曹玉辉立志办一所有文化品位的学校，在地处边远的农村，精心打造乡村教育的"乌托邦"，所在学校先后获江苏省实验小学、江苏省书法特色学校、徐州市模范学校、徐州市文明单位、徐州市课程改革先进集体等称号。

乡村教育，再穷不能穷"理想"

曹玉辉：我一直想办一所这样的学校：教师，不苟且，不浮躁，自敬其业，自乐其道。学生，少而知学，勇而敢为，自信自强，唯学无际。让学校成为世界上最善的场所，让师生成为最幸福的人，这一直是我的梦想和追求。我觉得人活着不能没有希望，办教育不能没有追求，愈是条件差，环境艰苦，愈是要志存高远。所以，几年来在偏远的乡村，我执著甚至执拗地打造着一个乡村小学的教育"乌托邦"。

陶继新：这是一种理想境界，您也为此一直在努力着。上次去你们学校采访时，尽管感到离这一境界还有一定的距离，可是，我已经从中领略到了这种理想的一些"景色"。

曹玉辉：是的，我们一直在努力着。也许城乡差别是我们很难迈过去的坎，不能改变差别，但我们可以改造自己。我经常引用魏书生的话来激励自己：与其埋怨环境，不如改变自己。要办好学校，就必须让教师向往高尚的东西，就必须培养教师的精神追求，升华教师的精神境界，使每一个教师都充满激情，充满活力。

陶继新：是的，你们学校的办学条件不是太好，可是，在你们那里却时时可以嗅到教育的"味道"。一所学校能否称得上优质学校，主要不在于其设施多么先进，而在于它是不是一所教师乐教、学生乐学的教育"圣地"。

曹玉辉：也许物质资源的匮乏依然使我们窘迫，但我们可以丰富精神；虽然不能给孩子们现代化的设施，却可以给他们最欢乐的童年；虽然不能给教师优厚的福利待遇，却可以给教师志存高远的追求。正是这个"乌托邦"支撑着我们，引领着我们，在地处边远的乡村，在条件简陋的小学，演绎着教育的精彩。

陶继新：环境再好，如果没有和乐的"人气"，教育就没了亮光，甚至会黯然失色。孔子当时的教学条件也不太好，有的时候还教无定所。可是，他却有弟子三千、贤人七十有二的人气指数，杏坛也成了永久的教育圣地。

在你们学校里，我感受到的是教师与学生的"丰富"，当然，这丰富特指精神的丰富。一个人即使家有万贯，如果失去精神的支撑，就会"穷"得只有钱了。

曹玉辉：是的，师生的"丰富"来自精神。多年来我一直践行着"大智大勇，大气大为"的办学理念，把成就教师、发展学生和打造学校紧紧联系在一起，着力涵养师生的品质和气质。大勇就是敢于开拓，敢为人先，以脚踏实地的精神创新教育模式。大勇蕴涵和展示着大智，保障和实施着大为。

陶继新：心有多大，事业就有多大。身居农村小学，心却不能小。为您提供的外在空间的确不大，可是，由于您拥有"大智大勇，大气大为"的胸怀，学校也就有了小中有大的气象。

让生命在文化中诗意地栖居

曹玉辉：办一流学校需要文化的引领和思想的支撑。一个团体、一个学校，真正要变强大，背后支撑的都是思想文化的力量，是那种无所不在又无孔不入的整体的文化力量。这种力量是惊人的，而它惊人的力量又总是蕴藏在一本书、一幅作品、一个活动中，或者一个人的精神状态这样微小的、不起眼的地方。

陶继新：文化的一个重要功能就是以文化人，而要想"化"到"润物细无声"的意境，就需要一个又一个看起来不起眼的小小的文化"景点"共同辐射出"能量"。你们学校的一个又一个"景点"的确不大，但是一块石头、几幅小画、数行小字，都可以透视出文化的气息。身处其中，师生感受到的是美的陶冶、思想的熏染。

曹玉辉：我们的校园建筑朴素，景点简单，特色鲜明，色彩流动，情思哲理散落其中，校园里找不到"开拓、进取"之类的大词，甚至连"勤奋刻苦"的字样都没有，所有的景物都因十分儿童化而给人笑盈盈的感觉，似乎都有灵性和呼吸。

陶继新：学校应当是孩子精神的栖息地，每天让孩子从中感受到的应当是温馨、自然、真实、美好。如果用一些距离学生遥远，或者大而空，甚至假的东西，学生就不可能找到属于自己的精神家园，甚至会受到精神污染。

曹玉辉：虽然学科教育中没有"厕所文化"课程，质量检测中没有"厕所文明"考试，但我认为，如果经过6年的小学教育，学生还没有养成良好的如厕习惯，没有较高的厕所素养，在一定意义上说，学生的素质发展就是不合格的，也可以说是不全面的。

我们的厕所文明一是让学生当家做主，学生的事让学生自己办，而且要人人都能参与。二是顺应学生的天性。厕所"变脸"，不是为了校园管理，不是为了服从教育，而是要服务于生命本身。尽管"厕所文化"只是一种"小"文化，但这个"小"是生命每天的必经之处，且与生命终生相伴。厕所虽然只是一个小天地，但牵涉的东西很多。我们告诉学生，什么时候你有厕所文明了，你才有资格说自己是个文明学生。无论如何，千万别拿厕所不当回事。

陶继新：大凡去厕所者，多为放松，不得已而去；可是，到了你们学校的厕所，却有一种流连忘返的感觉。不经意的绿色装点与诗词文化相得益彰，不能不令人驻足而观，欣赏"美景"的同时，还有文化收获。

曹玉辉：学校文化对于学生来说应该是生命存在的形式。它与学生之间不是一种简单给予、接受的关系，而是一种互相接纳、互相敞开、互相理解的关系。我们用"我的校园，我做主"的口号，让学生参与校园文化建设，走出了传统的"我布置你观看"、"做什么看什么"的"填鸭式"文化。教师不再是文化的主导，而是向导；校园不再是"静止"的，而变成了"流动"的，充满了生命的活力。

陶继新："填鸭式"文化是当今一些学校文化建设的一大败笔，这里面内含着一种被人们忽视了的领导主观决策或教师决定学生的思想。这样的学校文化，也许领导特别得意，也许教师感到很美。可是，一旦与学生的审美情趣和心灵向往拉开距离，就成了没有生气甚至已经死掉了的文化。你们让学生参与其中，让他们成为学校文化建设的主力军，才有了这些令大人匪夷所思的精彩。由于是自己策划与建造的，由于融进了自己的心血与审美观照，所以，孩子们不但对自己创造的作品格外珍爱，而且还有了"情人眼里出西施"的爱意。于是，学校文化就有了生生不息的生命活力。

曹玉辉：我一直坚持"以文化人、以美丽人"，我觉得教师没有对美的追求，要打造名校是不可能的。我到张集中心小学发出的第一个校长会通知，就提出一个出人意料的要求："所有校长一律穿西服打领带出席会议。"校长到齐了，一个个西装革履，正襟危坐，精神昂扬。

"化点淡妆，练点形体，露点微笑"是我对教师提出的要求。这在城市至少不会招致反对，但在农村就变得不可思议了。其实这不过是一种形式，用这种形式让教师找到自我，找到自信，脱离土气、俗气才是目的。教育是什么？教育就是使人热爱自然、热爱生命，并且使他们因为自己而更美丽。引导教师为爱而美，不是比制度更容易根植于教师心中吗？

陶继新：西装革履"革"的是农村"土气"的命。本来，农村人一点儿也不比城里人差，可是，当城里人歧视农村人的时候，农村人往往就自卑起来了。您要求西装革履出席会议，是想提升农村校长的自信心。只有充满自信的校长，才能带出一批充满自信的教师，从而带出更多充满自信的学生。而一旦拥有自信，学习、工作与生活状态就会随之改观。

您对教师"化点淡妆，练点形体，露点微笑"的要求，已经化成了现实。在与你们的老师交流的时候，我的一个突出印象就是这里的教师不但不土，甚至还有点"洋气"。更为可喜的是，在这种"洋气"之中，透射出了从容、自信和自豪。

只要有钱，就可以盖起大楼。可是如果没有文化品格和精神气质，这样的大楼就会成为一种摆设。直到现在你们那里也没有大楼，可是，文化却无处不在，特别是教师与学生时时处处呈现出来的精神气象，让人感到有一种特别的精神在校园里回旋，让人流连其中，乐而忘归。

用书籍搭起教师进步的阶梯

曹玉辉：我并不提倡教师都要博览群书，或一定要读什么书，真正的阅读是能触动心灵的阅读，真正能够影响教师的是校长的读书。我笃定地认为："校长读书先下水，师生读书早入轨。教师读书走在前，学生读书就不难。"并推出五项规定：

一是实施"校长主任再读书工程"，开办"木犁论坛"；二是成立"青年教师杏苑学术沙龙"，每周读一本书，每天写千字文；三是人人做"木犁教育"网友，人人有博客，班班有主页；四是学校每月编一册教育日记，优秀教师编个人专集；五是读书有奖，先进工作者奖励图书，出资帮助老师出版专著。

这五项规定，表明了我们要让文化精品、经典名作回到学校的雄心，要让教书先生成为读书人的意志。

陶继新："每周读一本书，每天写千字文"，一年就可以读上五六十本书，写上三十多万字！几年呢？几十年呢？教师就会个个"腹有诗书气自华"。教师的文化又无时无刻不影响着学生，一个喜欢读书的教师，带出来的一定是一批爱好读书的学生。这样的学校，才有了真正意义上的书声琅琅，才有了下笔成文的奇迹。

曹玉辉：您说得太好了，当一个人对读书的追求和向往成为一种习惯的时候，他的力量就无所不在了。丰富多彩的读书活动在张集中心小学要多少有多少，什么读书小硕士小博士评选、读书感言征集、签名换书、捐一本读百本、"我读书我快乐"签名、个人读书秀、古诗文诵读团、书友队等等，无一不贯通读与玩，融会情和趣，让每一个孩子幸福地享受当下，幸福地追求未来。

陶继新：读书成为习惯之后，还会升华成一种审美。在读书与写作的时候如果涌动着一种美在其中的快感，就会乐此不疲，就会将读书视作自己的"爱人"。

曹玉辉：对于促进教师读书，我主要做了两件事：提供帮助，给予赏识。如何赏识？我的做法之一就是批阅教师的读书笔记。通过批阅老师们的笔记，了解他们的思想变化、知识结构、教育心得，当然也要对他们进行激励。目前这已成为我与教师交流的一种有效方式。我举一些批阅教师笔记的例子：

> 拉车的人是自己，做任何事都一样。
>
> 随笔幽默风趣，深入浅出。与君鲜有接触，今日方知才女非你莫属。
>
> 送你两个字——优秀。
>
> 让理解走进生活，走进心灵。
>
> 字如其人，人如其字——端庄。
>
> 众人皆醉你独醒，随笔深处有风景。
>
> 陈静，不沉不静，厚积薄发，彰显个性。
>
> 信手"图"来，润物无声，冬天已经来临，春天还会远吗？
>
> 发现密码，点燃人生。

陶继新：您的这些评点充分彰显了您的文化品位，如果不是经常读书与写作，是不可能写出如此有文学色彩的话语来的。教师在看到这些评点的时候，一定会欣慰莫名，因为从中可以感受到来自校长的赏识。这样的评点，也许比给他一笔奖金更有价值。

曹玉辉：尽管只是一句话或一段话，但老师的反应却不同寻常，有老师写道："每每听说我们的教育日记，曹校长又要批阅了，心情就会不一样，急于想看到曹校长给自己的评语。周一来到办公室第一件事就是催组长去拿日记，那种心情丝毫不亚于学生想看老师评语的心情。拿到日记后迫不及待地翻到最后一篇，看看曹校长给写了什么。看完自己的，再挨个看别人的。评语有长有短，或激励，或肯定，或共勉……那一刻，每个人的心情都是不平静的。"

陶继新：从老师所写的这一段真情告白来看，您的评点已经成了他们心灵的滋养佳品。这恰如每天向教师辐射一种正能量，使他们天天处于快乐兴奋的状态中。此后，他们便更加快乐地读书与写作。如此循环往复，就会使老师们走进我刚才所说的审美状态之中。

曹玉辉：是的，短短几年，教师就走出了教书"只为稻粱谋"的心态，走出了精神的"逼仄狭隘"，以昂奋的精神工作，以诗意的情怀生活。这无不得益于读书。

陶继新：校长与教师的友谊靠什么来维系？靠持续不断地送给教师幸福。这个幸福不是低层次的福利，而是真诚感动下的生命成长。如果只是给教师发些福利，尽管他们也会感到高兴，可是，这种幸福感往往是短暂的；只有教师从校长那里持续不断地感受到成长的幸福，校长与教师的友谊才能天长地久。

曹玉辉：现在，张集中心小学师生读书已成了学校的一种强势文化，一线教师读书已经成为习惯，后勤人员也读书成风，打字员王楠就是个典型。王楠毕业于职业中学服装班，学校倡导读书，她也参与其中，现已成为几家报刊的特约撰稿人，今年"三八"节，徐州推出六位女性作家，她是其中之一。

陶继新：这就是爱之所至吧！她被评为徐州六大女性作家，显然与她在你们学校受到的文化熏陶有着密切的关系。我觉得，她的成功，还不只在写作上，她积极的人生态度、对美好生活的向往，一定会使她拥有一个幸福的人生。

曹玉辉：的确是这样的，以前热衷于化妆、购物的她，现在已变得温文尔雅，志存高远。她与杨雪梅、李鸿影、张文、张颖四位教师，人称"五朵金花"。2006年，她们自发在木犁网站以"春天把我们吵醒了"组织了学习团体。她们分工明确——周一到周五每天一人值班；目标明确——相互激励，共同进步；压力明确——五人在相互帮助共同提高的同时，又私下暗自较劲。几位风华正茂的女教师在一起，相互约定只谈工作，不谈别的；只求进步，不求别的；只想干好，不想别的。并赤诚相见，发现谁有一点懈怠，就直言批评。说起来简直就是天方夜谭，但张集中心小学的五朵金花就这样在"木犁"开垦的沃土上，悄然绽放。

陶继新："五朵金花"是你们学校全体教师的一个缩影。她们不只是在木犁网站上"以文会友"，还形成了一个积极向上的生命场。当人与人之间只有信赖、支持、鼓励和欣赏的时候，人的生命便会处于特别优质的状态，不但会超常收获文化营养，也会收获外在与心灵的健康，还会将这种心灵状态传递给学生、家人甚至社会上的人。

曹玉辉：确实是这样的，教师的无形引领已影响到学生家人和社会，一年365天，开放书架里的书不曾丢失一本；一天24小时，校园里不曾见到一片纸屑；全校上千名学生，没有过任何伤害花草树木的行为；一群农村的"土"孩子渐渐文雅了。受学校影响，镇政府正在全面打造国粹文化街，打算拿出三百万把孔子的儒家文化、徐州的汉文化搬上大街，让经典走进老百姓的生活，现已有雏形。这足以说明阅读的力量，这应该是对"大音希声"、"大爱无言"最好的诠释吧。

陶继新：恕我直言，在初去你们学校采访的时候，的确感到学校有点"土"。可是，随着采访的深入，却感到这"土"中有文化，"土"中有思想，"土"中有品位，甚至有着大城市一些大学校里没有的文明。究其原因，阅读的作用不可小觑。因为你们让师生所读的书，大都具有比较高的品位。好书中不但内蕴着丰富的智慧，也流动着真善美的思想。长期沐浴其中，就有了文明且有文化的必然结果。

在网络里开办教师发展的"黄埔军校"

曹玉辉："木犁"给了教师一个专业发展的空间，给空间就是给发展。这是一种大度而又智慧的服务——让教师成为好教师，让教育回归教育。

网站做的是技术，但木犁教育网站能够成长发展，原因还真不在于技术的高深，而在于它"讲述老百姓自己的故事"。静夜时分，一个人坐在电脑前静静地审视白天的脚印，重温、记录、自嘲、修正。他们把自己耗费在书里，耗费在思考、写作中，也耗费在别人的文章里。胸中块垒，笔底波涛，奉献于教，求成于心，这是怎样的一种惊喜啊。在键盘上书写自己的诗意人生，读帖跟帖变成了每天的快乐和坚持。"木犁视界"、"品味书香"、"杏坛兵法"、"本色教学"、"茶余饭后"……一个板块就是一个思想的停车场，一篇文章就是一犁新鲜的泥土。按住鼠标快速浏览，已不是看文章，而是感受一种释放的能量了。"木犁"成了酿造思想、创新教育的大工场，成了教师专业发展的"黄埔军校"。

现在，对教师们来说每天用"木犁"耕耘一番，就像喝水一样必需，一样自然。心态不一样了，任务再多不烦，工作再紧不嫌，因为兴趣在前面引着呢。以前忙，忙得劳苦；现在忙，忙得快活。在这样的氛围中，人人争先，个个自紧，工作不敢墨守成规，空闲不敢忘记学习，自有一种引力和张力。

陶继新：每每登录你们的木犁网站，都有一种特别的激动。一所乡村学校，将一个网站办得如此精彩纷呈，简直不可相信。可是，如果认真看下去，就会发现其中的奥秘所在。那就是您与老师们已经将这里当成了自己的精神家园。这不但是一个发表作品的平台，还是大家思想交流的集聚地，它已经形成了一个凝聚人心的文化场。

曹玉辉：木犁教育网站，因十足的"草根"意识而成为师生精神生活的载体，成了师生生命的驿站，也成了学校的品牌。我们注册了木犁商标，创建了木犁学校，开办了木犁书院，成立了木犁文化传播中心，设立了木犁思想星巴克，现在木犁已经成为我们的教育图腾、一个标志符号，我们挖掘木犁的内涵，形成了系列的木犁文化。

"木犁"用最现代的手段诠释了最古老的箴言：自古成功一条路——与众不同。无论外部环境如何，人的事业和生命的价值都是可以通过努力去实现的。"木犁"把学校搅得热火朝天、人气腾升，一大批青年教师随着"木犁"的成长而成长。

陶继新：你们的木犁网站从无到有，以至形成系列的木犁文化，我觉得主要有两个原因：一是您这个校长的文化意识，以及在这种意识支撑下的义无反顾的坚持与行进；二是借助这个载体，凝聚了一大批与您志同道合的教师，甚至学生和家长，构建了一个属于你们学校的文化圈。所以，当外界此起彼伏的喧嚣声一浪高过一浪的时候，你们却有了"风景这边独好"的文化追索。

教育在活动中变得"意味深长"

曹玉辉：儿童的生活就是游戏，游戏就是儿童生命存在的重要形式，我们像"游戏"一样精心构筑儿童的生活，使教育形式游戏化，从而把教育变得"意味深长"。

比如"学生成长伙伴制"。可以说，教育是以交往形态而存在的，没有实质性的交往、互动，就不存在真正的教育。自我是在交往中生成、发展的。而真正的交往不是别的，正是心灵之间的沟通，是独立人格之间的碰撞，是相互激发出生命的活力。我们以"伙伴"的名义把孩子们组织起来，这样"交往"就通过组织形式确定下来，培养出来。这种"交往"是一种教育理念，一个以生命影响生命的教育理念，也是一种教育活动，一个孩子需要又乐于参与的活动。

"同读一本书、同背一首诗、同讲一个故事、同做一个游戏、同搞一个小制作、同写一本日记"等活动，对学生来说都是幸福的媒介。所以，每次开展这些活动时，学生们都有一种"欲罢不能"的感觉。

陶继新："欲罢不能"是心里的自觉，而不是外加的压力之下的反弹。要想达到这样一种境界，就必须将学校文化真正内化到师生的心里，从而形成他们的自觉追求。当然，制度的产生，必须有教师甚至学生参与，特别是要对他们的发展有益而无害。这样管理起来，就会接近"无为而治"的境界了。

曹玉辉："伙伴制"并没有直接教给孩子什么知识，也没有刻意进行道德行为教育，只是让学生在生活中自醒自悟，合作互助，豁然开朗，享受成长。"伙伴制"交往的实质是差异化教育，使教育从划一性走向差异性，从符号化走向自然化。它驱除了"无我"式的自卑感，也驱除了"唯吾独尊"的狂妄，"伙伴制"交往的双方，各自都能认识到作为一个"独特的我"的责任感、使命感，认识到每一个"独特的我"在伙伴小组里都是一个活泼可爱的因子。

陶继新："伙伴制"体现的是学生之间的真诚合作。只有真诚才能获得信任，只有合作才能抵达共赢的境界。"伙伴制"犹如一个友谊的纽带，将学生心灵维系在了一起。孩子只有一个童年，如果有心灵相通的伙伴，就会在幼小的心灵里栽植下一颗与人友好相处的种子，随着年龄的增长而生根、开花、结果，从而在未来的社会生活、工作中，学会交友，学会合作，学会共赢。

曹玉辉：如果说"伙伴制"让学生学会了交友，学会了合作，学会了共赢，那么我们的学生"成长档案袋"则让学生从自我认识开始，通过自我接纳、自我教育、自我欣赏、自我激励而一步步走向自尊、自信、自强。孩子们说他们最喜欢生日卡片上的祝福和老师的留言——你很正直善良，你学习刻苦勤奋，你温文尔雅……是啊，这些词语的含义是那样美好、那样令人心驰神往，即使言过其实，对孩子却是一种潜在的引领，引领孩子不断地去抵达，又不断地超越，直到有一天，善良、勤奋、儒雅成为他们的一部分。这就是成长中那一个个"故事"的魅力。有了"成长档案袋"，德育似乎更好虚功实做了，而且是师生一起在做，用一种近似游戏的方法在做，可以说我们学校的师生一天到晚都在为"成长"忙碌。

书法艺术成为无处不在的"风景"

曹玉辉：学校之美，美在特色，美在与众不同；特色之美，美在个性，美在以最活跃的形式投入生活。这么多年来，我们一直致力于阅读和写字特色的打造。打造特色，给学生提供机会和条件，让学生的手眼口心都动起来，让生命以最活跃的形式投入学习，过一种有情趣有追求的读写生活。

校园里"羲之广场"上"书法浮雕"、"小书桌"相映成趣。在这儿赏字、练字，不仅是孩子们最惬意的事，也是老师们的最爱。每天20分钟的一节写字课，师生就像盼一部精彩的电视剧一样盼着。因为南来北往的参观者，因为学校天天的展示，人人都希望自己的书法出类拔萃，苦练书法也就成了自觉的行动。在书法世界里，几乎一切都是可能的，因为这是一个浑然一体的世界。审美、毅力、情感、态度、过程、感觉、悟性统统都有了。写字时正襟危坐，欣赏时精神飞动，正是这不由自主的"移情"，一步步引领师生脱离了低级趣味，走向高雅。一支毛笔，一瓶墨汁，一张白纸，在放纵涂抹中，不同的心性，如春日里不同的花，以不同的形式开放。

陶继新：我随便去你们几个班里的时候，发现学生个个都写得一手好字。我甚至有点不敢相信自己的眼睛。据老师与孩子们讲，练字的时间并不长。这说明，有了好的老师，学生在短时间内实现书法上的突破并不困难。我还有一个发现，就是你们学校已经形成了一个练写书法的氛围。在学校里任何一个小小的角落，几乎都可以看到名家、教师与学生的书法作品。天天处在这样的环境之中，不爱书法都不容易。同时，我感到孩子们在写出一个又一个那么美的字的时候，他们的心里都流淌着一种美。人人都有追求美的心理趋向，孩子更是如此。而练写书法进入到审美境界之后，练字就成了一种乐在其中的幸福追求了。

曹玉辉：由于人人都学书法，人人都会书法，我们学校里随处可以看到书法作品。"茗书苑"匠心独运，将历代书法名家的碑刻平镶在大理石广场上，姿态清新活泼而格外纯粹，书法艺术博大精深而格外丰满。学生俯仰之间便可立书坛巨人之臂膀，赏国粹，得精髓，继传统，开心路。

陶继新：在看你们的"茗书苑"时，我总有一种高山仰止的感觉。因为看到的不只是书法名家的碑刻，还有与那碑刻相关的历史文化。"厚积壁"之壁很一般，可是，因了师生真、草、隶、篆的书法之美，从而变得很不一般。如果不是听了您的解说，我绝对不相信那是老师与学生的作品。一所农村小学，竟然出了这么多的"书法家"，简直让人觉得不可思议！

曹玉辉："幽韵园"依形造势，动静相生，情趣相携。"六艺柱"除了暗合我国古代教育的六艺，又蕴涵了陶行知的六大解放，夯实小学六年基础，亮丽的颜色寓意童年生活色彩缤纷。

陶继新："幽韵园"、"六艺柱"可谓匠心独运之作！这些"景点"的创作者，既有艺术才华，又有教育情怀。学校就是需要这样的景点，自己创作，自己建造，自己欣赏。设若有外人参观，就会惊诧莫名，感叹何以有如此巧夺天工的创造！

（原载于《现代教育导报》2009 年 6 月 8 日）

师保林

让生命状态趋于优化

——对话师保林校长

师保林，河南省郑州市金水区龙子湖中心校校长，河南省优秀教师，郑州市先进教育工作者。他风趣幽默，积极向上，爱好书法，能熟练背诵《论语》、《中庸》、《大学》等经典名著。2000年，他到龙子湖中心校任校长，2006年率先在龙子湖中心校成立"教师专业发展促进中心"，并制订龙子湖中心校三年发展规划，以读书、写作、专家引领、课堂效率提升为途径，促进教师专业发展。如今，师保林校长又带领他的老师们踏上了背诵经典之旅。

[对话实录]

回顾：从经典中发现哲理

师保林：这些年来，我们致力于教师专业发展，从教师各方面的表现来看，是取得了一点点成绩的。未来我们还要继续走教师专业发展之路，并且把师生诵读经典作为第二个发展周期的发展策略。

陶继新：教师不能只是教书匠，也不能只是燃烧自己，照亮别人；教师需要发展自身，需要不断实现自己生命的飞跃。在这个过程中，他们会因为自己的成长而得到来自各个层面的认可，从而感受到一种特别的幸福。况且，教师的发展，还会直接影响到学生。一个不断追求、不断前进、不断发展的教师，不但能够很好地完成教学任务，还会给学生一种积极向上的心理暗示，从而让学生有一种自我成长的追求。

读书，提升了教师的专业素养

师保林：刚刚接到通知，龙子湖第一小学的马俊玲老师获得参加郑州市优质课比赛资格，马俊玲、陈振江和师永魁老师获得参加河南省农村教师技能大赛资格。这些，对我们中心校来说，是第一次。老师的努力，给了我们继续发展的动力和决心。

陶继新：看来，你们的教师已经具备了从金水区冲向全省的实力，这也是你们一直关注教师专业发展收获到的一个丰硕的果实。有了好的开头，又有了新的规划，相信你们的教师还可以从河南走向全国。这对于一所农村学校的教师来说，收获的不只是教学成果，还有自信与自豪，以及此后更大的发展动力。

师保林：以前，因为我们是金水区最偏远的单位，教师在参加各项活动时，确实是没有自信。今年 4 月 25 日，我们在三年回顾活动中，安排了两节课，一节是马俊玲老师的课内阅读《世界多美呀》，另一节是王新萍老师的课外阅读《可爱的小鱼》。听完课后,金水区语文教研员徐晓杰老师动情地说:"这是王新萍老师吗?三年前我听过你的课,今天再听,简直是判若两人。"

陶继新:古人就有"士别三日,当刮目相看"之说。为什么能令别人在这么短的时间内,就惊诧于你们的教师发展之快呢?就是因为你们为教师提供了良好的发展舞台,教师不但在这个舞台上成长,而且还愉快地"舞蹈"。因为当一个人感受到自己的发展且得到人们的欣赏的时候,就会有一种特别的快乐相伴,所以,就有了"累并快乐着"之说。

学校,就是读好书的地方

师保林:为了把教师专业发展的舞台搭建得更宽、更大,给师生提供更为灵动的"舞蹈"氛围,我们有一个想法,希望把学校打造成为读好书的地方,学校要成为读书的地方,学校要成为读好书的地方,学校要成为把好书读好的地方。基于此,今年5月26日、27日、28日三天,我们参加了郑州市的教育服务展,并且打出了一个口号——"学校就是读好书的地方"。很多与会者对此都很认同。"学校就是读好书的地方",是我们三年阅读经典的精神积淀,也是我们以后办学追求的目标,我们希望通过不懈的努力,倾力打造这样一个美好的地方。

陶继新:"学校就是读好书的地方",这个提法好!读书不一定会收获幸福,读了不好的书,甚至可以将人引入歧途。我常说,一个经常读好书的孩子,肯定坏不到哪儿去;一个经常读坏书的孩子,肯定好不到哪儿去。因为好书之中蕴涵着真善美,坏书之中弥漫着假恶丑。近朱者赤,近墨者黑。天天沐浴在真善美之中,人也会变得真善美起来;天天沉浸在假恶丑之中,人也会陷入假恶丑的泥潭里而不能自拔。况且,一个人的正能量是可以迁移的,一个品德、心理素养和审美追求都好的孩子,学习起来效率也会不求自高。

要把学校打造成为读好书的地方,教师就要与经典为伴,享受职业的幸福;学生就要与经典为伴,品味成长的快乐。这样,不但教师的专业素养提升了,文化品位提高了,而且学生的综合素养也提升了,身心也健康了。

展示：从经典中品味文化味

回顾展示，凸显师生文化味

陶继新：今年4月24日，在你们学校所开展的三年回顾活动中，我已经领略到你们师生特殊的风采。在你们那里，我的突出感受就是，师生身上流淌着一种文化味。文化，当系学校发展的魂兮所系。因为师生在这种经典文化氛围里耳濡目染，也就逐渐地经典起来了。

师保林：我们就是想追求一种龙子湖人特有的文化味。参加这次教育服务展，我们的视频资料、文字资料得到了很多学校的重视，有几个学校在我们展位前流连忘返，索要我们的各种文字资料，请求带教师到我们学校亲身体验。龙子湖中心幼儿园的经典诵读，把很多人都吸引到我们的展位前，许多孩子不由自主地随着我们的孩子或背或跳。大家纷纷表示，龙子湖中心校展示的是一种文化。

陶继新：4月24日上午您的报告，不但是近几年龙子湖中心校教育教学的工作总结，还从另一个侧面让与会代表感受到了您报告中的文化含量。校长有没有文化，决定了这所学校的文化品格。您这些年一方面倡导教师与学生诵读经典，而您自己也在诵读，也在提高，也从中体验到成长的快乐。所以，当您这么高兴地告诉我您的教师与学生有了这么突出的成绩的时候，我也欣慰地看到，您这个带路人，也在领略着"风景这边独好"的文化洗礼。

死记硬背，进入阅读妙境

师保林：三年前，我真的就有一种要读书的想法，但是，那只是想法而已。您来到龙子湖，听了您的报告，我就把想法付诸实践了，按您说的，"取法乎上"地开始了我的阅读人生，我开始阅读经典，《论语》、《大学》、《中庸》、《老子》，这些经典我先读，后背，接下来抄。

陶继新：不只读，还要背和抄！是的，经典不是读上一遍两遍就能了其要义的。况且，即使懂了其中的意思，但内化不到心里，也还是没有进入到读书的高层境界之中。这些年来，我的一个突出感受就是，背诵这个看似

"死记硬背"的旧方法，竟然有奇妙无比的效用。正是在一遍又一遍的背诵中，哲人的思想才会悄无声息地走进背诵者心灵。而抄写的过程，则可以抚平心灵的浮躁，使自己步入唯我独在的玄妙意境之中。这个"修炼"，与背诵有异曲同工之妙啊！

无心插柳柳成荫，阅读妙到不可言说

师保林：原来感觉办学校，就是要拿各种奖励，把心思用在这些地方，却往往难以如愿。如今，读了很多经典才发现，读书，读好书，让学校成为读好书的地方，才是一个教育者该努力追求的。和老师们读了三年的经典之后，我明白了"无心插柳柳成荫"真正的妙境。

陶继新："无心插柳柳成荫"系成功要诀！有的人一生追求名利，甚至不择手段，可是，到头来大多事与愿违。是不努力吗？不是。是心用歪了，劲用邪了。为什么"上善若水"？为什么"大音希声"？这是天地运行的规则，很多人都不知道。将自己放低，将眼光放远，将名利看淡，将诵读看重。这样，就会如"水善利万物而不争"那样，可以"几于道"了。人们更多的不是在寻道，而是在用器，取术。当然不能"无心插柳柳成荫"了。

问心：从经典中感悟成长

心态平和，满眼美丽

师保林：通过经典阅读，像您说的，我享受到了经典的浸润，有一个最深的感触：不会发脾气了。心态趋于少有的平和，心胸达到少有的宽广，好像看什么都能发现美。这在以前是没有的。

陶继新：伟大的艺术家罗丹说过："美是到处都有的。对于我们的眼睛，不是缺少美，而是缺少发现。"是的，美无处不在，由于有了坏的心境，才把本来很美的东西，看成了很丑的东西。正如王国维所言："一切景语皆情语也。"如何才能拥有这种美好的心境呢？诵读经典是一个最为有效的方法。您现在心胸开阔、心境平和，就是因为您所诵读与抄写的经典要义驶进了您的心灵之中，并且逐渐内化成了一种优质的品质。

师保林：这些要谢谢陶老师，要不是您，我不会发现我们的师生在教育教学之中、在生活之中所表现的美。这种内化，在老师们的课堂上也逐渐显山露水。课堂上，老师们的笑容真诚了，老师们对孩子的评价真诚了，老师们的文化味浓郁了。那种照搬教参的课少了，取而代之的，是老师们的独到理解和独特发现。孩子们的发言会时不时地打动老师，会时不时地带给课堂笑声，那种笑声是发自内心的。课堂上，师生的笑容美丽了。老师们通过阅读，也练就了一双双慧眼。

陶继新：一味地照搬教参，等于吃别人嚼过的馒头，是不会品尝到馒头的真正味道的。更为重要的是，长期依赖教参，还会形成一种思维惰性——不再研究教材，不再研究学生，不再多读经典，一直在"邯郸学步"的层面上徘徊复徘徊。这样，不但课教不好，思想还会越来越僵化，心灵还会越来越枯竭。结果，学生不喜欢，同事看不起，生命状态越来越差。

心胸宽广，成为善思考的文化人

师保林：陶老师的见解极为精妙。课堂上有了文化，课堂才有味道；学校有了文化，学校才有凝聚力；教师有了文化，教师才有魅力。

陶继新：是的，当一个人拥有了文化之后，那种挥之不去的文化气息就会如影随形地环绕在他的身边，言谈举止中都有文化的能量。当然，也就有了魅力。教师如此，校长如此，人人都如此。

回归：从经典中道法自然

回归赤子之态，读出和谐，发展大家庭

师保林：在《近"道"写作：开启审美人生之门》的报告中，陶老师谈到回归自然。我感觉，我们走过了三年，读写了三年，仿佛回归到赤子之态。不但是我，我的老师们也有这种回归。回顾活动的最后一个环节是大讨论，说实话，设置这个环节，我心里有很多惶恐。我担心老师们会利用大讨论给我提出一些我无法应付的问题。但是，老师没有一句谈物质要求的话，大家都在谈该如何发展，谈发展中遇到的困惑。当时，我感动至极。

陶继新：您将目标锁定在物质上，教师就会追求物质；您将目标锁定在精神上，教师就会追求精神。因为您的精神境界高了，教师的境界也就高了。您不是单枪匹马地自己诵读，而是与教师一同前行。大家对于精神的需求越来越高，对于物质的关注越来越少。他们与您一样，已经从这几年的发展中尝到了甜头，感受到了幸福。所以，自身发展带动学校发展，就成了你们学校的主旋律。

师保林：不是单枪匹马，您总结得真好。是的，我的确不是单枪匹马。我的身旁，有260多名教师；我们的周围，有3700多名学生。我们是一个家，一个和谐、发展的大家庭。

陶继新：这个"家"因精神而人心凝聚，因文化而富有品位。您这个"家长"自然会看在眼里，喜在心里。同时，您也有压力，因为这些"家庭成员"几乎个个跃跃欲试，快速发展。"家长"系这个家庭之中的领袖人物，如果不能先人一步，"领袖"的作用就很难发挥出来。不过，这也形成一种动力，使您更加努力，更快发展，更加优秀。这就形成了一种良性循环，学校的发展也就有了不竭的动力。

触摸教师成长，在内心深处偷着乐

师保林：我是有一些压力，但是，老师们的发展带给我更多的是动力。看到大家幸福地生活在龙子湖中心校，作为校长，我有一种成就感，当然，这种成就感我是放在心里，偷着乐的。有了这种成就感，我对我们中心校的发展就更有信心了。

陶继新："偷着乐"活画出了您的心灵状态，很美，很幸福。您成就了师生，师生也成就了您。您的历史责任感使您拥有了特殊的忧乐观：师生发展，您就快乐；师生停步，您就忧愁。

交流：从经典中发现正业

师生读书交流，促使经典阅读成为正业

师保林：对，像您说的，以文化人，我们以文化了教师，正在以文化学

生。龙子湖的师生共读已经形成风气，师生每天至少有一个小时的读书时间。龙子湖第三小学甚至把师生每天共读的时间固定下来，每月举办一次师生读书交流会，这样的读书交流，促使教师更加投入地阅读，也带动学生更加愉悦地阅读。经典阅读，不知不觉间，成了龙子湖师生共同追求的目标。

陶继新：形成风气也就是形成了一个读书的"场"。有这个"场"与没这个"场"是大不一样的。这个时候，读书就成了一种自觉状态，一种自我追求，一种被人人视作"正业"的"正事"。有的学校一味地让教师追求升学率，甚至将读书视作"歪门邪道"。这样做，尽管有的时候也可以取得好的考试成绩；可是，教师与学生的生命质量却是异常低下，教师的发展更是无从谈起，学生的未来成长也就成了一句空话。

师生共读，读出美好人生状态

师保林：师生共读是一种良性循环，师生互相督促，携手共进。龙子湖第一小学的师生共读、经典诵读、读写绘等特色阅读活动，已经以文化了龙子湖第一小学的课堂。课堂上，师生有所得是令人注目的举动。孩子们在课堂上学会了读书，爱上了读书，并且会背诵每篇课文，有些教师还能带领孩子背诵一些经典呢。

陶继新：曾经两次到过龙子湖第一小学，与他们的教师进行过交流。给我的感觉最突出的就是，老师们的生命状态特别好，自信之中流露出对教师工作的喜爱，以及拥有文化、不断成长的欣慰与从容。

做君子型的校长，不令而行

师保林：不只是龙子湖第一小学，龙子湖中心校下属的每一所学校都有了喜人的变化。这些变化，得益于每一所学校的每一位领导的用心服务、用情引领，对我这些属下，我满心感激。没有他们，中心校的所有工作都是空谈。

陶继新：您下属的各个学校的校长，堪称您的一个个缩影。这正如孔子所说："君子之德，风；小人之德，草；草上之风，必偃。"您满意于他们的工作，他们欣慰于有一个好的领导。这样，您即使"不令"，他们也照样"能行"。尽管各所学校所处方位不同，但是，努力进取却有了共同的价值取向。

朴实的教师，沉甸甸的责任

师保林：是他们的优秀成就了我的思考。如果说第一个发展周期，我带着我的老师们读了一些经典，尝到了一点经典带给我们的甜头，那应该是得益于您的引领。龙子湖中心校的每一位教师都是那么朴实，不论工作有多忙，不论任务有多重，没有一个人喊苦喊累，老师们的执著和努力给了我信心和希望。

陶继新：教师任务虽重，却不叫苦叫累，说明他们也如您一样，有了一份沉甸甸的责任，想方设法优质地完成教育教学的任务。同时，他们的苦与累，与他们的发展又是相维系的。因为工作之外的活动、读书与写作等，似乎属于分外之事。其实，这些又都可以不断地优化自己的生命状态，为自己越来越优秀作准备。因为他们明白：现在不苦不累，将来会真正地苦与累；将来的幸福，需要现在加倍地努力。

同背：从经典中品尝温馨

叫板，叫出温馨与和谐

师保林：当老师听说我背了一些经典之后，都纷纷表示要和我一起背诵经典。老师们给了我一些启发。第二个发展周期，我们何不向前迈进一步呢？如果我们能够背诵一些经典的话，我们的学校会有怎样的发展？

陶继新：这非常有趣。教师敢于与您同背经典，一方面说明您已经具备了一定的实力，另一方面说明他们已经将您看成了教师之中的一员。师校长，在第二个发展周期，您可不要在经典诵读时被教师"击败"啊！

利用网络，打开经典背诵的另一扇窗

师保林：在第二个发展周期，我们初步讨论，打算把经典背诵提到议事日程上来，我们考虑利用校信通，每天给老师们发一条记录一段经典内容的短信，这一段话中心校的人员首先背会，然后发给老师们。利用我们的读书卡，记录这一活动的点滴收获，定期组织经典背诵交流会。我们已经定下来，

从《论语》开始。利用三年时间，让龙子湖中心校的老师们也满腹经纶。

陶继新：从《论语》开始，太好了！《论语》被称为东方的《圣经》，是一部流传千古的经典之作，其中关于教育的论述，迄今仍然具有难以超越的价值。教师诵读它，对于教育教学，定然会起到很大的作用。而且真正悟透《论语》的内涵，且将其思想内化为自己的言行之后，就会从本质上改变人的生命状态，从而让人当下乃至一生更加幸福。

利用校报，打通内化经典的途径

师保林：我还考虑在我们的《教师发展报》上开辟一个栏目，专门为经典背诵搭建交流展示的平台。这个栏目名称我们暂时定为"携手经典"。其设置，旨在为教师提供经典背诵内化的途径，希望老师们在谈自己经典背诵的收获与困惑时，能够获得心与心的碰撞，希望老师们在碰撞中把经典的精华内化为我们龙子湖中心校的学校文化。我们考虑先让教师直接与经典携手，自己感悟，再读名家的解读。

陶继新："携手经典"这个栏目名称起得好！"携手"共进，诵读的效果就会更好。提供平台进行交流，才能让大家更加喜爱上诵读经典。你们有的教师已经取得了很好的经验，您本人就是一个典型。典型的引路是十分必要的。当然，在这个过程中，也会遇到一些困难。不过，这并不可怕，关键是如何破解它，并在破解的过程中，使经典诵读走上一个更高的层面。

关注：从经典中感受幸福

读懂经典，才能发现经典的魅力

师保林：在教育服务展上，有一个年轻的参观者看了我们幼儿园孩子背诵经典的录像后，说了一句："这些是封建糟粕。"我不无遗憾地告诉他："如果你读懂了这些经典，相信你就不会有这样的看法了。"很多人不了解经典，不读经典，不背经典，却敢于批评，这是一种文化的怪现象，是一定历史时期的产物，我们不用理会，相信不用太久，这种怪现象就会消失殆尽。这是一个小插曲，我会拿它来激励我们的教师和学生，与经典同行，与经典为伴。

陶继新：古代经典是不是糟粕，争论由来已久，现在渐趋一致，更多的人认识到了经典的价值与意义。重要的是，越来越多的人从诵读经典中受益。诵读经典，已经成为一种不可阻挡的文化潮流。中国政府为什么要在世界各地建立数百所孔子学院？其中一个目的，就是借此向世界宣传中国的经典文化。中国越是要走向世界，就越需要这些经典文化的精神支撑。

《论语》，使师生背诵经典有机交融

师保林：在第二个发展周期的第二年，我们会考虑把经典背诵引进课堂，也考虑从《论语》开始，师生共读共背，希望在《论语》中达到交融。

陶继新：将《论语》引进课堂，就会形成属于你们自己的校本课程。"文质彬彬，然后君子。"相信数年之后，从你们这里走出来的教师与学生，就会散发出更多的儒雅之气。现在我们说中国要融入世界文明之中，其实，儒家思想中的很多精华，与现代世界的文明要义是完全相通的。比如现在一些发达国家倡导的文明礼貌等，孔子早在两千五百年前就提出来了。有的人之所以舍近求远、崇洋媚外，一个重要的原因就是没有深入研究过中国经典文化。真的是"虽有佳肴，弗食，不知其旨也；虽有至道，弗学，不知其善也"。

背诵《论语》，背出潜能开发新途径

师保林：我从《论语》中收获很多，希望我的老师和学生也能与《论语》结缘，也能够从《论语》中有所收获，我们有近三年的师生共读作铺垫，相信学生读背《论语》不会太吃力。

陶继新：我一直认为，背诵是开发人的潜在智能的一个无法替代的妙方。人的大脑是"用进废退"，即越用越灵。我49岁才开始背诵《论语》，此后便与背诵结下了不解之缘。我感觉记忆力并没有因为年龄的增长而消减；相反，记忆力随着年龄的增长也在增长。儿童时代是记忆的黄金时段，更应当让他们更多地背诵经典。因为记忆力是完全可以开发的，如果小的时候不进行开发，时间一长，这种记忆功能就会减退。另一方面，孩子现在背诵了大量的经典，随着年龄的增长，这些经典文化就会逐渐彰显出无穷的魅力，让他们有一个更加精彩的未来与人生。

诵读经典，寻找心灵栖息地

师保林：陶老师，我们要的就是那种被经典文化浸润之后的儒雅之气，我们希望我们的师生能有那种谦谦君子的儒雅，我们也希望我们的教育能具备那种儒雅的育人氛围。

陶继新：诵读经典不是为了名利，也不是为了考出一个好成绩，而是为了教师自身的生命成长，为了孩子未来的发展。一个长期在经典文化中浸染的人，就不会为人们的毁誉所左右。因为他知道生命需要什么，他从经典中感受到了人生的意义与价值。为什么能做到"淡泊以明志，宁静以致远"？因为经典文化在心里安顿之后，就有了心灵的栖息地，就有了超越意义的人生态度。

师保林：是，我们很少谈学生的考试成绩，这两年几乎没有提过，郑州市的抽查考试，我们的成绩并不差。我想这就是得益于我们的经典阅读吧。

陶继新：看重考试成绩，是现在一些校长、教师与家长的通病。殊不知，他们大多为眼前的"小利"障住了视线。我采访过不少诵读了很多经典的孩子，无一例外地取得了好的考试成绩，特别是在上了中学与大学之后，就更是出类拔萃。相信孔子说的话吧："无欲速，无见小利。欲速则不达，见小利则大事不成。"

淡定：从经典中寻求理想

背诵经典，给师生一份淡定和从容

师保林：我们的经典诵读，不想有多大的名，也不想得到多大的利，我们就是想给老师们提供一个愉悦的、富含文化的、有经典相伴的成长环境。希望老师们在这样一个充满文化气息、充满经典韵味的成长环境中寻求一种幸福的生存状态，希望老师能将幸福感带给学生，使他们找回快乐的童年，在经典的浸润之下快乐健康地成长。当然，这是一种理想化的教育状态，为了这份理想，我们会科学规划，刻苦努力，持之以恒地与经典为伴。

陶继新：经常浸润于经典文化之中的教师，由于寻找到了属于自己的精神家园，也就找到了高尚心灵的归属地。而有了这种幸福状态的教师，就会有意无意地将这种幸福状态传递给自己的学生，从而使孩子们的生命状态趋于优化。这些，是考个高分远远不能比拟的。因为这种生命状态对其一生的成长都会产生难以估量的作用。

背诵经典，给师生提供幸福成长的沃土

师保林：陶老师的见解往往给人以启迪。我不止一次地想对陶老师说谢谢。陶老师让我思考了许多，在下一个发展周期，我们会更加关注教师和学生的生命状态。在教师专业发展的同时，积极关注师生的生命状态和生命质量，并通过经典背诵提高师生的幸福指数，提升师生的生命质量，给师生提供幸福成长的沃土。

陶继新：学校领导心系教师的幸福状态，而且为之实施行之有效的方略，教师就会越来越幸福。而且你们所关注的这种幸福，还有发展与高尚两个维度：一是教师在自身与学校的发展中感到越来越幸福，二是教师的幸福感又带动了学生幸福指数的提升。教师这种"己欲立而立人，己欲达而达人"的"忠道"情结，无疑给学生栽植下了一颗走向高尚的种子。

规划：从经典中实现飞跃

细化经典背诵细节，形成龙子湖中心校的"这一个"

师保林：我们会在规划上下大工夫，通过规划，对经典诵读的篇目、时段、主线等作出细致可行的规划，希望能够让我们的经典背诵有条不紊地进行下去。

陶继新：你们已经有了经典诵读的总体思路，规划则会使这种思路更加具体化。况且，你们已经有了不少现成的经验，也研究了其他地方的先进成果。相信这个新的规划会有"拿来"的"他山之石"，更有自己独特的创造，进而形成龙子湖中心校的"这一个"。

经典诵读，追求唯美

师保林：在经典诵读的道路上，我们追求一种唯美状态，希望老师们带

着发现美、创造美的眼光来体验、感受教育的魅力。以美的心态做教育，物尽其用，人尽其才。在教育教学的过程中，发现教育过程之美，发现学生成长之美，发现自身成长之美，创造龙子湖教育之美。对唯美状态的追求，是我们中心校的一种文化追求，在这样的追求过程中，引领教师们品尝教育的幸福，带领孩子们品味成长的快乐。

陶继新：经典诵读的至高境界就是审美。孔子为什么能够"发愤忘食，乐以忘忧"？就是因为在学习之中感受到了学习独特的美。如果在经典诵读中感受到的只是痛苦，一生"坚持"下去是非常困难的。当然，"坚持"是必然要经历的一个阶段，甚至是一个较长且又相当重要的过程。从这个阶段上升到习惯，就形成一个飞跃，然后才能升华为审美。这个问题很有研究的价值，希望你们的新规划，能有令人特别欣慰的成果。

（原载于《中国教育报》2009 年 6 月 14 日）

孙先亮

用先进的理念引领
学校发展
—— 对话孙先亮校长

孙先亮，大学学历，山东省青岛市第二中学校长，中学高级教师。曾获得山东省优秀教育工作者、青岛市专业技术拔尖人才、青岛市厂务公开民主管理先进个人、青岛市中小学教师教育先进个人等荣誉称号，被评为首届中国教育管理科学人物、全国学校规范化管理杰出校长、全国科研创新校长和山东省2005年度教育创新人物。

自2000年主持学校行政工作以来，带领全校师生员工遵循国家教育方针，按照社会发展规律和人的成长发展规律，确立了"领先一步，追求卓越"的办学理念，确立了"深化素质教育，优化教育资源，凸显办学特色，创建国际名校"的办学目标和"造就终身发展之生命主体"的育人目标。在从事教育管理工作的同时，还注重总结提炼管理经验，并撰写论文。多篇论文在《中国教育报》、《基础教育》等报刊上发表。其教育思想和管理经验也得到教育界广泛的关注，2006年青岛市教育科学研究所举办了青岛二中暨孙先亮校长教育创新实践研讨会。

先进理念成为学校的灵魂

孙先亮：我认为，一所好学校就是要靠一种先进的办学思想和理念的引领，所以从 2000 年开始，我就将学校的办学思想和理念的建设作为非常重要的一项任务。在学习与思考中，结合我在青岛二中工作多年的观察和对学校办学实际的认识，不断地提出新的观念和思想。这是一项系统工程，它既要有对传统的良好继承，又要根据整个世界教育和中国教育发展的潮流，进行与时俱进的变革，这样才能使这种思想不断地引领学校发展，也领先于这个时代的潮流。

陶继新：思想决定行动，有没有思想，是衡量一个校长水平高下的试金石。我在与您交往的过程中，感到您是一个很有思想的校长。青岛二中是一个远近闻名的学校，您的理念与思想，为这所学校增添了生命的活力，使其在这些年里有了快速的发展。其中有您与大家的努力，而您的思想则是一种隐性的力量。这力量，不但会对现在的学校发展起到作用，还会对其未来的发展发挥作用。

《周易》有言："形而上者谓之道，形而下者谓之器。"可是，很多校长还是在器的层面徘徊复徘徊。这样的话，往往就会陷入繁忙的事务之中，而进不到游刃有余的道的层面。我发现，您经常关注道的问题。您读的书，也多是高层次的，是与道相接的。而一个与道分离的人，永远抵达不了高层境界。

孙先亮：我最早接触先进的教育思想是在大学期间，有一次听到上海建平中学冯恩洪校长谈他们学校如何实施素质教育。我当时就想，如果给我一所学校，我也要用这样一种先进的教育理念去引领学校发展。1999 年夏天，青岛二中高中部东迁至高科园，我就留在了初中部以及在这基础上改名的育才中学主持工作。那半年是我思考最多、真正有机会尝试自己多年的教育理想的一段时光，我让我的思想以及由此而来的办学设计在这样一个初中校园里得以初步实施。那时在青岛二中初中部及育才中学这一片小小的校园里，丰富多彩的校园生活让每一个孩子对学校、对学习都充满了兴趣，我也因此而感觉到个人工作的幸福，但那时的我思想还处于一个起飞的阶段。

陶继新：上大学的时候就有一个如此美好的梦想，而且没有仅仅停留在梦的幻境里，而是进入到了大脑的思考之中，真是令人赞赏。而在育才中学主持工作的时候，您也在深入地思考。我想这个时候，您的潜意识里已经在思考如何在一所名校里实施您的思想。这种思想一旦化为现实，就会成为一道美丽的风景。从您的字里行间，可以感受到您在育才中学时的快乐与愉悦。没有对学校与孩子的热爱，是不会有这种感觉的。而这种感觉再与比较深邃的思想连接起来，就有了一种特殊的生命张力，不但自己开始起飞，学校也快速地发展起来。

这样看来，在大学与育才中学期间，您已经为来青岛二中担任校长进行了有效的热身，尽管那个时候不一定知道要来二中担任校长。可是，我相信您是一个有宏大志向的人，您的思想也是一般校长未必拥有的。

孙先亮：思想的逐步形成，正如您所说，是与我坚持不懈的学习与思考分不开的。我深知，每天面对繁杂的工作的时候，很容易让这些世俗的、琐碎的事情干扰我纯净的心灵。而学习，特别是阅读一些中外哲学大师的著作，与他们对话，才能真正找回自己心灵深处的那一份宁静。宁静才能致远，才能使自己的思考更加高瞻远瞩、高屋建瓴。所以您说的"道"，其实就是对事物的本质和规律的把握。崂山太清宫有一句话，叫作"天人合一，道法自然"，我想其中的"道"是要我们站在历史的高度去俯视自然界和人类社会的一切本质性的东西。作为教育工作者，我必须拥有一种跳出教育看教育的心态，才能真正体验"会当凌绝顶，一览众山小"的感觉。

陶继新：校长之忙是共通的，可是，如果沉浸于忙碌之中，不给自己留一点思考的空间，特别是没有入"道"的感觉，就会被俗事缠身，而丧失自我，也会丧失掉学校发展的机会。我与您一样，特别欣赏"天人合一，道法自然"。而真想做到天人合一和道法自然，却不是一朝一夕的事情。我们共同的爱好，一是读书，而且是"取法乎上"地读高层次的书；二是实践，生命感悟性的实践。只有这两者相结合，才会有"会当凌绝顶，一览众山小"的感觉，即使事情与工作在别人看来非常复杂、困难甚至痛苦，但我们却能够驾轻就熟，从容自若，甚至有一种审美的体验。

办学思想决定发展的走向

孙先亮： 2000 年，我调入刚刚东迁一年的青岛二中。其时尚年轻的我感觉没有太多的资本去承担这一份沉甸甸的责任。但是，年轻却又是我最大的资本，我可以探索，也可以失败，但决不做一个墨守成规的守业者。在负责起草学校工作计划的时候，我就已经把我对于新世纪办学条件已经发生很大改变情况下的学校发展的构思融入其中。当时，大家都用比较惊奇的目光来看待我的这些设想，而老校长却已经感觉到其中的思想内涵。其实我是想，思想与观念的转变是一个逐步渗透和熏染的过程。虽然那个春天我从初中部回到了青岛二中新校区，但那时的主要责任不是构建一个新的学校发展战略框架，而是规范学校管理。我也知道，计划当中的那些想法不具备实现的条件，但是我要让更多的教育工作者知道，面对新的世纪，教育思想对学校发展的引领价值。

陶继新： 年轻是一笔资本，给了年轻者失败的机会，也给了年轻者创造奇迹的机遇。失败了可以重新再来，失败还可以成为成功之母；成功了可以再接再厉，而且为未来的更大成功积累经验。但是，年轻者绝对不能亦步亦趋，墨守成规，必须开拓创新。唯其如此，才能开创一番大的事业。2000 年春天，是您生命的另一个开端，也是青岛二中发展的另一个起点。因为您的设想容载着您超前的思想，又烙印着您个性的未来发展设计。尽管当时还是一种设想、一种理想（教育是不能没有设想与理想的，它未必要在当下实现），但却让人们从这种高远的预设中，看到学校发展的远景。尽管有的人有些惊诧，可是，这正说明了您的思想的超前与领先。况且，事实给了人们一个最圆满的答复，尽管经历了一段时间。其实，一个优秀的校长，在规划学校前景的时候，必须有前瞻意识。而这种前瞻性，又是校长立足于实践之上深层思考的必然结晶。

孙先亮： 学校办学思想的构建是一个过程，在 2000 年秋季开学的工作计划中，我全面阐述了自己的办学思想，提出了学校的办学目标是"实施素质教育，形成办学特色，创建世纪名校"；育人目标是"造就终身发展之生命主体"；办学指导方针是"以真诚凝聚人心、以制度规范行为、以机制激发活力、以思想引导方向、以素质赢得素质"；办学模式是"成功园丁模式、创新教育模式、学生自主发展模式"；办学特色是"人格健全、素质全面、终身发展"。当时的这些思考和我们今天的办学思想是不同的，这也正反映了我们不断创新的心路历程和探索感悟。比如，我们今天的办学目标已经变成了"深化素质教育，优化教育资源，凸显办学特色，创建国际名校"，从"实施"到"深化"，从"形成"到"凸显"，从"世纪名校"到"国际名校"，在时空的转换过程中，我们不断以更高远的境界和更开阔的视野引领学校走向未来。再如，办学特色从"人格健全、素质全面、终身发展"到"自主·开放"，这种抽象更体现了我们对师生和学校发展的深邃理解。

陶继新：办学思想的形成过程，反映了您对素质教育一开始就有了特别的兴趣与研究；后来全面的阐述是对以前认识的一种深化，也是结合青岛二中飞速发展的实际进行的进一步升华。正是因为这种思想的正确性与坚定性，在应试教育"黑云压城城欲摧"的时候，青岛二中才依然保持了对素质教育的坚守与实施。

孙先亮：我的很多对教育的理解都贯穿在我们为学生、为教师以及为学校发展所设计的实践性探索上。但是我深知，思想永远不可能代替实践，而实践也未必能完全让你的思想生根、开花与结果。在追求素质教育的道路上，我常常为自己能够不断在"为学生一生的发展和幸福负责"的目标指引下，去进行素质教育的思考与探索感到高兴。

但是现实的压力却又是巨大的。2004年夏天高考结束之后，南京的《扬子晚报》以"追问南京'高考之痛'"为题，对南京因为实施素质教育而造成高考水平下降提出了批评，当时的《青岛晚报》也仿照这篇文章，认为青岛市市区全部高中高考升学的人数不如郊区的一所中学，矛头直指青岛二中，那些批评甚至包含谩骂的声音，在网络上铺天盖地地向我袭来，甚至有人说青岛二中的校长，已换成了郊区某所中学的校长。而正在这个时候，我的父亲又突然去世。面对这样强大的舆论压力和丧失亲人的痛苦，我内心也在经受煎熬。本来就难以入眠，此时更是长夜无眠。我在想，难道素质教育就这样"夭折"了吗？我们的方向有问题吗？我们的问题出在什么地方？在教育战线奋斗了近20年，素质教育并不是我的一时冲动，而始终是我坚定不移的信念。在夏天学校召开的教学工作会议上，这种外在的压力已经演变成内在的压力。学校里也出现了一些怀疑我们办学方向和素质教育追求的声音，甚至有的人的发言也似乎有让二中素质教育调转方向的意思，此时我知道二中正处在一个十字路口上，我们离成功也许已经很近了，但也可能非常遥远。所以在上午的会议结束之后，我召集教研组长及中层干部研究下午讨论事宜，提出四个坚持不动摇——"坚持深化素质教育不动摇、坚持提高教学效益不动摇、坚持凸显办学特色不动摇、坚持打造教育国际知名品牌不动摇"。青岛二中素质教育的方向是没有错误的，我们必须以"严格、细致、扎实"的管理方针更好地落实素质教育各项政策措施。由此进一步坚定了学校素质教育的办学方向，增强了广大教职工实施素质教育的信心和决心。

陶继新：《扬子晚报》的《追问南京"高考之痛"》在全国掀起了一场不小的风波，说明"应试教育"已经"深入人心"，学校、家庭与社会上的很多人，已经将高考与学校优劣成败混为一谈。所以，重点高中一旦出现高考成绩不佳，人们就会群起而攻之。这是一个悲剧，不但是教育的悲剧，也是社会的悲剧。在那个时候，您的压力之大是可想而知的。如果您稍不坚定，就可能从素质教育的路上折头而回，那样，一切指责与非难都会烟消云散。可是，您一贯坚持的素质教育，就会前功尽弃。更为重要的是，那不是您的归宿，那样做也不符合您的性格。您的"浪遏飞舟"彰显的不但是您的坚强，还有您对素质教育的坚定不移的信念：素质教育是不能走回头路的，青岛这个品牌不能毁在"应试教育"中。

几十年的生命历程，使我得出一个结论：一个人对于困难特别是重大困难的抗拒力越强，其成就就越大，人格魅力也就越强。克服困难不但需要勇气与胆识，也需要良知。我想，您能坚持下来的一个特别重要的原因，恐怕还是为了孩子。他们在青岛二中幸福地成长，是对您最大的精神奖励。如果回到"应试教育"的轨道，最大的受害者当是学生，而您的心灵同样会受到永远愈合不了的伤害。

孙先亮：教育发展的可持续性一定是来自它的文化，正是我们对办学思想的不断提升使学校形成了一种民主、平等、创新与卓越的文化氛围。这些年来我们的每一次创新与变革无不体现着波浪式前进和螺旋式上升的辩证过程，所以今天的二中人已经把创新作为学校发展的灵魂，包括文化创新、制度创新、方式方法创新等等，都使学校不断地突破传统、超越自我、跨越发展。办学思想的形成仅仅是学校发展的一个开始，要实现我们的追求，必须创造更多的条件。

陶继新：我有一个讲座，题目就是"文化建设：学校魂兮所系"。文化建设应当是学校发展的关键所在。而学校的文化建设，不但要"建设"，而且要"化"。没有"化"的学校文化建设，就像是一个口头理论家在旁无他人地谈玄论道，听者大多不感兴趣，更不会将其理论付诸行动。在采访您与其他老师的时候，我的一个突出感受就是，你们的民主、平等、创新与卓越的文化已经内化到了老师以及学生的心里。于是，您即使"不令"，师生照样在"行"，行得照样精彩。比如，你们招标让学生自主承办学校运动会等，就是学校文化扎根于学生那里结下的一颗异常丰硕的果实。更为可贵的是，这种文化还会不断地迁移，学生在家庭和社会中，在今后的大学里，以至于在工作单位里，都会流溢着青岛二中的文化气息，从而熏染他人，悄悄地起着"以文化人"的作用。

孙先亮：学校发展战略的构想，是决定学校发展方向的层次与水平的重要课题。作为一名校长，我时常把对学校发展战略的思考作为我最重要的职责。这些年，随着学校办学水平的不断提高，发展战略问题显得更具有长远意义和引领作用。根据对学校发展实际和国际教育发展潮流的判断，我提出了教育"精品化和国际化"的战略。在许多学校办学规模不断扩大的形势下，我认为青岛二中这样一所学校就必须真正负起自己应当承担的历史和社会责任。因此学校始终重视内涵的发展，把对学生的精品化培养、实现办学的高层次作为学校的追求，使每一个进入青岛二中的学生都能够获得高质量的培养。因为处在一个开放的时代，我们就必须让学校办学和学生发展符合国际人才的培养需要，着力于培养学生的国际交往能力和对国际文化的理解能力。所以在这样的战略指导下，我们始终在更开阔的国际视野和更高素质的学生培养中处于领先的地位。2005 年我校学生林鹣在高二就被美国斯坦福大学以全额奖学金录取，这是当时美国在中国内地录取的唯一一名高二学生。从那以后每年均有不少优秀学生被世界名牌大学录取。到今天这个数量已经达到了二百余名。我们并不是因为世界名校录取我们的学生而感到自豪和骄傲，而是因为我们培养的孩子既能够适应国内名校的教育环境，也符合世界名校的录取条件而感到欣慰。在某种意义上说，对于人才的培养是没有国界的，一种教育只有符合人才成长和发展的规律，才能真正造就出优秀的人才。正因为战略的引领如此重要，所以我倍感战略选择的压力。为了更好地集思广益，充分利用校内外各种资源，为发展战略献计献策，近几年，我们每年都要举办"学校发展战略研讨",教育专家、企业精英、家长代表和教职工代表都从不同角度来启发对学校发展战略的深层思考,正是因为有开阔的战略决策的胸怀,我们的战略才真正不断地超越自我、实现创新。

陶继新:"精品化和国际化"的战略,是基于青岛二中的软实力提出来的,其中烙印着您的远见与胸襟。为什么会有这么多的学生走向世界名牌大学?因为他们具备了走向世界的品格与能力。因为青岛二中有一方培养世界性人才的沃土,他们破土而出之后,就能够在更广的社会土壤中长成参天大树,从而成为青岛二中的荣耀,进而为我们的国家争光。我们说现在整个世界就是一个地球村,那么,你们的学生就成了真正意义上的地球村的村民。而如果只是在"应试教育"的圈子里转悠的话,他们就看不到这个世界的绚丽多彩,就更不可能步入其中挥洒才思。

近年来你们举办的"学校发展战略研讨",已经从教育领域扩展开来,让学生在青岛二中校园里,聆听教育特别是教育之外的各个层面的精英人士的精神声响。这种思想熏染,会在潜移默化中提升学生走向卓越的品质。

良知、责任成为心灵的力量

孙先亮:对孩子的教育,我只是想他们的幸福和快乐,而很少去想我所获得的成绩。我非常期待荣誉,因为在某种意义上那是对我人生价值的肯定,但是这些身外之物不可能让我的心灵有持久的坚韧不拔的追求。我必须超越这些,正如居里夫人将所获奖杯给孩子当玩具一样,教育工作者的责任和荣誉不是符号,而是孩子们实实在在的生活表现。只有学生健康成长与发展,以及因此而获得社会广泛、高度的认可,才能真正延续教育工作者的灵魂与生命。

陶继新:期待荣誉是人们共同的心理,可是,这些比起一个人的心灵成长,就显得微不足道了。陈寅恪先生会十几个国家的语言,在世界几个顶尖级的大学读完了博士学业,而且特别优秀。但是,他一个学位也没要。可是,他的人格与学品,却构筑了一道中国人文学者的丰碑。现在,很多人对于荣誉孜孜以求,甚至不择手段,丧失掉自己的人格也在所不惜。外部的世界的确特别精彩,可是,正如老子所说:"五色令人目盲,五音令人耳聋,五味令人口爽，驰骋畋猎令人心发狂，难得之货令人行妨。"看来，五彩缤纷的外部世界，作用于我们眼耳鼻舌身意的，往往是一些有害的东西。可是，如果没有宁静的心灵，就视害为利了。所以，我欣赏您对心灵高尚的追求，而且相信这种追求对全校师生都会产生一定的影响。这种影响，还会在他们以后的生活工作中彰显出更大的作用。

孙先亮：教育的良知与责任在我这么多年的教育经历中一直是我心灵深处最大的力量。它不允许我因为个人的荣辱得失而产生动摇。我认为良知是人内心深处最感性的东西，它源于我对孩子们的爱，那就是不能让孩子们只有今天没有未来，只有知识没有能力，只有分数没有道德。每当我遇到困难时，良知总是在不断地追问我：你爱孩子们吗？你希望他们的未来是什么？可能在人生当中让我唯一屈服的就是这样一种追问。责任是我们对于教育的一种理性担当，我们是教师，法律规定了我们的权利与义务，其核心就是要为学生负责、为国家和民族负责。良知与责任的结合要求我们既要有对孩子和教育事业的情感，又要对孩子和社会负起责任。

陶继新：良知与责任是相辅相成的，良知使您更有责任，责任中弥散着良知。而这两点，对于校长尤为重要。如果校长没了良知，没了责任，就会影响到众多教师和一大批学生的生命状态。所以，您的坚韧不拔的品质背后，正是这种良知与责任。一个经常接受良知与责任拷问的校长，是真实的，也是高尚的。

孙先亮：做教育，最重要的品质就是拥有爱，并且真诚地去爱孩子们，所以，我总是把对他们一生发展最大的期待作为我思考教育、设计教育的出发点和终极归宿。因而，我就像一个在教育的道路上前行的人，总是不太顾及那些让人失去自我、干扰理想目标实现的功利性的诱惑，也不顾及人们对我这份努力的质疑和批评。所以，相对而言，我的理想目标是更重要的关系孩子一生成长的内容。

陶继新：真正将自己的价值追求定位于孩子一生的成长，就不会被与之相悖的诱惑所左右。一个校长，不管你如何兢兢业业，不管你有多么大的能力，都会遭遇到来自各个方面的质疑甚至攻击，可是，我觉得，这恰恰是一个有追求有理想有生命意识的校长的生命常态。所以，大凡这个时候，不能灰心丧气，不能裹足不前，而应当一如既往地走下去。因为前方有一道对自己的心灵最有诱惑的风景，那就是孩子越来越成长，越来越可爱。而同时，您也会取得一个又一个的成绩，甚至是比较大的成就，而这也是生命的常态。大凡这个时候，不能忘乎所以，不能趾高气扬，而应当一如既往地走下去。这正是我对您的感觉。

（原载于《创新教育》2009 年第 6 辑）

仇玉晨

让农村师生与优质教育结伴而行

—— 对话仇玉晨校长

仇玉晨，中学高级教师，现任山东省滕州市洪绪镇中心中学校长。

三年来，仇玉晨在滕州市教育局的大力支持下，深入实施人事制度改革，扎实推进课堂教学改革。洪绪镇中心中学已经成为名扬枣庄市的教学改革窗口学校，先后承接全国、省、市现场会6次，先后荣获市级以上荣誉23项。学校独创的"1∶3"课堂评价式教学模式获得山东省教科研成果二等奖和枣庄市政府首届教学成果一等奖，吸引了市内外60余所学校领导和教师5000多人踏足该校参观学习。

因成绩突出，仇玉晨2008年被枣庄市委、市政府荣记二等功，先后获得滕州市首届十佳道德模范、枣庄市十佳创新校长、枣庄市百佳文明市民、滕州市劳动模范、滕州市推进素质教育先进个人一等奖等多项荣誉。

［对话实录］

受命于危难之际

仇玉晨：先从 2006 年 8 月说起吧。领导安排我到这所学校来的时候，我是发自内心地不情愿：办学难以为继，连续三任校长栽在这里，当地群众、学校老师、孩子一次次满怀期盼和希望，又一次次地失望叹息。一些领导、朋友甚至家人也不支持我去。

陶继新：正所谓受命于危难之际；不过，这也说明领导还是很有眼光的。让这所濒临垮掉的学校起死回生，真的是非您莫属。

仇玉晨：我自认为是一个责任感非常强的人，对自己做的事要求比较高，想得很多，总想尽善尽美，有时候无缘由地给自己施加压力，特别关注细节、结果和口碑。自己当校长的理念就是办好一所学校，造福一方百姓。后来就横下心，比规定的时间晚了两天去报到了。报到的时候领导们都给予我很大期望，也给我留了后路，说如果干不好也没什么，可以再回去云云。

陶继新：追求尽善尽美不但体现了您的责任感，也反映了您性格深处的一种高层追求。"造福一方百姓"，说得好！将目标锁定在百姓，就不会畏首畏尾，就不会追索名利，而是义无反顾地朝着自己设定的目标前行。尽管领导给您留了后路，我相信，您一定没有给自己留下后路。置于死地而后生是可以创造奇迹的，尽管有点悲壮，但却崇高。

人事改革义无反顾

仇玉晨：学校当时主要就是人浮于事的问题。上任之后针对症结先跑领导，争取他们的支持，于是一场真刀真枪的人事改革开始了。当时是需要勇气的，但是别无出路。

陶继新：人事改革是学校管理的难点，也是重点；但很多校长并不敢在这方面动真刀真枪，因为其中的风险系数很大，一旦失败，校长多是连后路也没有了。

仇玉晨：洪绪中心中学是一所农村初中学校，也是洪绪镇唯一的一所中学。近十几年来，学校一直延续着传统的教学模式，教育教学一直停留在一个水平线上。洪绪二中由于人数逐年减少，2002年便被并入到洪绪中心中学。当时，中心中学1020人，二中380人，两校合并1400余人。学生人数多了，教师人数增加了，然而班额却并未增加。一部分教职工便无课可教，无事可做。无事可做的人，就会懈怠，就会无聊，就会无事生非；有事做的人，看到无事做的人那么清闲，还照领工资，心里就感到不平衡，也就没有了工作的积极性。就这样，学校的教学秩序越来越差，教学质量越来越低，学生越来越少。特别是与洪绪二中合校后，学校便走入了低谷：学生人数逐年减少，教学质量迅速下降；教师迷惘，学生无奈，家长无法；一个个学生转入他校，有的班级最后只剩下十几个人。学校仅有学生420多人，123名教师，平均每一个教师只教三个多学生。

陶继新："无事"必然"生非"，这是一个规律。"生非"的结果，是人心涣散，邪气上升，正气下降。教育教学质量下滑，就成了必然之势。

仇玉晨：为了学校的发展，我们别无出路，制订了《洪绪镇中心中学"四制"改革实施意见》，人员实行上岗、下放、分流、待岗四种形式。2006年8月22日，我们就召开了"四制"改革动员会，让全体教职工深入领会精神实质。在操作前，学校公示了所有教职工的个人基本情况、三年来的年度量化成绩、师德量化、教学实绩。在操作中，学校公布了学校设岗情况、岗位目标责任、支教岗位和其他政策。学校按申报支教岗位——教学岗位——教辅岗位——后勤岗位的顺序进行。学校以三年来的年度量化、师德量化成绩和群众、评委测评分的总和从高到低依次聘任，颁发聘书，签订岗位目标责任书。学校对聘任本校岗位的教职工，要求立即上岗履行职责；支教岗位聘任者按照申岗支教意愿和市教育局安排，到支教单位上岗工作。通过竞聘和分流，全校123名教职工共有79人留校上岗，44人被分流。

陶继新：123名教职工竟然有44人被分流，力度之大，可见一斑。要想让这些被分流的人员心服口服，就必须做到公正、公开、公平，不然，就不可能得到大家的认可。同时，校长要有胆识与气魄，要一身正气，不为人情左右，不为困难而退；不然，就可能在遭受攻击的时候败下阵来。

仇玉晨：在改革之后的全体教职工第一次会议上，我的演讲，确切地说是施政演讲，提出目前的共同愿景：办好洪中，造福百姓，让洪绪的孩子接受更好的教育，让洪绪的老百姓能乐呵呵地把自己的孩子送进洪中。

陶继新：您的施政演讲反映了您无私的情怀，老百姓定然会给予支持的。不过，要让老百姓自愿且高兴地将孩子送到你们学校来，还需要用事实来说话。因为老百姓愿意将孩子送来的前提，是你们学校必须是优质的。

同谋发展，不屈不凡

仇玉晨：我在施政演讲中承诺：不懒、不谗、不贪，接受监督。同时承诺：两年时间学校办学没有明显起色，自己撤自己的校长。

陶继新："三不"是得民心的承诺，而且您真正做到了；不然，三年之后的今天，大家就会对您失去信任。承诺两年就要有"明显起色"，不但需要勇气与胆识，更需要智慧与责任。

仇玉晨：我要求我们的干部同谋同动，从率先垂范开始，把散了的心凝聚在一起。学校决策是学校的灵魂，班子是学校的旗帜，旗帜上写着学校的办学理念，要求通过领导的垂范和躬亲，传递给全校师生。

陶继新：您之所以先抓规范，是因为以前这所学校太没有规范了。抓规范，领导就要率先垂范。孔子说："其身正，不令而行；其身不正，虽令不从。"您身体力行，且要求干部"同谋同动"，教职工就必然会给您正面的回应。这样，外在的规范，才能变成心理的聚合。

仇玉晨：分析现实，我们一无所有，薄弱是我们的最大优势。一切从新开始，塑造精神，经营文化。一切为了学生的未来是我们的办学理念；让洪绪的孩子接受更好的教育是我们的办学宗旨；把不屈的精神和不凡的追求渗透到我们全体师生的工作、学习、生活中，不屈不凡也就成了我们的校训；追求完美、追求规范是我们一切工作的落脚点；井然有序也就成了我们的校风。

陶继新：我非常欣赏您的"薄弱是我们的最大优势"，正因为"一穷二白"，才没有负担，才能轻装上阵。

"不屈不凡"有点起死回生的况味，悲壮而又大气；"井然有序"需要时时事事规范，显示精神的文明；"一切为了学生的未来"，指向正确而高远，昭示了以学生为本的理念。

仇玉晨：人是要有一点精神的，状态来源于精神。我当时的想法是：尽快把"不屈不凡"塑造成洪中师生的精神状态。"不屈"是对现实的深刻认识和正确态度，"不凡"是在此基础上的人生追求。

陶继新：要想让"不屈不凡"内化到师生的心里，是需要一个过程的。这种精神一旦形成，就会成为学校发展的不竭动力。

仇玉晨：我们的校训用了两个否定词，好记忆，容易内化。

陶继新："不屈不凡"不但易于记诵，而且可以给人以心灵的冲击。

仇玉晨：学生的习惯养成非常重要，"不屈不凡"对于学生良好习惯的形成起到了很大的作用。很多同行抱怨学生的坏习惯很难改变，我个人认为，很重要的一个原因是学习的主动性没有被激发出来。有一句话说得好：清除杂草的最好办法是把庄稼种好。在我们学校的显著位置有一个标语：对人感恩，对己克制，对事尽责，对物珍惜。对习惯的培养是我们一贯坚持的。我们认为，习惯的培养是关乎一生发展的教育，是回归本真的教育。

陶继新：这正如语文教学，与其长期让学生改病句，不如让学生多读大师的作品，从正面提升学生的语文能力。习惯养成也是这样，人们多关注改正学生的不良习惯，而从正向培养学生的良好习惯，往往可以收到事半功倍的效果。

对人感恩，就会多想他人的好处，就不会怨天尤人；对己克制，就会如孔子说的那样"克己复礼"，从而"归仁"；对事尽责，就会因责任而使工作、学习更具意义；对物珍惜不但有爱护之意，还有万物皆有灵性的潜在意思，对其要存一份敬畏之心。

课堂改革大动干戈

仇玉晨：我们仔细调研自己的课堂，如梦方醒地看到，教师把学生视为知识的容器，把人当物，教师扮演了知识的仲裁者、传授者、控制者的角色，学生是知识的接受者、储藏者、应试者。这种教学方式使本来基础就很差的学生更加丧失了独立思考的能力，丧失了辨别是非的批判意识，缺乏创新实践精神，成为逆来顺受的绵羊、没有品位的填鸭。长此以往，照抄照搬的教育、死记硬背的教育、囫囵吞枣的教育，使学生变成了考试的机器、知识的奴隶，进而演变成由苦学到厌学，由厌学到辍学。

陶继新：学生之所以苦学厌学，是因为教师成了他们课堂的主宰者，没有了生命的自由，没有了自我创造的权力。长此以往，其自主自由创造的精神就会渐渐地被磨灭，从而成为知识的奴隶，成为对教师、对领导唯命是听的奴仆。

学生有着很大的潜能，可是，要想将潜质变成能量，就需要生成一种"场"。教师的一个重要任务，就是努力营造这样的"场"。昨天在你们学校一些班级的课堂上看到学生那种近乎亢奋的学习状态，就感到那里已经形成了一个潜质发挥到极致的"场"。这个时候，学生学习不但是愉快的，而且会不时地迸发出意想不到的灵感。这就是所谓的巅峰状态。而学生很多潜质的生成，都是在这种巅峰状态下突然出现的。

仇玉晨：如何引发学生的主动性，是我们的课堂必须解决的问题。要想改变这种死板的教学模式，课堂教学探索尤显重要，必须构建和谐的师生关系，解放学生，关注学生。症结找到了，要彻底根治就必须寻找有效的方法、途径和模式。

有的人说我们学洋思吧，人家的"先学后教，当堂达标"效果很好；有的人说我们学东庐吧，人家教学合一的讲学稿很管用；有的人说我们学杜郎口吧，人家以人为本、关注生命的"三三六"模式全国有名；等等。我一开始认为，从学汨罗开始，教育就开始了浮躁，接着学衡水、学洋思、学东庐，现在又刮起了杜郎口旋风，学来学去，犹如"邯郸学步"，自己的东西没有了。可后来一想，那也得学啊，自己都面临困境了，不学没出路。我就连续带老师北上南下学习全国知名学校的教改经验。

陶继新："他山之石，可以攻玉"嘛！外出学习当然是必要的。你们一次又一次地外出学习，其实是在给教师"洗脑"，冲刷掉僵死固化的东西，吸纳进鲜活生动的因子，进而让他们自我产生变革的需求。不过，如果不加分析地一味地"拿来"，就必然是食而不化，甚至别人的东西没学到，连自己原本尚属优质的东西也丢掉了。你们是一方面"拿来"，一方面创造。前者是为后者服务的，后者是对前者的超越。

仇玉晨：我非常赞同您的观点，既要吸收借鉴外部的先进经验和科学措施，又要秉承学校的传统，挖掘自身的优势，真正形成自己的办学特色。我们的优势就是没有退路，没有顾虑，必须前行，否则，只有失败可以选择。

正当我们满腹困惑的时候，一个无师上课却有序学习的课堂更坚定了我们深化课堂改革的信心。那是 2006 年元旦之前的几天，我校青年数学教师王宜军准备请一个星期的婚假。一向要强的王宜军怕他结婚的时候别的老师占他的课影响了他的数学成绩，就让学生阻止别的老师占数学课。王宜军回家结婚去了。有好心的老师怕学生乱，就偷偷到教室外观看。当看到学生在没有教师上课的课堂里仍然秩序井然地互助学习时，那位老师震惊了。他奔走相告。好奇心使全校教师都聚集到这个班级里听学生自主上课。7 天婚假，老师们足足听了他的学生的课 16 节。听课的老师同学生交流得知，王宜军老师平时就鼓励他们自主学习，合作探究。难怪他的成绩年年第一。一个星期以后，王宜军婚假结束回到学校，他的数学课程进度却没有落下。期末考试时，王宜军所带的班级数学成绩全部优秀。

陶继新：将学习的自主权与自由权还给学生，学生就可以创造出奇迹。王宜军老师的班里之所以出现"奇迹"，就是因为他将这种权力放给了学生。我们的一些老师，不是不努力，也不是没有知识，而是观念上出了问题，认为老师讲学生还不会，学生自己学就能学会了？因为他不知道，教师在占据整个课堂大讲特讲的时候，学生的思维多是处于消极状态的，这个时候，不是他自己想学习，而是教师强迫他学习。一个主动一个被动，结果则是天壤之别。王宜军结婚而形成的这一偶然教学情景，触动了你们课堂教学的大改革。这也是偶然之中的必然，因为这个时候，你们教师的改革意识已经开始萌发，这一个案是一个导火索，一旦点燃，很快就有了巨大的爆发力。

仇玉晨：我们决定实施"1∶3"课堂评价式教学模式。"1∶3"指的是师生在课堂上的时间分配，我们严格规定教师与学生的活动时间比为 1∶3。评价式教学是教师和学生在课堂上以相互点引评价为主线贯穿整个课堂。为把"1∶3"课堂评价式教学模式进行到底，我们进行了一系列改革：砍掉作业，变课后作业为课前预习笔记；搬走讲台，变静态课堂为动态学堂；增设黑板，变教师主宰课堂为学生主宰学堂；重设备课，变薄本备课为活页学案；精编导学提纲，变口述启发诱导为纸质探究平台；改变课桌摆放方式，变秧田式横向排列为品字形纵向排列；改革课堂评价，变评教师授课精彩度为评学生参与度与教师点引度。目标锁定全体孩子，让更多的孩子在上课时有发言和展示自己才能的机会。

陶继新："1∶3"与杜郎口中学的"10＋35"模式有相似之处。不过，昨天在你们的课堂上，我发现不少属于你们自己创造的东西，比如课前预习笔记、活页学案、精编导学提纲等。而且，你们的教师在课堂上并不是可有可无的，依然担当着导演重任，发挥着重要的作用。而现在有的学校在学习杜郎口中学改革经验的时候，没有学到其精髓的东西，而是在形式上大做文章，甚至在课堂上实行放羊式的做法，教师成了可有可无的人，课堂成了一个无序的战场。其实，课堂需要"乱"，也需要治；需要争辩，也需要统一；需要学生，也需要老师。不是因为发挥了学生的作用，就忽略了老师的作用，更不是将老师闲置起来。不然，改革就会步入歧途。

仇玉晨：老师和学生各自有各自的角色定位。我认为，协助每一位学生主动学习，应当是素质教育的灵魂，而变"被动教"为孩子的"主动学"，是我校走出困境的唯一途径。老师的角色是激发学生自己的想法，协助他们发展。学生的角色是主动学习，积极积累，直到垒成成功之塔。

陶继新：学生主动学习不应当是一个短期过程，而应当是一个长期工程，正如您所说的，"直到垒成成功之塔"。这个时候，自主学习就成了一种习惯。而习惯一旦养成，就会惠及学生的一生，从学习知识向外扩展，迁移到其他方面。同时，这种自主学习状态，还会促使学生更加自信。而学生拥有自信之后，就会创造更大的奇迹，甚至会有一个更好的人生。

仇玉晨：激发是需要智慧的。我们提出了教师"示弱"性原则，要求教师运用好三个字——

第一个字：憋。教师要憋得住，更多的时候要让学生自己去发现真知。

第二个字：问。有困难找学生，向学生学习。

第三个字：傻。装傻。

陶继新：教师"示弱"性原则，说得好！在一般学生看来，教师是强者，甚至是他们命运的主宰者。教师如果不示弱，学生就不可能放开胆子，也不能够放飞心灵，学习的效率当然就不会高。"憋"是需要涵养的，不过，"不愤不启，不悱不发"嘛！孔子这样的大教育家，还要"憋"呢！我们教师就更要在迫不得已时才说话啊！"问"是对孔子"不耻下问"的诠释，也是提升学生自信的一种策略。"傻"是不懂装懂的反面，目的是让学生感到自己有超越老师之处，是让学生更好地去自己探索未知。

促进"导师"快速发展

仇玉晨：在促进教学相长的实践中，我们实施了导师制管理。导师制的实施与单纯以提高学生成绩为目的的"辅优补差"不同，注重的是"育人"，着眼的是"发展"，并以学生全面素质的提高为目的。学校本着"三全"原则，教师人人是导师，学生个个有导师，在发挥班主任作用的基础上，实行全员导师制学生管理，所有教师都要发挥教书育人的教育职能，利用教师自身的教育资源优势，走进孩子的心灵世界，跟踪学生成长发展的足迹，对学生进行"五导"，即辅导学习、引导行为、疏导心理、训导观念、指导交往。

陶继新：导师制的一个最大优势就是每个教师不但是教书者，还是育人者，他们不是跟踪学生哪一学科的学习，而是关注学生的全面发展。如果没有这种制度，一般教师即使想关注学生学习之外的发展，也会因"名不正，则言不顺"而退避三舍。对于学生而言，有了导师，不但可以随时向导师请教学习上的问题，也可以请教心理、思想等其他方面的问题。这样，学生的心理、思想就会处于优质状态之中。这种优质状态，又会对学生的学习产生具有超越意义的作用。

仇玉晨：一位老师深有体会地对我说："作为一名导师，首先要热爱学生。如果你讨厌你的学生，那么，你的教育还没有开始就结束了。每一位教师也只有对学生抱有强烈的爱、诚挚的友善、平等的尊重，才能引起学生的崇敬、信任和亲近，才能成为学生的知心朋友。"她班上有一个很聪明的孩子，家住农村，父母离异之后父亲远走他乡，母亲忙于做买卖，无暇照顾他，将他安排在邻居家"托管寄住"。学生逐渐散漫起来，并且迷恋网吧，上课打瞌睡，学习成绩下降很快。连续几次上课迟到，竟然撒谎说睡着了。老师将他叫进师生谈话室让他坐下，先帮助他展平衣服领子，系好扣子，梳理好蓬乱的头发，然后递给他一杯水。"这一切做得相当自然，就像一位母亲那样一举一动充满了爱，眼睛里充满了慈祥和期待，我好久好久没有得到这样的母爱了。"事情过去两个月了，每当学生回忆起当时的情景都非常激动。他们的谈话是从唠家常开始的。父母的离异、父亲的出走、母亲生活的艰辛、母亲的期盼、导师感人的话语，深深地打动了这位同学的心。这次谈话之后，这位同学有所觉悟，上课不迟到了，不进网吧了，关心学习了。通过春风化雨般的心灵润泽，该生有了很大的转变，彻底告别了网吧、游戏厅，走上了正道。

这件事情使我体会到，没有教不好的学生。当爱的力量大于网吧的吸引力的时候，学生就会自动脱离网吧。如果每一个教师都能够以心育心，以德育德，以人格育人格，以智慧育智慧，那么虽然学生不能个个都考上高中，但是人人都有良好的品德，人人都是有用之才。

陶继新：这位导师教育学生之所以能够成功，一是因为真诚与爱。即使有各种技巧，如果没有真诚与爱，学生也不会从心里接受，更不会让他们感动。二是因为自然。整个教育过程，就如春风化雨，润物无声。看来，如果教师心里真正装着学生，学生的心灵也会与之呼应。同时，真诚、爱与自然，也是一个优秀教师应当具备的重要品质。

仇玉晨：导师制对教师的专业发展意义也是深远的。一是规范了教师的行为。教师学高为师，身正是范，凡是要求学生做到的，自己首先要做到；凡是要求学生不做的，自己坚决不做。二是加强了教师的责任心，充分彰显工作主动性。实施导师制以后，导师和班主任一样都担负着对学生的帮扶任务，尤其是这些学生都是信任导师的，导师们从心里就喜欢他们，涉及他们的任何事情导师们都自觉主动地过问，从而形成了一个齐抓共管的局面。三是丰富了教师的专业知识，促进了教师的发展。著名教育家陶行知先生说过："先生不应当专教书，他的责任是教人做人；学生不应当专读书，他的责任是学习人生之道。"导师制将"教书"和"育人"有机结合在一起。许多教师在对学生进行指导时，深感自身知识的匮乏，就不断地学习。为了解出一道难题，为了上好一节课，为了解剖一个心理问题，导师们愿意与书为伴。我们学校也适时给教师配备了大量图书，如《没有任何借口》、《为了自由呼吸的教育》、《做一个幸福的教师》和《心理课堂》等等。

陶继新：学生的"责任是学习人生之道"！怎样才能学会人生之道呢？当然需要教师的引领。而教师的素养高下，是学生进"道"的关键。只有教师首先进了"道"，学生才能进"道"。如何进"道"呢？读书是绕不过去的一个坎。但是，是不是读我们一般认为的教育上的好书就可以进"道"呢？不是的，这样的书尽管对老师的教育教学会起到一定的作用，但大多与"道"

不相关联。只有具有生命感悟的世界大师的作品才是进"道"的精神佳品。比如《论语》、《老子》、《理想国》等。疏离了这些最为经典的文化，就只能学会一些知识、一些技巧，而绝对不可能游刃有余于"道"的层面，不可能驶进一个真正意义上的人生之道的层面。

仇玉晨：为了让教师快速发展，我们尽可能多地为他们提供机会和平台——外出学习，赠书，开展教研沙龙、导师论坛，尽可能地为他们提供一切专业成长的机会和空间。我深深相信，这样的付出是值得的，老师们不会让你失望。

陶继新：您为教师成长提供了一个比较好的平台，让他们感到了自身在成长。教师如果只是一味地在教材与教参上转圈子，不但视野越来越窄，生活也会越来越贫乏。如果感受不到教育教学的幸福，教师的所谓成长就失去了价值。

仇玉晨：我们先后开展的"激情燃烧的课堂"评选活动、"灵感放飞的课堂"教学展示活动，锻造了教师的课堂教学能力，提升了教师的教学水平。

陶继新：我喜欢"激情燃烧"、"灵感放飞"这些语言，人们可以从中感受到课堂教学的生命张力。但有些课堂是死亡的课堂。我之所以称之为死亡的课堂，是因为其中没有生命的流动，没有师生的激情，也没有本应闪现的灵感。而走进你们的课堂，就感受到了学生生机勃发的向上态势，也感受到了教师的特殊精彩。所以，在这么短的时间内，你们就取得了这么优秀的成绩，令人感到可喜可贺的同时，也为你们师生的激情幸福而鼓舞。

收获成果，"慎之至也"

陶继新：取得成果不能完全代表教育质量，但是，却是衡量学校教育质量的一个重要指标。从制定改革方案到现在只有两年多的时间，你们的教育教学质量有了很大提升，师生的精神面貌也发生了天翻地覆的变化。在你们那里，我感受到的是教师的阳光心态，是学生的向上的精神气象。这些外在的表现，昭示出一个问题：你们学校有了长期发展的潜力，未来将有更大的发展潜力。

仇玉晨：美国微软公司总裁比尔·盖茨常说，微软离破产永远只有 18 个月；而我要说，一所学校，哪怕是名校，距离失败永远只有半年！

陶继新：在取得成功的时候却言失败不远，这不只是具有居安思危的意识，还有创新精神在流动着。如果不创新，不发展，即使再大的成功也会变成失败。这是天地规则。只有"慎之至也"，才不至于失败。

（原载于《创新教育》2009 年第 6 辑）

武际成

为学生成长创设优质的教育生态环境
——对话武际成校长

武际成，大学文化，中学高级教师。1976年7月参加工作，现任山东省潍坊市第八中学校长、书记。

在长期的学校管理实践中，武际成善于学习，勤于思考，精细管理，注重养成，以明确系统的办学理念指导办学实践，其经验多次在省、市、区范围内推介。目前，在各种报刊发表文章数十篇，已有专著《我的办学思考与探索》、《朴实中的深刻》出版发行。

武际成曾荣获潍坊市首届十佳校长、山东省优秀教育工作者、全国教育科研杰出校长等称号，获得潍坊市政府第三届优秀教学成果一等奖。

角色定位——做个知书达理的校长

武际成：关于校长角色的定位，近年来，大家见仁见智，想想也都在情理之中。前些天，我外出作了个题目叫"做个知书达理的教师"的报告。我总在想，"知书达理"看似简单，实则不易，也可以作为校长最基本的角色定位。校长要喜欢读点书，善于读点书，知道书上要求我们怎么去做，怎么去办学。这可以看成是"知书"。关于"达理"，我给予它三层意思：一是要通达社会伦理道德和校长职业操守，简称为"伦理"；二是要明白教育法律法规的要求，简称为"法理"；三是要懂得按照教育规律去办学，简称为"事理"。所以，我觉得做一个校长，"知书达理"是最基本的定位。

陶继新：您对"知书达理"的诠释很有道理。学校是文化圣地，校长则是这方圣地的形象代言人。校长只有通过读书，特别是经典诵读，才能在言谈举止之中透视出文化的气息。知书的目的，则是达理。好的作品中大都流淌着真善美，读者在心灵层面与书的作者对接之后，其思想品格就会在无形之中得以提升。一个优秀的校长，既应当是优秀的守法公民，还应当是教育法律的精通者，不然，就会在不经意间触动法的红线而招致失败。规律不只是教育法规，还有教育行走之道。如果离道而行，即使当下取得了一点成绩，其后也会遭到惨败。

武际成：要做到"知书达理"，校长就要善于通过一个个"学习、思考、践行"的循环往复，不断提高自身的素质和能力，不断提高办学的效益和水平。"学习、思考、践行"是一个人前行的周期，只有不断总结和提升，一个人的成长和进步才会迅速。作为一个教育工作者，作为校长，更应当如此。

陶继新："学习、思考、践行"是三位一体的。孔子说："学而不思则罔，思而不学则殆。"陶行知主张知行合一。脱离了实践，所有的学与思都会成为空中楼阁。不过，这里面值得注意的问题是，学习不等于一般化地阅读报刊图书，而应当直抵上层，因为当下可供阅读的东西太多，令人眼花缭乱。如果不是读好的作品，就有可能误入歧途。思考也不是泛泛地思考，而应当深入下去，特别是要与教育的现实结合起来，所以就有了践行。邓小平说得好："实践是检验真理的唯一标准。"不管我们想象得多么美好，如果在实践中行不通，就没有价值。正是因为学习、思考与践行的循环往复，才有了校长一次又一次的认识与实践上的飞跃，才有了学校一次又一次的发展。

武际成：我非常崇尚您"取法乎上"读经典的见解，也受益匪浅。在读经典时，不时有种找到源头活水的感觉，心里顿时兴奋异常，清爽无比，那种感觉才是读书人的真正享受，人文修养也就在不知不觉中提升起来。

陶继新：是啊！阅读经典，就等于向世界大师索取智慧与思想。我们正是在一天又一天地听这些未曾谋面的大师的"课"的过程中，才逐渐拥有了属于自己的思想人格与文化品位的。

武际成：关于办教育，我信奉老教育家安文铸的话："教育是一个长周期、迟效益的社会活动，经不住忽左忽右、时东时西的折腾。回顾历史，我们有着痛心的教训。"在办学中，善于按教育规律去办事，就会少些失误，多些成效；给现行者一些教益，给未来者一些财富。现在中国办教育的人，还有许多静不下心来，潜不下心去，致使当今的教育仍很浮躁。我们，特别是当今的校长，必须善于从历史上吸取教训。

陶继新：老子说："轻则失根，躁则失君。"浮躁的结果，是失去了教育的本质的东西。人也是这样，大凡追求名利的人，心灵多已喧嚣起来，试图"立竿见影"，妄想马到成功，到后来大多虎头蛇尾，甚至以失败告终。而急功近利，使得原本是长期效益的教育，也变成了短平快的豆腐渣工程。更为可怕的是，孩子成了这一工程的牺牲品。我甚至认为，这样的人是有点丧了良心的。

教育之中是有"道"可循的，离开了"道"的内在支撑，教育就会出现大的问题。而依"道"而行，人们孜孜以求的成果就会不求自得。校长在办学中寻"道"是非常重要的。依"道"而行，是学生、教师、学校之大幸，也应该是校长最基本的职业道德。

武际成：非常赞同您的观点。一个人如果不知对错而去做，错了还可原谅；如果明知道是错的，可为了达到自己的目的仍然去做，就是欺世盗名，真是"有点丧了良心的"。

陶继新：人人都会犯错误，只要"不贰过"就不能称之为过。如果明知不对但却一意孤行，则是错上加错。特别是由于这种错误而影响了生命的成长，这无异于作恶犯罪。从这个意义上说，校长的职业道德感是一所学校能否健康发展的一个特别重要的因素，也是其人格高下的试金石。

办学理念——构建全校上下共同的愿景

武际成：创建学习型组织，最根本的是要形成团队的共同愿景，在学校就是师生的共同愿景。多年的办学使我体验到，办学理念，就是为学校所有的人构建一个共同愿景，让大家向着同一目标不断前行。这样去认识办学理念可能更容易理解一些。

陶继新：愿景不是遥不可及的乌托邦，而是根据师生发展需求实际而构画出来的一道特别的风景。好的学校发展愿景是对师生的一种美丽的"诱惑"，让他们心甘情愿地为之去奋斗。

武际成：2004 年 5 月 15 日，潍坊市教育局在潍坊八中举办了"潍坊市首届中小学校长论坛"，专题研究潍坊八中系列办学理念，在当时还属先行，引起了轰动。我当时就想，在办学中总要给师生们一个前进的方向，并昭示师生们怎样抵达目标。这就是理念，这就是愿景，这就是一个学校最不同于其他学校之所在。

陶继新：愿景不是随便可以移植的，它有"这一个"的个性特点，其间蕴涵着这所学校的校长智慧与教师期待。

武际成：正是因为这样，我们才将潍坊八中的基本办学理念定为："堂堂正正做人，圆圆满满治学。"经过多年的办学实践，通过不断的学习、思考与践行，我清醒地认识到，学校教育就两件事：一是明确怎样做人，二是明确怎样做学问。做人的高境界是"堂堂正正"，做学问的高境界则是"圆圆满满"。

陶继新："堂堂正正做人，圆圆满满治学"这一富有个性特色的愿景，反映了师生的共同心声，有了您超越别人的智慧与思想，这一愿景美好而又可以抵达。

武际成：潍坊八中的系列办学理念，围绕的中心是人，是以人为本。如果说，"堂堂正正"、"圆圆满满"还太概括，太概念化，那么，我们对学生的具体要求是"主动、健康、全面发展"。因为"让我们每个人都得到充分自由的发展"是马克思的重要观点。

陶继新：只有主动才有自我发展的动力，但如果主动与健全的人格相背而行，就会陷入极端个人主义的泥潭而不能自拔；只有健康才有生命的根基，但如果只是关注外在身体的健康而忽略内在心理的和谐，就可能因为心理问题而使外在的健康也不复存在；只有全面才有和谐的发展，但如果没有协调，就可能因为某个方面不发展而使整体平衡失调，破坏了和谐之美。

武际成：潍坊八中的校训是"诚信恒远"，这是我们的重要理念之一。校训如同一所学校的眼睛，它规定了学校的发展方向，确定了学校的教育目标。诚信是一种个人修养，也是一种道德行为，既是个人的立身之本，也是集体的生存之基。诚信如同生活中的水和空气，有它不觉得珍贵，没它将寸步难行。我们之所以将"恒"纳入校训中，是因为"人而无恒，终生一无所成"。"恒"是通向人生目标的"舟"和"车"，没有它，什么目标也实现不了。

陶继新：孔子说："人而无信，不知其可也。"是的，缺失了诚信，就失去了人之生存于世的基础。"恒远"也很重要，一个人没有恒心，没有远大的目标，就会知难而退，浅尝辄止。很多人在遭遇困难的时候，往往中途停止了前行的脚步。其实，这时距离成功也许只有一步之远了。但由于没能迈越这短短的一步，而失去了走向成功殿堂的心灵愉悦。而且由于一次又一次地中道而退，几乎一直享受不到成功的鼓励。这样，还会形成一种心理定式——凡事都难成功，凡事都不会带来愉快。这种恶性循环，给人带来的不只是事业上的不顺，还有心境上的沮丧。

如果说"诚信"是在道德层面上讲的，"恒远"则是在意志层面上说的。只有两者的融合，才能锻造出人格品质健全的人。

武际成：如您所说，学校教育必须将培养学生健全的人格放在首位。我们学校的校园主题雕塑是自己立意设计的"方圆"，直接点的意思就是"无规矩不成方圆"。学校不但要培养学生的个性，更要培养学生的社会性，只有个性与社会性的结合点，才是我们应当把握的"度"。我个人认为，学校培养学生的社会性应当重于培养学生的个性。

陶继新：中国人的规则意识较差，而整个世界发展的趋势却是越来越讲究规则，不然，就无法在这个地球上立足。我们的孩子，将来是要走向世界的，如果没有一定的规矩，就会得不到世界的认可。我们主张张扬学生的个性，可是，这并不是说学生在任何时候任何地方都可以为所欲为。我们到一些发达国家看看，在公众场合，人们多是小声地谈话，而不是大声喧哗，这也是一种文明的标志。其实，中国古代就特别重视规矩，一些礼仪之中就有言行的规矩。孔子"食不语，寝不言"等名言，讲的就是文明规则。

大教育观——创设良好的教育生态环境

武际成：我总认为，办学要千方百计营造一种良好的环境，也就是良好的教育生态环境，我把它叫作"大教育观"。为学生提供良好的教育生态环境，是教育工作者应该做的，也是必须要去做的，这比什么都重要。教育对于个人的影响到底有多大，是个争论不休的问题。我赞成这样的观点——"教育的作用就是使学生的潜能得到最大发挥"。

陶继新：学生的潜能很大已经成为一个公认的事实。可是，为什么很多孩子的潜能长期处于低迷状态呢？一个重要的原因，就是学生自主、自由探索的空间太少了，特别是缺少持续不断的优质的心理暗示，即没有良好的教育生态环境。您在这方面大做文章，可谓抓住了问题的关键。

武际成：做得很不够，只是在向这方面积极努力。有种"泡菜水理论"认为，南方人兑制泡菜水的味道，决定了腌制出来的萝卜、白菜等泡菜的味道。这里讲的就是"大环境"、"大氛围"对个体的决定性影响。实际上，办学校追求的就是一种良好氛围，良好氛围是无价之宝。

陶继新：氛围虽然无形，却有着一种滴水穿石的特别的力量。犹如春天的"小雨"，虽然"细无声"，却点点滴滴渗透到了"大地"之中。生长在其上的万千物种，也就全部吸吮了雨之精华。

武际成：正是有了良好的氛围，才有了学生规范的共性和鲜明的个性，才有了这学校与那学校的不同。

作为校长，在办学中要善于从宏观着眼去思考教育的问题。怎样才更有利于"全体"和"全面"？怎样才更有利于学生、教师和学校？不能只局限在一个个的点上去思考问题。"点"的思考不如"线"的思考，"线"的思考又不如"面"的思考，"面"的思考远不及"体"的思考。校长要时常有"立体思考"才行。

"大教育观"就是要把教育"想大"、"做大"。当然这要符合教育的规律和法规的要求。我给"大教育观"注入了三个意思：一是指要充分利用学校、家庭和社会资源，变一切因素为办学之用；二是指要全面盘活学校的教育资源，如人、财、物、时空、信息等各个方面的资源；三是指要千方百计营造良好的学术氛围、求知风气和人际环境。

陶继新：的确是"大"！但这并不是人人都能做到的。这需要三个条件：一是校长首先要有这种大的教育观念与大的教育思路，否则，就只能在"小"圈子里转来转去；二是需要强烈的责任感，不然，就不会如此费心费力去做那些与校长升迁无关的"分外"之事；三是校长需要思想与智慧，不然，即使想做这些事情也力不从心。

武际成：我认为，"氛围"实际就是一种文化，是办学办到相当程度之后，沉淀和积累下来的独具特色的学校文化。苏霍姆林斯基认为，校长对学校的领导，首先是思想的领导。那么，校长对学校的引领，我觉得，首先就是一种文化的引领。学校的物质文化、制度文化、行为文化和精神文化都是学校深层次建设的结果，是校长苦心经营学校的结果。

陶继新："氛围"当然是文化。文化在显性与隐性两个方面构成一种氛围，无时不对师生产生着影响。而这种氛围的形成，与校长的思想文化品格关系特别密切。优秀的校长会形成优质的文化氛围，不好的校长会形成劣质的文化环境。

武际成：办学这些年来，我所负责的学校一开始多是普普通通的中小学，但我总是千方百计地运用现有条件，努力营造出使教师、学生和学校健康发展的教育生态环境，所在学校的办学业绩也得到了社会和同行们的认可。

陶继新：将普通学校办出特色是比较困难的，可是，您做到了。从这儿更可以看出您的不同寻常之处。当然，您为此付出了比一般校长更多的努力。不过，也收获了比一般校长更多的成果。

武际成：过奖了。普通学校省去了许多应酬，从这个角度看，倒有了更大的办学自主权，可以静下心来学习点东西，思考点问题，更好地实现自己的教育理想与追求。

陶继新：必要的应酬还是需要的，可是，如果沉醉其中，特别是以此为主、以此为乐，便游离于校长的治校方向。其实，您就是到了那些岗位，您对应酬也会适可而止的。因为您知道孰重孰轻，您不会改变自己生命的行走方向的。

事有急缓大小，校长工作就要有取有舍。您取的是那些对师生成长关系重大的事情，舍的是那些与之无关的烦琐事务。

养成教育——追求最佳的教育方式

武际成：我认为，一切良好的教育方式都具有共同性，都能促进学生潜能得到充分发挥，都能促进学生主动、健康、全面发展。经过多年的办学实践，我觉得，养成教育既符合教育规律，又贴近中国教育当下的现实，正是一种良好的教育方式。

当然，养成教育是中外教育家们的共识，它可以通过培养学生良好的行为习惯，为学生的幸福人生奠基。

陶继新：养成教育是一个慢功，也是一个惠及学生一生的大工程。

武际成：实施养成教育就像写一篇好的文章，是"人人胸中有，个个笔下无"。养成教育的内容再平常不过，扎扎实实去做就行，不用挖空心思地出主意想办法，实施起来也没有大的难度，说难就难在由设想到真正养成习惯的这个过程。

叶圣陶说："什么是教育？简单一句话，就是要养成习惯。""德育就是要养成学生良好的行为习惯，智育就是要养成学生良好的学习习惯，体育就是要养成学生良好的锻炼身体的习惯。"英国教育思想家洛克更是强调："事实上，一切教育归根结底都是要培养人良好的习惯。"

陶继新：人人都知道习惯养成的重要性，可是，有的人在孩子的习惯养成方面做了不少努力，收效却不怎么明显。这说明习惯的养成看似简单，实则不易。

武际成：潍坊八中坚持推行养成教育已有十多年的时间，得到了社会和教育主管部门的认可。2003年4月，《潍坊日报》及《现代教育导报》都以"高扬养成教育的旗帜"为题，全面报道了潍坊八中养成教育的事迹。2009年4月27日，潍城区教育局、潍坊市教育局组织召开"潍坊八中养成教育推介会"，全面推介了潍坊八中养成教育的成功经验，中国教育学会秘书长马建华、教育部基础教育司德育处原处长孙学策等都参加了会议，并给予了很高的评价和有针对性的点评。这可以看成是潍坊八中实施养成教育的阶段性总结。

概括地说，潍坊八中推行养成教育的做法就两个方面：一是落实全员、全程、全方位的养成方法，或称"管理体系"；二是全面落实"严、细、实、恒"的基本要求，或称"管理方针"。

陶继新："全员、全程、全方位"说明人人时时处处都在进行养成教育；"严、细、实、恒"反映了你们的养成教育在每一个细节上都要落地有声，而绝非空洞说教。

武际成："全员"一是指学校要对全体学生负责，面向全体学生推行养成教育，二是指全校人人参与其中，既是教育者，又是受教育者。"全程"一是指学校管理措施的全过程，二是指师生在校工作、学习的全过程。"全方位"用最通俗的话说，就是指工作要横到边、竖到底，全覆盖、无缝隙。养成教育的全方位主要是指对学校办学资源的全面利用、办学环境的全面优化、教育教学内容的全面丰富。

陶继新：全员参与，就会形成一个养成教育的团队。其中任何一员，在养成教育过程中一旦出现问题，就会被团队中的其他人员发现，同时，也会得到团队的帮助。这就形成了一个养成教育的大环境。这样，就自然形成了一种"见贤思齐焉，见不贤而内自省"的良好习惯养成的氛围。即使在习惯方面有点问题的学生，也会在这个大环境中被"赤化"，而逐渐养成好的习惯。全程进行习惯养成教育，就要在工作、生活、学习等各个方面都要进行养成教育。

武际成：实施养成教育，只有"严、细、实、恒"，才能求得真成效。我们要求的"严"，立足点是为了养成学生良好的习惯，是严格地按规律办事，是严谨的治学作风，是严肃的人生态度。"细"，即从细节中引发大思考，从细小处发现大道理，从细微处养成大习惯。"实"即学校设定的养成教育目标实实在在，具有可操作性。"恒"就是要坚持到底，义无反顾地做下去，真正将养成教育落实进行到底。在养成教育上，既不能搞"高、大、全"，又不要搞"假、大、空"。

陶继新："严"并非无情，恰恰相反，正是由于真爱学生，才有了严格要求。老子说："天下难事，必作于易；天下大事，必作于细。"正所谓细节决定成败也。当下养成教育的一大弊端是假大空，学生对于这样的教育早已心怀抵触。而"实"则将养成教育与现实结合起来，与学生的一言一行结合起来，这样，学生不但不会反感，还能使良好的习惯落地生根。由于习惯养成具有长期性，甚至反复性等特点，"恒"心就成了养成教育的必然要求。不然，一时养成的好习惯，就会前功尽弃。

武际成：对，"严"并非无情。"严"的立足点就是要养成学生良好的习惯，就是要使学生得到主动、健康、全面的发展。

潍坊八中办学的座右铭是"从细从严，致高致远"。这里的"细"就出自老子的这段话。我们的办学，特别是搞养成教育，必须从细微处入手，踏踏实实地做下去，才会有成效。

陶继新："从细从严"的目的是"致高致远"。我们希望学生有一个高远的目标，可是，这个目标不是悬在太空的星月，而是通过努力可以抵达的理想彼岸。没有前者，就不可能行至后者的境界；没有后者，前者的努力就会失去动力。

武际成：在潍坊八中推行养成教育的过程中，在管理层面上，我们还提出并推行了"无死角管理"。我们要求消除校容校貌管理中的硬死角，消除教育教学活动中的软死角；消除备课、作业批改中的明显死角，消除每个人事业心、责任感方面的内隐死角。从办学的实践看，养成教育的成效随着"无死角管理"的推行，越来越好。

陶继新：特别欣赏您在消除软死角和内隐死角方面的"无死角管理"。因为明摆着的死角容易发现，也容易清除，而这些看不见摸不着的死角却往往被人忽略，也非常难以清除。而这些地方恰恰是习惯养成的关键所在。

武际成：实施养成教育就是优化学校这方育人的土地，就像种田施农家肥，不施化肥一样。只要学校这块土壤优化了、肥沃了，不管是引进的种子，还是自己的种子，都会在这里茁壮地成长起来。

陶继新：您的这个比喻相当贴切。我当过十年农民，深得种地的要道。化肥可以使庄稼快速成长，但也可以使田地板结，为后来的丰收埋下隐患；农家肥没有化肥的"快速反应"，却可以使土质逐渐优化，为此后庄稼的成长存下养料。学校犹如一片土地，教师就像农民，学生恰似庄稼。好的农民不求速成，却求土质不断优化，即不断地施以农家肥料，这样，庄稼就会因为土质的越来越优化而变得果实累累。

武际成：良好习惯是可以相互迁移的。一个人任何一种良好的行为习惯都有可能放大，甚至迁移，最终影响他的一生，使其成为一个成功者。一个学校良好的风气，也会放大，甚至迁移，最终影响办学的质量，形成办学的个性、特色。

陶继新：良好的生活习惯，有助于学习习惯的养成；良好的非智力因素的养成，又有利于智力的开发。比如一个意志品质比较好的学生，在学习方面大多有着良好的表现。良好习惯的相互转化，使得学生在各个方面都会进入理想的状态。

大质量观——办学者教育价值的追求

武际成："教育教学质量是办学的生命"，这句话千真万确。办教育同做任何事情一样，都要追求质量。"向所有人提供受教育的机会是胜利，但如果不能向他们提供保证质量的教育，那不过是空洞的胜利。"（2000 年联合国《全民教育行动纲领》）问题是我们如何界定这个质量。我们应该把"教育教学质量"放大去看，去认识。我的"大质量观"认为：教育教学高质量既包括学科教学的好成绩，又包括教育教学活动的好位次，还包括办学的高效益与高水平，也就是学校育人的高质量。校长要善于让教师得到专业发展，让学生得到主动、健康、全面的发展，让学校得到全面、和谐、可持续的发展。这也是教育教学质量的应有之义。

陶继新：您的"大质量观"着眼于育人的高质量，而不是直盯着考试的成绩，这无疑是需要眼光与胆识的。教育的最为本质的功能应当是育人，我曾为《联合日报》开了一个《读〈论语〉，学做人》的系列讲座，其中就特别讲到了孔子教育的主要目的就是修身做人，所以才有了他的"志于道，据于德，依于仁，游于艺"的教学总纲。

武际成：我曾说过，校长办学到底如何评价，最终还是要看学校增值了没有，增值了多少。学校的增值一方面是外延的扩大，但更重要的是内涵的提升。后者相对前者来说是办学的真功夫。

陶继新：是的，学校升值与否，主要不是看其盖了多少高楼大厦，而是要看师生的生命质量提升了多少，特别是他们未来的发展前景如何。我去采访的时候发现，你们学校教师与学生的精神状态特别好，那种快乐、向上的态势，给人一种自然幸福的感觉。相信这种状态影响到的不只是当下的工作、学习与生活，更有未来的生命走向。

武际成：多谢您的肯定与褒奖。我也为我们的师生感到高兴。他们的这种状态可能与学校的办学理念、教育生态环境、教育方式以及教育价值追求密不可分。

我坚持认为，教育是"农业"，而不是"工业"，春播秋收有其规律，学校培养出来的学生不是生产线上走下来的产品。对于这一点，现在还有许多人不理解。说教育是农业，还有个意思：它必须依时而作，一分耕耘一分收获，没有那么多的"风暴"和"奇迹"，更不可能出现一个又一个的"神话"。

陶继新：教育之所以是"农业"而不是"工业"，是因为教师是"农民"而不是"工人"。工人可以不含感情地制作出许多没有生命声响的产品，而农民却要培育出不断生长的生命体——庄稼。农民对庄稼精心呵护，让它们自己更好地生长，而不是代其生长。大凡在教学上取得突破进展的教师，都是这类懂得庄稼生长意义的"农民"。他们特别爱自己的学生，让他们走进一个自由自主而又自我成长的优质的沃土之中。

您在收获成功的时候，也实现了自己的生命成长，您的高层次的阅读与教育实践，为您积累了一笔丰富的精神资产。这笔"资产"虽非人们常说的有价证券，可是，它却有着任何有价证券无法比拟的价值。因为，它使您的生命进入了一个特别优质的状态。

武际成：办学是一个十分复杂而又有机联系的过程，校长不能只把眼睛机械地盯在某一方面的工作（包括教学）上，而要放眼全局，并能轻重缓急地处理好中心工作与其他工作的关系，要像农民那样去计划耕耘与收获，追求办学的真正内涵。因为只有这样，才能取得办学的高效益与高质量。

陶继新：只有内涵发展才能使学校拥有不竭的生命动力。内涵的核心是什么？是教师与学生的发展。孔子当年教学的时候，并没有多么好的教学场所，更没有先进的教学设施，在周游列国期间，甚至教无定所。那批学生，却跟着他一走就是十几年。可是，不但孔子本人成了伟大的教育家，他的很多弟子，也成了人格高尚、学养深厚的文化人。

（原载于《中国教育报》2009 年 6 月 28 日）

许崇文

构建师生共同成长的精神家园

—— 对话许崇文校长

　　许崇文，中学政治高级教师。现任山东省日照市教育局党委委员，日照一中党委书记、校长，兼任日照市政协委员、曲阜师范大学硕士研究生导师、山东省教师教育学会校长发展与学校管理研究会副理事长，荣获日照市科教兴市先进工作者、日照市优秀教育工作者等称号。有多篇论文在《当代教育科学》、《山东教育》等期刊发表，主持"'师生成长共同体'构建与实施策略研究"等多项课题。

［对话实录］

上篇：引领师生和谐发展

许崇文：上世纪30年代我们的校歌中就有"蔚为大器邦家光"的歌词，大意是说，我们的教师和学生都要有远大的人生理想、积极的进取精神，要成为栋梁之才，为家乡、为祖国争光。如今，在"海纳百川，追求卓越"的学校精神引领下，我们坚持开放办学，提出了培养具有中国灵魂和世界眼光的高素质人才的育人目标，与青岛二中等省内6所名校联合成立鲁东半岛城市高中联盟，与13个国家的许多中学和高校建立友好关系，每年有近百位外国专家或教育界友人来校访问、讲学，面向海内外招收、输送留学生，与友好学校组织师生互访，架起了传播文化与友谊的桥梁，实现了促进交流和发展的双赢目标。多年的教育实践证明：我们培养的学生基础扎实，素质全面，在每年高考、高校自主招生和保送生考试中表现非凡，深受北大、清华、复旦等著名高校的欢迎。我们的男子篮球队连续10余次夺得全省中学生比赛冠军，多次代表省青少年队赴海内外比赛、访问，载誉而归，参赛队员已连续10年获得高考专业免试资格，被誉为"山东省冠军队"。我们的两届藏族插班生，全都考取国家重点大学，有2人先后以山东省藏族学生第一名的优异成绩考取清华大学，学校多次受到国家、省、市表彰，并在省内外交流会上作典型发言。我们的奥林匹克竞赛接连取得全省领先的好成绩，近两年有12人获全国一等奖、104人获全国二等奖，有4人获青少年科技创新大赛全省一等奖、全国二等奖，有1人摘取亚洲和太平洋地区信息学奥赛银牌。我们在海内外创业的300余名博士校友，以他们昂扬的精神和骄人的业绩诠释了学校的文化内涵和教育理想。

陶继新：几次去日照走访，几乎都听到人们谈起你们的男子篮球队，说那是一支所向披靡的"山东省冠军队"。这自然形成了你们的品牌。同时，你们不但关注了体育劲旅的培养，还特别关注了学生的身体锻炼，从而促进了学生综合素质的全面提升，你们的学生在学业等方面所取得的一个又一个佳绩，与男子篮球队一样，造就了日照一中的辉煌与骄傲。"蔚为大器邦家光"岂止是一句歌词，它已经物化为现实，成了日照一中奋飞猛进的生动写照。

"文化立校"形成人心凝聚"场"

许崇文：学校管理有许多类型，有"人治"、"法治"、"文治"等等。教育是培养人的事业，学校是完善人的场所，"文治"就是弘扬人文精神，用文化来熏陶人、感染人、培养人，是最高层次的管理。目前，我们正在追求"文化立校"的管理境界，就是用文化来引领学校发展，用精神激励师生成长，把学校变成师生共同成长、和谐发展的精神家园。我们提出了"人文日新，和谐发展"的办学思想，塑造了"海纳百川，追求卓越"的学校精神，正由科学管理的大道向人文管理的境界过渡。相信不久的将来，我们学校会真正变成一个人心凝聚的文化场，成为教师享受职业幸福、学生体验成长乐趣的和谐家园。

陶继新：我反对"人治"，不反对"法治"，更欣赏"文治"。因为文化管理更具人文性，更有文化味。学校是文化圣地，只有"文化立校"才能构建一个人心凝聚"场"，从而使学校抵达一个理想的彼岸。思想引领行动，精神感召师生。试图"文化立校"，就要提炼出有文化价值取向的办学思想与学校精神。"人文"兼"日新"，既有厚重的文化气息，又有创新求索的意蕴，自然就有了"和谐发展"的结果。"海纳百川"昭示的是一种博大的胸怀，"追求卓越"蕴藏着永远向高层次跃进的雄心壮志。日照一中这种恢弘的气势与向上的精神，必然会带来学校的快速发展。

教育是"人"学与"文"学的和谐

许崇文：在先进的学校文化引领下，我们取得了丰硕的素质教育成果，同时也进一步深化了对教育的理解。我个人认为，教育既是"人"学，又是"文"学；教育既要回归人的本质，又要回归传统。为此，我们对孔子的教育智慧进行了深入解读，对"教学相长"、"诲人不倦"、"学而不厌"等古训重新进行了温习。个人认为，整个《论语》就是"人"学、"文"学。教育首先是"人"学。"人"的回归，是教育的前提，教育者首先要把学生当成"大写的人"来看，教育要先使人"成人"，再使人"成才"，要培养既有社会性又有丰满个性的人。基于这种理解，我们坚持"以学生健康成长为本，为学生终生发展奠基"的教育理念，让不同层面的学生在各个方面都有成功的体验和成长的乐趣，让学生在自主管理、自我教育和自我服务中培养特长、发展个性、提升自我。然后是"文"学，以文化人，教而化之，"得天下英才而育之"，"因材施教"，"教学相长"。基于以上认识，我们提出了"师生成长共同体"的构想，形成了"启智励学，诲人不倦"的教风和"尚真求实，学而不厌"的学风，全力建设"共同体"文化，全面实施素质教育，积极创建和谐校园，以使教育成为真正意义上的"人"学和"文"学。

陶继新："人"学的核心是把人当成人，当成根本来对待。我认为，孔子是以人为本的创始人之一。孔子之前，读书上学是贵族子弟的特权，普通人是不能够上学的。孔子倡导与实践"有教无类"与"因材施教"，把学在官府移至了学在私学，不论贫富贵贱，只要愿到孔子门下学习者，他都统统收为学生，以至有了弟子三千，贤者七十有二。可以说，孔子办了中国第一所没有围墙的民办学校，并担任了这所学校的老师兼校长。他不图名，不图利，目的就是将人培养成真正意义上的人，特别是将穷人的孩子培养成有人格有学识的人。所以，孔子是一位真正意义上的平民教育家，是真正意义上的以人为本者。孔子不但道德高尚，而且学养极其深厚，他的教育，"文"味十足，而且能够"循循然，善诱人"，创造了一系列迄今为止仍然堪称教育经典的思想与方法。我觉得，现代化的日照一中，正是因为有中国优秀传统文化的熏陶，特别是从大思想家、教育家孔子那里汲取营养，既关注"人"学，又关注"文"学，才有了"以学生健康成长为本，为学生终生发展奠基"的教育理念，并实施"师生成长共同体"的构想。

许崇文：陶老师，您真是高屋建瓴，让我对孔子的教育思想有了更加深刻的领悟。文化如山，引领人勇攀高峰，从一个追求奔向另一个追求；文化如水，滋润人的心田，给人的心灵带来慰藉。文化可以说无处不在，融于学校管理和教育教学的各个环节，体现在师生工作、学习和生活的各个方面。学校在接受传统文化滋润的同时，也应该接受国际文化的洗礼。我们构建的"师生成长共同体"，就是现代演绎版的"教学相长"，要以此为载体建设一种师生共同成长以及学校、家庭、社会三维互动、合作育人的学校文化，让文化融入制度，让制度体现文化，实现人文管理引领下的科学管理。

陶继新：您说文化如山、文化如水，令我想起了孔子的一句名言："知者乐水，仁者乐山；知者动，仁者静；知者乐，仁者寿。"学校因有文化而厚重如山，因有文化而灵动似水。构建"师生成长共同体"，无可替代的载体就是文化。师生只有在经典文化"润物细无声"的浸润下，才能实现生命的飞跃。学校只有构建成一个经典文化学习的共同体，才能拥有不竭的发展动力。"接受传统文化的滋润和国际文化的洗礼"应当是一所名校追求的文化品格。我一直认为，中国优秀传统文化是教育发展之根，根深才能叶茂；舍弃中国优秀文化而一味崇洋媚外者，大都因舍本逐末而失去其发展动力。整个世界就是一个地球村，我们要想成为这个"村"里合格的公民，就不可能游离于国际文化之外。所以，传统文化只有在与国际文化的碰撞交融中，才能彰显出独特的魅力，并为世界文化所接纳和认同。在这个意义上说，我们培养出来的学生，应当是烙印着中国经典文化的思想，又有着现代国际视野的文化人。

许崇文：的确如此，陶老师，您所谈的正是我们孜孜以求培养的、具有中国灵魂和世界眼光的高素质人才。我们目前正在通过"师生成长共同体"的构建与实施，来培养这种融传统文化、地域文化、民族文化和国际文化为一体的"蔚为大器"者，培养一种大气有为的世界人。

陶继新："大气有为的世界人"，说得好！要"大气"，就不但要有一种博大的胸怀，还要有支撑这一胸怀的博大精深的文化；要想真正"有为"，就要为自己不断地进行"生命储蓄"，而经典文化，恰恰是这一储蓄的最佳精神营养之一。

读书让人的生命状态趋于优化

许崇文：读书是人生命成长的重要组成部分，是人体验成功喜悦和职业幸福的重要渠道。我们以创建师生共同成长的文化为目标，开展教师全员读书活动和学生"多读书、读好书、好读书"活动，开展诵读经典活动，努力建设书香校园。在这种文化的根基之上，我们探索实施了"师生成长共同体"之教师专业发展篇、育人机制创新篇、教学改革篇等等，努力创建具有人文和谐教育特色的现代化学校。

陶继新：读书是不是就一定能提升人的思想文化品位呢？未必。如果所读之书品格低下，读得越多，思想品位也就越低。所以，不但要"多读书"，还要"读好书"。"读好书"就相当于不断地从这些好书中汲取优质的精神营养，从而使自己驶入一个精神高贵的领地。而"好读书"呢，则是从读书中感受特殊的快乐与愉悦，进入审美的自由境界。这个时候，就不但可以从中获取智慧与能力，还会获取优质的生命状态与积极的人生。

下篇：建设"师生成长共同体"

许崇文：要使师生始终处于生命发展的激情状态，就需要有源头活水，这个源头活水除了读经典之外，还有弘扬人文精神，坚持以教师发展为本、以学生成长为本，建立一种常态的管理机制，也就是我们所说的"师生成长共同体"。这是推行素质教育、深化课程改革的现实需要，既是一种具体的实践操作，也是我们日照一中的办学特色。

陶继新："管理机制"处于"常态"之中有两个含义：一是正常化和经常化，而非一时应急或强行为之；二是道法自然，即非有意为之，而是水到渠成，这是管理的至高境界。同时，这个"常态"并非消极的放任自流，而是师生共处"生命发展的激情状态"。只有发展，才能激活师生的生命潜能；只有拥有激情，才能一扫倦怠劣质情绪，使生命处于积极的亢奋状态。这样建设的"师生成长共同体"，才能形成一个生命成长的优质场。

"师生成长共同体"的生成及背景

许崇文："师生成长共同体"，是具有共同愿景的师生在团体情境中通过有效互动而促进师生共同成长的教育活动组织。"师生成长共同体"在宏观上是多维的、开放的、生态的，其组织形式主要有三种：一是管理共同体——以行政班为基础组建，一般由6—7个共同体基本单位构成，每个共同体由6—8名学生和1—2名教师组成；二是教学共同体——以教学班为基础组建，由6个共同体基本单位构成，每个共同体由来自同一行政班的学生和1—2名教师组成（6个行政班为1个走班单元）；三是社团共同体——以社团为基础组建，由具有共同兴趣、爱好、需要和个性特长的师生构成。

陶继新：三个"共同体"是你中有我，我中有你，可是，却有各得其位的妙道。"管理共同体"以行政班为基础组建，管理起来更加方便、直接与有效。"教学共同体"以教学班为基础组建，有利于"教学相长"，有利于老师之教与学生之学的和谐。"社团共同体"以社团为基础组建，便于个性、爱好相同者之间的切磋与学习，会使这些"志同道合"者产生更大的兴趣。

许崇文：我们建设"师生成长共同体"的背景是，在山东省全面实施素质教育、深化二轮课改的新形势下，高中学校都面临着选课走班教学的现实情况，班级组织形式由原来单一的行政班模式变为行政班与教学班并存的模式，行政班功能削弱，班级凝聚力降低，教学班师生流动频繁，师生关系、生生关系变得松散，教学管理、学生管理、德育活动的组织安排难度增加，由此导致教育场各教育要素内部及彼此之间出现许多不和谐的现象。

陶继新：改革就会出现新的矛盾，不过，破解这些矛盾的过程，也是改革拉开序幕与逐步深化的过程。原有的和谐被打破，新的和谐才能形成。这也许会带来一定的阵痛，不过，没有这阵痛，真正的改革就不会破茧而出，从而实现一次特别的生命转换。

许崇文：教育就是在否定之否定中、从不和谐到和谐渐进发展的，这也是人类社会发展的规律。"师生成长共同体"，就是要解决走班教学之后因师生、生生关系松散而造成的师生间有效沟通减少、交互影响削弱、教育教学的针对性和实效性降低等问题，消除教育场各教育要素之间的不和谐现象，在动态的教育教学活动中建立起紧密的相对固定的教育活动组织，发挥"团队"的教育功能，形成教育合力，实现"有效管理"、"有效教学"和"有效学习"的目标。

陶继新：走班教学使教学更加动态化。但"动"不是散，而是更好地形成"合力"。合力形成绝非一蹴而就的事，因为在这一新生事物诞生之际，必然会出现许多意想不到的问题。如果想不到或者行不到位，不但形不成合力，还会互相制约，甚至分解这种合力，从而使实验步入低谷甚至失败的尴尬地步。这就需要你们做很多前所未做的工作，在失败和成功、经验和教训中不懈地去追求。

创建"三步五环节"教育模式

许崇文：教育的根本目的是培养真正的人，这也是办学的使命所在，我们必须不断追求管理的新境界，在不断前行中超越自我。在"师生成长共同体"的规划下，我们有效解决了一些棘手的德育问题，使德育实现了活动化、主题化、系列化和课程化，创建了"三步五环节"德育主题教育活动模式，"三步"是设计——实施——评价；"五环节"是主题设计——情景体验——感悟交流——内化践行——总结评价。

陶继新：教育的第一要义是培养有德之人。可是，当下道德滑坡和人格失落已经成为一个相当难以解决的问题。这令我想起了孔子的教学总纲："志于道，据于德，依于仁，游于艺。"显然，他的教学是将做人放在第一位的。也就是说，他的教学更多的是在培养有德之人，学问只是放在了一个从属的位置上。一个学生在德上出现了问题，就等于教育出了有害产品。你们"有效解决了一些棘手的德育问题"，可谓做了一件功德无量的大事。

许崇文：我们"人文日新，和谐发展"的办学思想，就是针对现实生活中道德滑坡、人文失衡以及缺乏创新精神和人文情怀的现象提出的。另外，我认为课堂教学既是传授知识的主要途径，也是渗透德育、培养创新精神、提升人文素养的关键环节。所以，课堂教学模式的构建、智慧课堂的建设对于教育非常关键。在"师生成长共同体"的规划下，我们创建了"三步五环节"课堂教学预设模式，"三步"是自学——对话——评价，"五环节"是定标自学——合作探究——展示分享——精讲点拨——课堂评价。

陶继新："三步五环节"教学模式探索成功，从中可以看出你们已经冲出了传统教学的樊篱，将课堂智慧生成与道德渗透融为一体。在这个过程中，不但学生在德与智方面都有了收获，教师的育人理想也得到了更好的实现，不再斤斤计较于学生的应试成绩，而是眺望学生未来发展的前程。这样，师生共同成长才变成了现实。

建设师生共同成长的精神家园

许崇文："师生成长共同体"，是对目前学校管理、教育教学和教师队伍建设的一项全面改革，是对现有教育资源和管理力的重新整合，其目的是促进师生共同成长、和谐发展，实现教师发展与学生发展的双赢。"师生成长共同体"把原来更多的属于班主任的工作落实到每一位教师身上，全体教师人人承担育人责任，但又不同于以往的"导师制"。应该说，"师生成长共同体"借鉴导师制的部分经验，但与"导师制"有本质区别。"导师制"仅局限于教师对学生的单向指导，强调的是教师对学生的作用，较少涉及师生共同成长的问题；"师生成长共同体"是一个师生平等、双向沟通、交互作用的基本教育单位，强调的是师生、生生同发展、共成长，追求的是教育场的和谐。

陶继新：学生学习的潜能是巨大的，只不过平时老师过多的讲，特别是师道尊严的心理影响，使得学生滋生了在老师面前总有低人一等的自卑情结。

这种心理上的低，在潜意识中影响着学生潜能的发挥。时间一长，这种潜能，特别是挑战教师的勇气，就会逐渐消沉下去，甚至归于消亡。"导师制"使师生之间的距离拉近，学生个体接受教育的几率增加。可是，为师者高高在上的心理定式依然没有打破。而"师生成长共同体"之中的教师与学生不但在人格上是平等的，在探索未知方面也没有尊卑之别，这使得师与生、教与学处在了心理的同一平面之中。这样，不只打开了知识交流的大门，还使师生情感和谐，无话不谈，而且使他们的潜能在这种无所顾忌的心灵状态下得以发挥。于是，"弟子不必不如师，师不必贤于弟子"这一景观出现的频率就会日趋增多，学习也就自然进入到了一个快乐而又高效的优质状态之中了。

许崇文：陶老师您谈得非常到位，可以说对现代民主、平等、和谐的师生关系的内涵进行了重新解读，我们"师生成长共同体"的构建既是对传统教育文化的超越，又是对现代教育思想的诠释。儒家学说创始人孔子倡导"教学相长"，近代教育家陶行知提倡"师生共学、共事、共修养"，新课程改革强调师生"平等对话"、"合作探究"。这说明学校教育教学活动的实质是教育场各要素内部及彼此之间相互影响、相互促进、和谐发展的过程。"师生成长共同体"的实施，就在于为师生提供全方位、多渠道的沟通交流，并使这种交流沟通常态化、生态化，达到预期的教育效果。"师生成长共同体"的理想境地，就是让所有教师都能始终保持"诲人不倦"的激情状态，让所有学生都能始终保持"学而不厌"的精神风貌，从而实现真正意义上的"教学相长"。

陶继新：有人认为，孔子是一个十分严厉的老学究。其实，那是对孔子研究不深而形成的一种误解。事实上，孔子是一个特别有人情味的老师，他创造了一个和谐民主的教学场。弟子可以与他争辩，甚至可以直面批评他。正是在这种教学场中，形成了一个人格高尚、学识渊博的人才群体。如果学生在上学的时候接受的是等级制教育的话，将来工作，特别是当了领导之后，就很难形成一种民主的工作作风，从而害更多的人。看来，教学上的和谐平等，还有利于健康人格的形成。所以，我们不能只是将课堂视作知识、能力的传授地，还应当将其看作人的生命锻造的精神圣地。在这里，老师与学生是共同学习与成长的。

许崇文：教学应该是师生生命共同成长的过程，要"受业"、"解惑"，但更要"传道"，唯有如此，我们的教育才有价值，才有意义，我们人类社会才能从一个进步走向另一个进步，人类的文明才能得到真正的传递和发展。

纵观古今中外的教育发展史和学校发展史，真正能够饱经历史的沧桑洗礼而始终"活"在人们心目中的无不如此，这也是孔子文化如今风靡全球的原因之所在。历史是一面镜子，"他山之石，可以攻玉"。作为校长，尤其要铭记这个真理，将师生生命共同成长作为学校一切工作的出发点和归宿。我们的"师生成长共同体"将原来的班级管理"大班制"变成了如今的"小班化"，它让每位学生都感受到了无微不至的关怀，都有了个性化的交流机会，这有效弥补了当前教育资源紧张的不足，使各个层面的学生都能够充分地展示自我，始终保持积极向上的人生追求、奋发进取的精神状态和健康阳光的心理心态。"学然后知不足，教然后知困"，在具体指导学生的过程中，教师的成长也是水到渠成的事情。通过与学生的互动交流，教师的道德素养得到进一步的提升；通过因材施教，课内课外互补，教育方式更加多元化；通过在学生成长的过程中发现问题、解决问题，教师的校本研训水平大大提高，专业发展的"倦怠现象"和"高原现象"也渐行渐远。

陶继新：既然是"师生成长共同体"，那么在学生成长的时候，老师也必然要成长；否则，就真的不能"贤于弟子"了。学生在德、行、知等方面的快速提升，促使教师也要加快发展；教师的人格学品的提升，又对学生产生积极的影响。这就自然形成了一个良性发展链，环环相扣，和谐共生。所谓的教师倦怠就不攻自破，学生的厌学也就销声匿迹。当生命个体不断成长且感受到成长幸福的时候，就会形成一种成长的自觉行动与自我要求，教师之教与学生之学的质量之高，也就成了必然之势。

许崇文：诚然，"师生成长共同体"目前已经成为我校管理和教学的一种自然组合与和谐构架。"共同体"活动丰富，形式多样，不管是课上合作学习、研究讨论，还是课下查找资料、设计墙报、排练节目，抑或是参与各类社会实践，小组内的每个教师、学生都是成员，都是主体、主角，每个人都能做到自觉、主动。在这个大家庭里，大家互相欣赏，彼此鼓励，亲如家人。假期里，"共同体"的同学为方便学习、讨论和活动，很多家在农村的学生就住到了同一个"共同体"中的城里同学的家里，对此，家长们也非常赞同。因为，在共同的学习、生活中，城市里丰富多彩的信息可以打开农村同学的眼界，而农村孩子爱劳动、肯吃苦的精神也在无形中带动、影响着城里的孩子。为更好地组织活动，在指导老师的带领下，很多"共同体"还成立了家长委员会，每个委员会设有一个秘书长，负责指导老师与家长之间的联络。

在家长资源的参与下，很多"共同体"假期里去了海内外许多地方考察、学习，参与了各种形式的勤工俭学和社会实践，还写出了许多很有分量的研究性学习、综合实践活动和学习考察报告。

陶继新："共同体"走进家庭是你们的一个创造。农村孩子住进城里孩子的家里，不但可以"资源共享"，还会打破城里与乡村孩子心理的屏障。城市，特别是一些大城市里的人歧视农村甚至小城市人的情结，形成了一个挥之不去的城市"劣根性"，不但阻碍了现代城市中的现代人个体的发展，也影响了整个城市的形象，在深层次上阻碍了城市的发展。而乡村人对城里人的"仰视"与"恐惧"，也制约了他们向更大更广方面拓展。让城里与乡村的孩子从小更多地生活在一起，就会融化城里人的自傲与乡村人的自卑，将其心理拉到同一个平面上。如果农村孩子能够完好地保存农民的美好品质，摆脱农民的愚昧与狭隘，同时又将城市人的开阔与豁达吸纳进来；而城市孩子将农村人的质朴善良吸纳过来，摆脱掉庸俗的市民气，保留城市所固有的博大胸襟，那么他们都会有一种超越意义的发展。这些孩子一旦走向社会，就会成为真正的栋梁之才。"家长委员会"介入成长共同体之中，不但使得师生成长有了家庭的支持，也使得家长一起成长。而家长的成长，对于学生某些优质品质的形成的作用，往往是老师没法比的。家长、教师和学生三位一体，就使得这个"共同体"拥有了更大的发展潜力。

许崇文："师生成长共同体"，关注学生的思想、心理、教学、生活等方方面面，也关注教师专业精神的塑造和专业素养的提升，需要有科学的管理机制保障其正常运转。我们建立了考核机制，将"共同体"学生和指导教师的共同成长情况纳入对班级和指导教师的考核评价。"共同体"的常规量化结果和学习进步情况也作为对相应指导教师评价的重要依据，我们为每位教师建立了专业成长记录袋。各班级也制定了"共同体"量化管理条例，对学生实行捆绑式管理。"共同体"还为每位学生建立成长档案，记录学生的闪光点和不足。这个档案是动态的、开放的，由学生、指导教师和家长共同完成。指导教师还非常注重家校的互动合作，定期或不定期地与学生家长见面或电话联系，了解学生的家庭情况，与家长一起共同做好教育工作。

同时，我们在"共同体"的规划下，实施"向标工程"，帮助每位教师确定发展路向和成长目标，为全体教师搭建了专业成长的广阔平台。一是通过实施"师表工程"、"名师工程"、"青蓝工程"，举行优秀党员、十佳青年教师、教师行为规范先进个人评选活动以及课堂教学模式展示和推介活动，使不同层面的教师积极进取、和谐发展。二是重视校本研训，开设网上教研系统，开展全员读书活动，建立教师培训机制。去年暑假我们组织 100 名教师到华东师大集中培训，培训结束后编印了教师研修文集，组织教师反复研讨学习；今年暑假我们计划再组织 100 名教师赴北师大集中培训。每两周举办一次教师讲坛，每位教师都登上讲坛，畅谈所学、所思、所想，共同交流经验，分享感悟，探讨理论，在参与和体验中共同成长。经过历史积淀和不懈努力，建设了一支素质优良的教师队伍，现有 23 位特级教师、齐鲁名师和省级教学能手，113 位日照名师和市级骨干教师，40 余位教师获全国优质课和省级优质课一等奖。学校被评为全省教师职业道德建设先进集体、全省教书育人先进单位。

陶继新：考核机制是"师生成长共同体"良性发展的保障，非常欣赏你们的捆绑式管理。这不是吃大锅饭，而是培植合作精神；这也不会影响个体发展的积极性，而是实现共赢下的每个个体的飞速发展。

你们一系列的教师发展工程，使得很多教师在这个共同体中脱颖而出。优质的教育不但要让教师感到当下的成长，还要使他们感受到走向未来的希望。当一个教师瞭望到未来绚丽的前景，且通过努力与大家的帮助能实现这个梦想的时候，就会产生继续前行的动力。生命的意义之一，就是不断地实现自身价值，并在这个实现过程中感受幸福与愉悦。我在作《读书与教师生命成长》这个报告时，就特别谈到教师要为自己的发展制定一个生命成长规划书，从而实现一次又一次的生命飞跃。

孔子说自己是："吾十有五而志于学，三十而立，四十而不惑，五十而知天命，六十而耳顺，七十而从心所欲，不逾矩。"每一个人都有生命的成长历程，然而是在平面上滑移，还是在不断的发展中实现自己的生命飞跃，却是两种截然不同的生命状态。一个人格高尚的人，不但要奉献，还要在奉献中实现自己的生命飞跃。因为个体的生命飞跃，不仅会使自己的心灵更加丰富、精神更加高贵，也会将这种丰富与高贵传递给更多的人。

俗话说："种瓜得瓜，种豆得豆。"你们种下了教师与学生优质发展的种子，就会结下一个又一个师生成长的硕果。这就是你们追求的卓越，这就是一个承继传统又具有现代胸襟的日照一中。

（原载于《中国教育报》2009 年 7 月 4 日）

张 萍

一位阳光女校长的追求

——对话张萍校长

张萍，济南师范学校副校长，济南师范学校附属小学校长兼书记。曾获山东省2008年度教育创新人物提名奖、山东省优秀教育工作者、山东省优秀教师、山东省首批科研创新校长、济南市十大杰出青年、济南市青年学术带头人、济南市百佳教师、济南市教学能手等称号。

在工作之余，勤奋读书，笔耕不辍，近30万字的管理经验发表在国家级报刊上。近年来还被邀请到全国各地讲学近百场，在社会上引起广泛影响。

现兼任中国教育学会小学教育委员会常务理事、小学教育委员会山东研究基地常务副理事长、山东省教育学会理事、山东省小学语文研究会理事等。

管理与课改

陶继新：您到济师附小就任校长已经六年了，今天，学校的校本管理研究逐渐成熟，已经开始转向课程体系的建构与课堂教学的研究。可是，您为什么不像很多校长那样直接进行课堂教学改革，而把关注重心首先放在学校校本管理制度的研究上呢？

张　萍：六年前初到附小时，我所面对的主要问题不是"一群平庸的老师不会教书"，而是"一批优秀的教师不愿再创造性地教书"。我可以用高压的手段、严格的管理使我们的教师在短时间内按我心目中所认为的正确的做法去改变他们的教学行为，但我却一直坚信，不管什么改革都必须得到教师，特别是有强烈的个人主张与创造能力的优秀教师发自内心的认同与支持，否则即使暂时轰轰烈烈，也必将会以失败告终。而他们在教育理想上一旦与校长达成真正意义上的共识，就会焕发出持久而旺盛的创造力，这种创造力不会再因为校长的存在与否而产生太明显的增减。

陶继新：毋庸置疑，校长在学校发展中起着至关重要的作用。不过，有的校长虽然在位时叱咤风云，但是一旦离开学校，其威严与影响也便随之而去。究其原因，是因为校长的思想没有春风化雨般地弥散于教师与学生的心里，更没有在他们心里扎根、开花和结果。

张　萍：这些年来，让我感到自豪的是有人称赞我培养了一批和我"一个腔调"的老师。他们理解并明了我的追求，并能够创造性地将我的理想变为现实。我们的办学理念系统是全校教职工共同研讨形成的，虽然在专家看来还很不专业，但是大家却津津乐道，引以为自豪；我们的校本制度册并不厚重，但每个制度背后都有一个个鲜活的故事作支撑，能解决学校各个角落存在的各类问题；我们的校本管理模式土生土长，谈不上特别科学，但绝对有效实用……

陶继新：从表面来看是"一个腔调"，实质上却是您的思想内化到了老师们的心里。这样，学校的事务，包括非常重要的工作，就不再是您一个人在忙，而是一批人在忙；看不到"指挥"，行动却非常一致。这便构成了一种内在和谐的乐章。您的思想，就是这个"乐队"的"指挥"。

有的校长尽管很有思想，可是，如果独往独来，就会让老师们望而生畏，从而形成一种心理蔽障。甚至，还会形成一种消极的心理暗示，认为学校事无巨细，都由校长决定，与老师毫无关系，从而对学校发展漠不关心。这样，学校的发展，就成了校长一个人编织的梦想。

张　萍：是啊，我不善书法，我们教师阅览室里的"真意无言"的匾牌是我们的老师自题自作的；我不会写曲，我们的校歌是我们学校的年轻教师创作的，它很好地诠释了我心目中理想校园的美好境界。在这之前，我曾经去请国内著名的作词作曲家为我们撰写校歌，但是因为种种客观原因，没有如愿。不过我一直非常庆幸，因为即使是最高明的作者，如果没有在附小文化中浸润过的经历，没有与我朝夕相处的沟通与合作，也不可能把我的教育追求如此淋漓尽致地解读出来。

陶继新：我看过你们学校老师所写的歌曲，很有品位，很有感情，而且其中流淌着您的思想与追求。其实，即使找到著名作词作曲家，写出来的曲子也未必合您的意。"名"一旦离开了"实"，就会如孔子所言："文胜质则史。"

张　萍：我们学校的网站也是老师自创的，没有一个专业人士加盟，而今年却获得了山东省教育类网站济南地区第一名。

陶继新：你们的网站很有特色，一大批老师在这个网站上抒情写意，驰骋才思。有的还成了我的网友，成了全国小有名气的雅士、才女。甚至可以说，它已经成了你们学校的一张文化名片，随"网"游走于全国各地，从而让更多的人了解附小日新月异的发展景象。

张　萍：原先有很多人到我们学校参观，主要是听我介绍，而现在他们更多的感悟是从校园的角角落落、一草一木中品出来的，是从孩子们日积月累形成的良好习惯中读出来的，是在同我们的教师促膝长谈中体会到的，而我反而能退居幕后了。我们的校园中没有我的墨迹，没有我的书画，但是有时我不在学校里面，他们仍然能够看到我，看到我的教育理想和信念……

陶继新：这就是学校文化的作用。文化的突出特点就是以文化人。没有这个"化",就没有从师生那里焕发出来的一道道绚丽的风景。"化"到极致,就能达到"无为而治"的境界。孔子称道舜是"无为而治者",只是"恭己正南面而已矣"。这是因为他的理想与追求已经完全内化到了禹、稷等几位大臣的心里,从而实现了他的理想。

张　萍:我们学校的管理模式已逐渐成熟,各中心主任、年级主任责任明确之后,我们的学校课程体系建构及课堂教学改革均非常顺畅地、具有创造性地,而且极具个性化地开展起来。

陶继新:"成熟"太重要了!校长如果是一时心血来潮,即使出台了某项规定,中层干部和老师们在执行的时候,问题也会层出不穷,其结果必然是与校长的预期背道而驰。

张　萍:济师附小是济南市唯一一所直属小学,干部、教师缺乏流动,使得附小的一批优秀教师留在了附小。他们经过完全透明的竞争上岗得到了领导与老师们的认同,工作主动性、积极性得到加强,当他们明白了我的想法、认同了我的追求后,自然能够释放出远远超出我个人能力的能量。

陶继新:教师缺乏流动往往会积累和滋生问题,可是,您却使这个相对稳定的团队有了一种思想的不断流动,以及生命成长的自我追求。因为您在处理一系列重大问题时透明、公开和公正,从而赢得了老师们的心理认可与特殊信赖。可以说,大家从您那里不断地获得"真"与"善"的良性暗示,进而有了积极主动工作的生命常态。

张　萍:最近一段时间,我们学校的综合实践活动和选修课进行得红红火火,学生活动策划中心和年级主任密切合作,效果出奇地好。而我更多的是理念引领,更多的是和中层干部交流、巡视了解。能静下心来考虑学校的发展,感觉轻松中更多的是一种踏实与感动。

陶继新:学生活动策划中心是学生策划的,还是老师策划的?

张　萍:是老师策划的。我们将原来的德育处调整为养成教育训导中心和学生活动策划中心两个部门,后者主要是负责研究并设计学生的教育活动,这也是我们学校德育工作,更准确地说是校本管理、课程管理的一个特色。

陶继新:我相信尽管是老师策划的,但你们一定是在充分调查研究,特别是吸收了学生的意见、建议之后,才策划了这些活动的。唯其如此,学生在活动中才有自主性、积极性、创造性和成就感。

张　萍:是的,学校只是设计大的思路,综合实践活动的关键是每个年级、每个班级，一直到每个研究小组，都能根据自己的经历、发现的问题，找出研究课题，自主设计研究方案，在老师的指导下，自主地开展研究，展现研究成果。而选修课则是每个年级根据学生的需求设计课题，中高年级学生选择走班的方式，孩子们很开心。

陶继新：学生之所以开心，关键是因为有了自主与选择。只有自主，才能产生积极的心理动力；只有选择，才能各取所需，生发兴趣。这样，孩子们学习起来，就不再是一种负担，而是乐此不疲，成果累累。

规范与特色

张　萍：2006年当我们的管理模式逐渐形成并走向成熟之后，我们启动了学校的课程体系建构。

陶继新：课程文化建设，是彰显学校文化建设特色的最有效的载体之一。

张　萍：我们首先对国家的课程计划进行了认真研读。我们感觉，严格执行国家课程计划，全面落实课程标准，是学校本应恪守的基本规范，然而由于现实工作中存在"应试教育引发急功近利"、"师资状况无法适应新课改的要求"、"教材编写与课程标准所追求的理想境界差距太大"等问题，我们不得不偏离规范，离教育的本真追求愈来愈远。对此学校领导班子统一思想，达成共识：规范办学行为，开全开齐课程，不仅仅是省、市教育主管部门的要求，也是时代对教育的呼唤，还是对学生健康和谐发展负责的体现，更是一名有良知的教育工作者、管理者起码的职业底线。

陶继新：校长有无良知对于学校的发展至关重要。如果有良知，就不会为了个人升迁和名誉而忽视学校的发展。我欣赏那些有思想的校长，但是，如果没有职业道德底线，思想就会变味，师生就会受难，学校发展就会出现问题。

张　萍：是的，当最基本的课程都无法开全的时候，当我们的办学行为连规范都达不到的时候，却为了一些极其功利的原因去追求所谓的特色或者创造令人瞠目的高分，实际上是对学生发展极度的不负责任。

陶继新：不开齐课程的深层原因是功利思想的蔓延，而校长如果只为功利而思考与行走的话，就不会再考虑学生的生命状态与发展走势。这样的校长，休说难以尽到校长的职责，甚至连一个人起码的道德意识都丧失了。

张　萍：我曾经对一位朋友说过一句话：我是一个喜欢在圈子中走出个性的人。

陶继新：这个圈子，就是规则，而且是校长必须遵循的规则。如果超越了这个规则，所谓的特色与个性，就会将教育引向歧途。如果既遵循规则，又富有个性，就可以进入"鱼和熊掌""得兼"的理想境界。

张　萍："尊重规则，学会自律"是我校办学理念"尊重为本，享受教育"的重要组成部分，不仅仅要求我们的老师培养我们的学生去尊重规则，学校更应该恪守国家规范，按照国家的教育方针、课程计划去实施教育，这是对学生、对教育、对国家负责的切实体现。我很欣赏在规范中求特色，当你了解了规范，遵循这个规范走出自己的探索之路时，这种探索已深深地烙上了校长的思想印记、学校的个性色彩。

陶继新：现在一些校长的规则意识并不太强。而如果凭着感觉走，无视规则的话，说不定哪一天就会出大问题。其实，规范与特色并不矛盾。在规范中求特色，不但符合教育的规律，也是学校真正发展必经的路子。您就是一个很有个性的校长。可是，您却没有脱离素质教育这个轨道。

张　萍：的确如此。对国家的课程计划与山东省后来出台的素质教育要求以及济南市的相关规定有了充分了解之后，我们根据学校的实际情况对学校每天、每周、每年的课程进行了统一的整合规划，将学校的课程，即每日的教学行为，与学校的教育活动，即原先平行状态的教育行为，进行了统一的整合，你中有我，我中有你，互相促进，融为一体，成为一个全校联动的课程体系。

陶继新："融为一体"是规则与个性碰撞融合之后形成的必然结果，这样的课程体系，就达到了既不超越规范，又富有特色的优质状态。

张　萍：比如一天的课程设计，省、市教育主管部门对学生在校的作息时间有明确规定，那么，如何使学生有限的学习时间得到充分利用，取得最佳教育效果？我们受新加坡、我国香港小学的时间安排启发，经过深入调研，针对教学楼内场地狭小、空气流通差但学生洗手间资源相对充足的实际，将传统的课间10分钟调整为5分钟，在确保六节常规学时的基础上，每天设置50分钟的户外"阳光体育"时间，还增设了10—20分钟不等的经典歌曲赏唱、国学经典诵读、硬笔书法习字三个时段的特色课程，动静结合，有声有色，成为国家课程的有效补充，成为济师附小校园生活中一道道亮丽的风景，为学生身心健康成长开启了更多更新的发展领域。我们学校天天升旗，天天唱歌，天天习字，天天诵读，天天锻炼，一个人也不能少，一天也不能落。全员参与的教育活动，对学生一生的成长、对学生的全面发展，作用是不可估量的。

陶继新：因为"阳光体育"有流动的空气与灿烂的阳光，孩子的身体也会更加健康。健康的体魄对于孩子的身体发育、阳光心态和学习效率，都有百利而无一害。而增设10—20分钟不等的经典歌曲赏唱、国学经典诵读、硬笔书法习字三个时段的特色课程，可以让学生在传统文化的熏陶下，积淀优质文化的底色。有无经典文化的背景，对学生未来的发展是截然不同的。孩子只有一个童年，在这个时段，就应当让他们尽情地享受童年的美丽。而这不是没有价值的一味的玩，而是让他们在玩中有所收获，从而在他们的心里根植下经典文化的种子。这样，才能在未来的生命历程中，开出幸福的花，结出幸福的果。

张　萍：而且这些课程都与全年的活动紧密相连，比如我们的合唱节、体育节、读书节都是这些课程及时、定时的展示与评价，这又使这些看似随意的课程管理日趋规范，富有实效，使我们的每一位老师都能够静下心来合理安排、认真实施这些课程，使我们的教学教育目标落到实处。

陶继新：我发现，孩子特别喜欢展示自己的成果，大人对于展示一己之长也多乐此不疲。因为展示自己成果的过程，也是大家充分认可和积极鼓励的过程，而且还会在这种认可、鼓励中增强自信，从而更加热爱这些课程。

张　萍：在每周的课程设计中，我们对各级教育主管部门有关"小学课程计划设置"的规定认真学习，反复研讨，多方征求意见，在国家课程设置标准规定的比例内，对山东省下发的学科课时规定进行了校本化的微调，既开齐开全了所有课程，又依托"学校科技馆"、"学生书吧"及各类专用教室、现有教师资源，开发了"发现课"、"读书课"和丰富多彩的社团活动等校本课程，有效地满足了附小学生健康和谐发展的学习需求。

陶继新："发现课"是培养学生创新意识的一种课程。创新意识的培养，必须从小开始。而当下一些学校为孩子布置大量没有多少价值的课外作业，不仅给孩子增加了学习的负担，还扼杀了萌动于其心中的创新精神的种子。

张　萍：是的，我们的发现课课堂设在我们学校省内唯一一家400平方米的科技馆内，由省教学能手边敦明老师开发并实施课程。他们研究科技作品，发现科学规律，并动手制作，培养了学生的发现意识与创造精神。

陶继新：看过你们的科技馆，壮观而有气势，身处其中，就有一种创新的萌动。

张　萍：在课程计划实施过程中，"品德与生活"、"品德与社会"、地方课程囿于师资水平弱、研究力量严重不足、教学效果不好量化、评价体系不健全等等原因，与工具学科相比，处在被挤占、遭冷遇的尴尬境地，常常是"说起来重要，做起来次要，忙起来不要"。我们在对这些教材进行通览的基础上，发现单从课程本身来说，教材凝聚着编写者的智慧与心血，具有很强的逻辑性与序列性，是极佳的教育资源，但是学科之间内容重复太多，对学生有限的在校时间造成极大浪费，还有些内容的设置脱离了学生及学校实际，实效性差。经过研讨，我们将"品德与生活"、"品德与社会"及地方课程中的"礼仪、心理健康、环境、生命科学"等内容与学校校本的德育内容进行优化整合，在课时量不变的前提下，用好用实国家、地方教材，创设了一门全新的"小公民修身课"，建立了由校长亲自担纲，由年级主任和骨干教师负责课程开发与课堂实施，聘请专家加盟，由学校相关处室组织协调的研究团队，精心打造课内外融合、分年级推进、全校联动、渐成序列的崭新的课程体系。

陶继新：我很欣赏你们开设的"小公民修身课"。现在的孩子，就是未来社会的公民，称之为"小公民"，当是一种前瞻性的眼光。而将修身视作课程，当是教育之本。只有从小学就关注修身，将来才能成为有德之人，才能齐家、治国、平天下。

张　萍：是的，要搞研究，就必须去除利益观念、功利思想而有整体意识，管理也要跟上。比如低年级修身课以学校出台的《济师附小学生十个学习好习惯》和《济师附小学生十个行为好习惯》为课程内容，潜心指导学生从整理书包、记录作业、学会走路、学会如厕等细节做起，研究有效的入学教育方式，致力于培养小朋友良好的生活学习习惯。我们有意识地将五年级学生确定为我校国际交流的主体，每年安排他们与国外学生共同生活、学习1—2次。在这个年级的修身课中，我们有针对性地增加了涉外礼仪、友好学校所属国家风土人情研究等教学内容，并引导学生做活动策划，学生在活动中，学习目标明确，收获显著。如今我校师生在对外交流过程中撰写的各类随感笔记非常丰富，正在积极整理，准备结集出版。针对六年级学生的青春期身心发育特点，老师们邀请家长代表、社会人士、成功校友走进课堂，开设"成长讲坛",帮助学生们建立正确的"偶像观"、"价值观";开展形式多样的志愿者活动,鼓励学生做低年级学生的表率,做"有责任感"的毕业生;组织学生演讲,畅谈"童年时期对我影响最大的一本书",并引导学生在书的扉页上写上美好的祝福,赠送给母校图书馆;精心设计毕业典礼,庄严隆重的毕业证书颁发,激动人心的"季羡林奖学金"获奖者表彰,情意浓浓、深情款款的谢师礼,情由心动、发自肺腑的"毕业誓词"都深深地影响着、教育着每一个学生,从而成为济师附小"修身课"熠熠发光的"金牌案例",被记入学校课程开发史册。我们还把每天的入校、晨读、课间、午餐都当作修身课的课堂,由年级主任负责,全校联动,从细处着眼,扎扎实实培养孩子们良好的行为习惯。

陶继新:我们现在的德育所欠缺的就是修身教育。你们的修身课所涉及的内容非常广泛,有道德品质的培养、良好习惯的养成,也有文明礼仪的教育。这些教育内容,都是孩子生命成长中最为重要的生命链条,如果有一个环节断裂了,就有可能出问题,甚至是大问题。在习惯培养方面,你们是下了大工夫的。习惯的培养是越小越好,如果到了大学再进行养成教育,就会事倍功半。孩子如果养成了好习惯,就会一辈子享受不尽它的利息;如果形成了坏习惯,则一辈子也偿还不完它的债务。从这个意义上讲,你们也是在为学生的一生积累精神财富。

张　萍:是的,修身课是由各年级年级主任承担的课程,它的特点是课内外紧密融合,整个年级整体联动,在学校的统一领导下实施教学,课程表上只有两节课,但课程实施的触角却延伸到学校教育的每一个领域,教学空间是无形的。

陶继新:修身不但要有课,更为重要的是实践,即要落实到行上。不然,所谓的修身,就会成为纸上谈兵。而你们将每天的入校、晨读、课间、午餐都当作修身课的课堂,而且有专人负责,这样便落实到了行上。孔子说:"文质彬彬,然后君子。"而要真正成为"君子",既要有有形的教育,又要有无形的教育;既要有外在的仪表,又要有内在的素养。

张　萍:我曾经说过一句话:在济师附小最重要的课程是修身课。这句话绝非应景,而是发乎我心。虽然直至现在有的干部还在为我把最优秀的教师从语数学科调出来感到可惜,即使年级主任也时常会犹豫,但是我从未动摇过。我知道,我是一名小学教育工作者,我是一位小学校长,我应该对学生的未来发展负责。济南市教育局陈东生局长曾经对小学教育目标做过定位，大意是：培养基本的良好习惯和学习兴趣，形成初步的是非观念。对此我非常认同。

陶继新：将修身课视作最重要的课程，有点孔子教育的味道。孔子特别强调做人教育。他说："弟子入则孝，出则悌，谨而信，泛爱众，而亲仁。行有余力，则以学文。"意思是说，年轻人，在家孝顺父母，在外敬爱兄长，言行谨慎，诚实可信，广泛地去爱众人，亲近有仁德的人。做了这些还有剩余力量的话，就去学习知识。看来，孔子认为以德修身远远超过了学习知识。

张　萍：综合实践活动课的开设一直受"学生年龄小"、"外出安全无法保证"、"课时长影响其他学科授课"等问题的困扰，我们经过研讨，确定除信息技术课程外，其他内容教学采取"累计课时"，每月设一天综合实践活动，以年级为单位，为学生提供平台，各科教师参与指导，甄选研究课题，以家长委员会共同组织的方式进行。上周五就是我校综合实践活动日，孩子们围绕"和谐全运"、"小清河的今天"等内容，设计了形形色色的研究课题。

陶继新：孩子渴望走出校园，也有研究的能力，这一点却被有的校长和老师忽视了，尤其是被外出"不安全"这个"金箍"箍紧了。其实，这并非真正为了孩子的发展，而是因为担心因安全而影响到校长的褒贬与升降。你们大胆让孩子参加社会实践活动，不但会对学生的生命成长大有裨益，也显示了校长的胆识和教师的责任意识。

张　萍：我们还以年级为单位，开设了选修课。据不完全统计，我们现在为学生提供了50余种选修课。

陶继新：开这么多的选修课，是需要很多时间与精力的，但是，如果真正关注学生需求的话，这个时间与精力就应当投入。你们所开设的50多种选修课，无疑为孩子提供了巨大的选择空间。由于是自由选择，孩子就必然有浓厚的学习兴趣。

张　萍：是的，过去我也有过顾虑，但是我们现在用集中课时的方式，应该说比较好地解决了我的顾虑。另外，每年的教育活动，我们也把它们列入学校课程的范畴。比如我们结合每天、每周的课程设计，设计了各种各样的节日；比如在"淘书乐"跳蚤市场，孩子们亲身体验卖书、淘书、讨价还价的过程，乐在其中。这些不仅"缤纷"了校园色彩，还增强了合作意识，培养了能力，开阔了视野，启迪了智慧。在"奥运风情园"活动中，学生们用多种形式展示自己进行研究性学习的成果，每个班级都被布置成奥运历史上的一个主办城市，资料翔实，形式活泼，极具童趣，六年级毕业生还体验了当"奥运会志愿者"的感觉，带领学弟学妹畅游风情园，两千多人的师生游览队伍在校园中秩序井然，给来自新加坡崇正小学的师生们留下了深刻而美好的印象。

陶继新：这确实是一个景观，不能不令新加坡的学生叹为观止。在某种意义上说，这是一种"跨国"展示。济南师范附小的形象，会走进新加坡崇正小学，也会走进新加坡甚至更多外国人的心里。

张　萍：是的，过去我们学校的工作缺乏规划，各口忙于完成上级布置的任务，忙乱、盲从、茫然。而现在把学校的教育教学活动进行科学规划，活动安排合理，教育力量集中，教学效果自然显著。

陶继新：遗憾的是，现在的一些校长仍然处于忙乱、盲从、茫然的状态中，而且没有意识到这种状态是一种严重的失职，是对孩子生命的阻碍。更加可怕的是，老师也在这种状态中见怪不怪了。

张　萍：总有人在争论校长是不是要代课或听课，我感觉这是很枝节的问题，校长与其做学科专家，不如去做课程专家，规划、设计课程，这是真正意义上的对学校的领导。

陶继新：对于这个问题，迄今仍有争论。我们不去管它。我觉得，每个校长都有自己的个性与特点，就其管理方略而言，你不可能复制他，他也不可能复制你。关键是你的管理好不好。我同意您说的校长要做课程专家，这是从更高层面上来关注教学。其实，一所学校要想真正办出特色，课程是绕不过去的一个坎。而在这方面下工夫者，大都可以取得突出的成果。

评价与享受

张　萍：在这两年的课程设计过程中，我感觉最重要的还是教师，干部和教师只有真正地与校长的办学思想达到同步，才有可能实现真正意义上的教育改革。所以这两年我们在设计、规划、实施课程的同时，通过理论宣讲、制度约束、出访学习等方式全方位地开阔教师的视野，另外，着力于建构具有附小特色的教师、学生评价体系。

陶继新：一所学校要能够快速发展，不但需要有思想的校长，还需要将这种思想内化到全体教师甚至学生的心里。您的理论宣讲，就是实施这种内化的一种有效方式。没有实现真正意义上的内化，校长的所有理想都会化作幻影。比起内化，制度约束有点刚性特点，国有国法，校有校规，违法必惩，违规必纠，这是一种规则。如果有人偶想违规，就会受到制度的约束。出访学习不但可以让教师取来他山之"石"，以攻自己之"玉"，还可以让他们开阔视野，积累人生经验。

张　萍：我校老师曾经在博客上发表过这样一个观点：评价应该带给人快乐。近年来，如何在评价体系建构中更好地体现"尊重为本，享受教育"的理念是我一直孜孜以求、苦苦思索的问题。现在我们的"学生成长币"评价制度，教师的"阳光"、"星光"评价制度都已初见成效，并在不断改善中。

陶继新：单这些提法就很有特色，甚至有点灵气。谈谈您的"成长币"评价制度吧！

张　萍：几年前，养成教育训导中心带领老师们开发出的"成长卡评价模式"以及时的"激励"与"提醒"为主要方式，通过"红卡"和"蓝卡"的发放，促进了孩子们的自省与自律，符合孩子的年龄特点，取得了很好的教育效果。今年，他们在"成长卡"的基础上创造出成长币评价制度。老师人人都有一些印有自己名字的成长币，每当在学校的各个教育场所看到学生们有很好的表现，哪怕是一点一滴，我们都会拿出一张成长币，赠送给他，学生会把这些成长币珍藏着。过一段时间，学校就要回收成长币，并根据学生收藏的情况记录成长学分，给学生以不同程度的奖励，作为年底评优的重要依据。

陶继新：我特别关注其中的两点：一是通过"红卡"和"蓝卡"的发放，促使学生自省与自律。说起这个问题，也许有人认为这是大人的事。其实，从小关注孩子的自省与自律太重要了。孩子有了错误，不是改了就完了，而是要像孔子的弟子颜回一样"不贰过"，在心里自觉产生一种改过意识，进而形成一种自觉的自律意识。他律是被动的，自律是主动的，而且自律会在孩子的心灵中升华成一种高尚的品质。二是成长币评价制度，孩子每次得到成长币奖励的时候，都会在心里升腾起一种自豪感与愉悦感，进而生成继续获取这一奖励的心理渴求，时间一长，就会形成一种习惯，甚至形成一种审美追求。这是超越习惯的一种高层境界，是人在追求理想时的一种高尚的心灵状态。

　　张　萍：在学校里哪个孩子拥有很多的不同老师发放的成长币，是非常光荣的。"成长币"继承了成长卡的"适时性评价、全员性评价、过程性评价、多元性评价"的优势，因其新颖独特、富有童趣的设计，"可收集、可回收"的环保理念，以及学年末以此统计成长学分的实用价值，成为我校学生的最爱。在"集币、藏币、计币"的过程中，附小学生良好的生活、学习习惯不断得到培养，正确的价值观在潜移默化中和风细雨般地走进学生的内心深处。

　　陶继新：成长币具有"适时性评价、全员性评价、过程性评价、多元性评价"的特点，要求每个教师时时事事都要关注学生的成长亮点，这使得每个教师都有了面向全体学生进行即时教育的责任与义务。可是，在一些学校里，学生是"归口"管理的，一个班主任负责一个班级的学生，那是属于他自己的"责任田"；如果不是自己的"田地"，当然就要"不谋其政"了。结果，学生在班主任面前规规矩矩、唯命是从，在其他老师面前则不拘言行。学校是一个共同的教育"场"，只有全体老师共同进入这个"场"，它才能生成教育学生的合力与气场。

　　张　萍：而教师评价更需要改进。传统的评价方式更多地强调优劣甄别功能，忽视教师群体固有的能力、水平差距，如此年复一年的评价，势必会造成优者常优、劣者愈劣的现象。发展性评价着眼于促进教师寻求自我发展，使教师在清醒自知的前提下，"跳一跳，够到桃子"，找到自己的最近发展区，在原有基础上不断得到专业提升。如何分层次有针对性地进行评价应该是我们着力解决的问题。

　　陶继新：传统评价的一个弊端，就是只有极少数教师被评为优秀，而更多的教师却得不到激励。如果长期得不到激励的话，就无异于在教师的心里种植下一些消极的种子，从而使教师产生职业倦怠。而你们的发展性评价，从横向评价转向纵向评价，特别是关注了教师的"最近发展区"，使他们"跳一跳，够到桃子"。这样，就让每一个教师都在这种评价中感受到自己的进步，就等于给予他们一种积极的心理暗示。积极的心理暗示可以在教师的心里生成向上的主动追求，而只有不断地自我追求，教师才能持续发展。

　　张　萍：对，我们首先是通过公开、公正、公平的选拔，将学校最优秀的教师推至前台，精心打造权威评价团队。这些教师权且被称为"阳光教师"。邀请省内知名教育专家及优秀教师代表到学校担任评委，对自主申报参与竞争的资优教师从教育实绩、理论考核、实地教学等诸方面全面考核，评选出"阳光教师"多名，他们与学校业务领导组成各学科学术委员会。他们在职称聘任、评优评先、学术假期、培训学习中享受优先权。"阳光教师"实行动态管理，任期三年，每学年由学校领导、中层干部、人事部门对他们履行职责的情况进行阶段性评估。而他们又是学校的权威评价团队。以学校整体方案为核心，学术委员会分学科建立《"星光教师"评价方案》（评价对象为从事本学科教学五年以上的资深教师）和《"萤光教师"评价方案》（评价对象为从事本学科教学五年以下的资浅教师）。"星光教师"评价强调合乎规范，并在规范中彰显创新，追求自我提升及自我完善；"萤光教师"评价强调学习反思，追求逐渐接近并最终合乎规范。

陶继新："阳光教师"的名称很好，我认为，老师教学水平固然重要，而阳光心态更加重要。因为他不但要教给学生知识，还要将自己的阳光心态传递给学生。一个整天阴沉着脸的老师，会在学生的心里形成阴影。当然，您说的这样的老师，不只是从这个单一层面来说的，但是，这种叫法，很有味道。

张　萍：对，"阳光教师"在我们学校不仅仅代表着他有阳光的心态，还要有能力把这种阳光带给他人。

陶继新：这个权威评价团队，是经过校长与老师们的评价而形成的。然后，它又以其特有的"权威"，对其他老师进行评价。这样，其他老师也会心悦诚服。况且，这不只是一种荣誉，也是一种责任；不只是一种工作，也是在起榜样的作用。

张　萍：对，是一份沉甸甸的责任，是一份深深的信任与嘱托。

陶继新：我想，这个阳光心态与您的阳光心态也是有关的。是您的阳光心态，影响到了阳光团队的心态；他们的阳光心态，又影响到全体老师乃至学生的心态。

张　萍：过去老师们称我为阳光校长，我很开心，但是现在我开始贪心了，我希望我们拥有更多的阳光教师，培养出一批又一批的阳光学生。

陶继新：这种贪心太有必要了。我觉得，一个阳光师生团队，不但现在幸福，未来更加幸福。

张　萍：教育改革最终要落实到课堂教学中，今年我们学校或者我这个校长的管理重心开始转向课堂教学研究。我们学校以"适负高效"为核心的"教育教学质量保障体系"研究已经全面展开。

陶继新：谈"减负高效"者很多，而您说的是"适负高效"。其间一字之差，感觉却是不一样的。有的时候，负担还是要有的，这个负担，并非心理的负担，而是为老师发展加压，适当地加压，可以产生动力。老师是不可以倦怠的，而适当地加压，则可以使他们更好地发展起来。

张　萍：六年前我提出一个目标：要办"一所省内领先、国内一流、与世界接轨的现代化名校"，应该说我一直在为此而努力，但是六年后我更务实了。我更喜欢将自己的目标定位为：办一所学生乐学、教师善教、师生共同享受成长快乐的小学校。

陶继新：现在的定位并不低，而且这样定位且付诸实施之后，原有的理想就会自然而然地实现。也就是老子说的"道法自然"和"复归于婴儿"。只有在常态下，在快乐境况下教学与学习，才能真正让生命焕发出巨大的潜力，甚至产生意想不到的惊喜。我赞成您说的享受教育的提法。人在教育和接受教育的过程中，应当是幸福的。如果在这个过程中感受不到幸福，即使学到了一些知识，人格也会出现问题。就是很小的孩子，如果在其心理上投下阴影，很多年之后，也会以不同的方式呈现出来。

（原载于《中国教育报》2009 年 7 月 13 日）

朱闩根

文化点燃学校发展的火炬

——对话朱闩根校长

朱闩根，中学高级教师。安徽省铜陵市人民小学校长，全国骨干校长高级研修班成员，安徽省教育技术协会理事，安徽省"星星火炬"奖获得者。在管理学校的同时，他还参政议政，任民进铜陵市委副主任委员、铜陵市人大常委、铜陵市铜官山区人大副主任。作为安徽省书法家协会会员，他的书法作品多次在省市展览，入选多部作品集。作为安徽省传统文化研究会理事，他一直致力于中华传统文化教育的普及，多次参与《安徽省小学生经典导读》地方教材编审工作。

"和而不同，见贤思齐"的人际环境文化

朱闫根：老师属于知识分子群体，而中国知识分子自古就文人相轻，这不利于在工作和学习上相互交流，相互切磋，达到1+1＞2的效果。我们从儒家的文化经典里受到启发，选择"和而不同，见贤思齐"作为我们教师队伍文化建设追求的目标。通过多年磨合，这个目标已被大多数老师认同了。

陶继新：当下知识分子之间不少是"同而不和"，而不是"和而不同，见贤思齐"，甚至是拉帮结派、见贤生妒。这在很多学校已经成为见怪不怪的"常态"，成为制约学校发展的一个瓶颈。这个问题之所以得不到有效的解决，关键是因为有的校长对这些问题视而不见，只要不危及我校长的威信，就如毛泽东当年所批评的那样，"事不关己，高高挂起"。更有甚者，有的校长本人就是同而不和的"带头人"，是一个小团体的核心人物。

恰恰相反，您是一个"和而不同"的典型，您积极地从儒家文化那里汲取智慧，从根本上解决"同而不和"的问题。在您看来，孔子的"和而不同"仍然具有巨大的现实意义。是的，孔子弟子三千，贤者七十有二。这些弟子个性不一，发展走向也各不相同，比如颜回和子路、冉有和曾子的价值取向都不一样，相处之时肯定会有摩擦。但是，在"和而不同"思想的光照下，大家都凝聚在孔子的周围，形成了一个相对和谐的团队。您对孔子"和而不同"的思想很有研究，而且让大家在这种思想的浸润下，逐渐地走向了和谐相处的理想境界。

朱闫根：比方说，我们整个语文学科，整体阵容强大，有很多老师出类拔萃，而且每个人有各自不同的风格、各自不同的思想见解，都影响着一批老师。但他们并不互相排斥，总能互相吸纳，互相促进，和谐共事。组里有不同流派，没有不同派别；有不同观点之争，没有不同利益之争。正因为"和而不同"，整个团队才有巨大的包容性，才呈现出异彩纷呈的大气象。

每个人都有自己的风格，各种风格相互交融，取长补短，我们每个人都能够得到新的提升和发展。如果相互排斥，故步自封，那我们每个人都会走入死胡同，都不可能走得远，长得高。在相互交流碰撞的过程中，不光是老师在成长，我也跟着老师一起成长，是老师在推动我进步。校长引领学校，学校也成就了校长。我在办公室里面特意悬挂了八个字——"和而不同，见贤思齐"，意在经常提醒我们班子三人，给全校做表率。如果我们三个人都协调不好的话，那就谈不上整个学校是一个和谐的集体了。

陶继新：学校风气不正的根子在班子，只要领导班子团结和谐，老师之间即使有些问题也好解决。你们学校的环境和谐，首先应当是领导之间的"和"。

"和而不同"和"见贤思齐"两者是互为表里的。"和而不同"的理念强调"和"，也正视"不同"。允许不同个性存在，允许个人发展，甚至允许我的竞争对手发展，而目的是共同创设一个共同发展的"和"的环境。而"见贤思齐"呢，我看到每个人的优点我都要学习，人人如此，相当于人人都发展了。假如我看到别人优秀就忌妒、打击甚至诽谤，这样，不但影响了别人的发展，也抑制了自己的进步，特别是丧失了人之为人的道德人格。

朱闩根：中国有句古话，深刻批判了我们民族的一种劣根性，那就是"木秀于林，风必摧之；堆出于岸，流必湍之"。在一个单位里面，如果出现了"木秀于林，风必摧之"、"枪打出头鸟"这样的坏风气的话，整个集体就会失去发展的生机，走向衰败也就为期不远了。

陶继新：消除这种弊端的关键在一把手。我在山东教育社担任总编的时候，几乎每个星期六和星期天都要外出讲课，而且每月都要发表一些长篇作品，但却没有成为"风必摧之"的对象。其中一个重要的原因，就是我们的社长给了我很大的支持，他在很多场合说，陶老师外出讲课和发表作品，已经成为一个品牌，扩大了山东教育社的影响，我们理应给予支持。社长的话令我特别感动，所以，我在很多地方，就成了山东教育社的宣传员，在某种程度上，确实提升了山东教育社的声誉。

充满经典气息的物质环境文化

朱闩根：我们所有的办公室和教室里，悬挂的宣传内容都是取自经典。

老师的办公楼选择的是《学记》里的有关内容。教学楼有的选自《弟子规》，有的选自《论语》，有的选自《管子》，有的选自《老子》。学校所有建筑物的名称也全部取自经典，两栋教学楼一栋叫敏学楼，一栋叫敏事楼，办公楼叫琢玉楼。琢玉楼取自"玉不琢不成器"，敏学楼取自"敏而好学，不耻下问"，敏事楼取自"敏于事而慎于言"。课间休闲的小亭子，叫博文亭，取自"博我以文，约我以礼"。

陶继新：这些经典选得就很"经典"，看来，选者就是一个对经典文化有研究的人。而我敢断定，这个人就是您。因为在与您的几次交流中，已经充分感受到了这种厚重文化的沛然流动。文化的要义就是以文化人，学校里的各种物质环境，由于有了经典文化的附载，就有了文化的含量，自然会起到化人的作用。

朱闫根：这么多年来，我们在创自己的办学特色，我们的特色体现在两句话中：第一，以德育人；第二，以文化人。

陶继新：以德育人和以文化人有时是合而为一的，因为经典话语之中，自然蕴藏着思想道德的力量。师生在这种环境中耳濡目染，就会将之内化成自己的思想与行动。

朱闫根：我们营造经典气息的物质环境文化，给学生的不只是文化氛围，更重要的是一种道德的影响。"敏于事而慎于言"告诉我们做事要勤勉踏实，讲话要谨慎，说出来的话要负责。"敏而好学，不耻下问"告诉我们的是对学习的态度。"琢玉楼"每天都给我们老师暗示"玉不琢不成器"，我们所从事的工作就是琢玉的工作，要精雕细刻，精益求精，马虎不得。

陶继新：看来，这些经典语句并不是随意从经典中取来的，而是经过了精心的选择，真正做到了有的放矢。经典不只是高尚文化的象征，它更应当成为熏染师生精神的文化载体。

朱闫根：文化长廊里面我们选的内容，都是古今中外经典绘画和书法作品。我想让学生从小接触这些高雅的艺术珍品，把种子播在他们的心田里。随着年龄的增长、阅历的丰富、知识的积累，到了一定时机，种子就会破土而出，就会发芽。我们校园的音乐全部是经典的中外名曲。如同经典的绘画书法一样，不求孩子们现在就能理解，但是从小耳濡目染，涂上一层底色，会对他的一生产生影响。

陶继新：经典绘画、书法和音乐作品有道德感染力量，也有提升人们审美体验的作用。当下不少学校学生的学习，已经没有了审美的快乐体验，而变成了让他们心力交瘁的苦役。您让学生天天接触这些美的作品，无疑是让他们天天感受美的陶冶。一个身处美的环境之中的孩子，不但会心情愉悦，学习的质量也会自然地提升。

朱闫根：比如我们下课的铃声是《乘着歌声的翅膀》，这个乐段很愉快、欢悦，下课铃响了，我希望孩子们能够"乘着歌声的翅膀"，像小鸟一样欢快地飞出课堂。又如我们迎接学生进校园的是《杜鹃圆舞曲》，送学生离开校园的是《春天来了》，都是经典的名曲。

陶继新：孔子在齐国听了《韶》乐，竟然"三月不知肉味"，感叹"不图为乐之至于斯也"。相信你们的教师与学生，也会在这种快乐的乐曲中，投入到乐此不疲的教学与学习之中去的。

书香与歌咏润泽心灵

朱闫根：阅读提升思想，书香润泽心灵。引导老师们欲求教好书，先做读书人。老师们读圣贤书，读中外教育名著，读温润生命的书，通过阅读，他们的教育理念不断地更新，人生境界不断地提升。阅读让他们濡染了一种书香气息，积储了发展的后劲。

陶继新：教师阅读圣贤书，吸纳的不只是智慧，也有高尚的思想。它会在不知不觉中改变教师的知识背景，也会改变教师的心灵状态。一个知识丰富和心灵高尚的人，还会将这种正面效应辐射到学生身上，从而为学生一生的发展提供优质的精神资源。

朱闫根：我们老师除了"周末大讲坛"，还有一个"快乐30分"，借助歌咏这种艺术活动的形式，把一些道德的因素渗透进去。比如，我选择了《我的教育理想》、《与书为友》、《心存感激》这些内容来朗诵，在朗诵过程中进行自我教育。还有合唱，比如《友谊地久天长》、《让世界充满爱》、《送别》、《同一首歌》，都是很抒情、很舒缓的抚慰心灵的曲目，每一次这样的朗诵、合唱，对我们都是心灵的净化。

陶继新：孔子说《韶》："尽美矣，又尽善也。"这是为什么呢？因为大舜将道德的因素自然和谐地融入到了这一乐曲之中，所以，就有了真善美的感觉。在《论语》中还有这样一段记载："子在齐闻《韶》，三月不知肉味。

曰："不图为乐之至于斯也！'"意思是说，孔子在齐国听到了《韶》乐，很长时间尝不出肉的味道。于是他说："想不到《韶》乐的美达到了这样迷人的地步！"这就是古代所谓的乐教作用。你们的老师为什么在合唱中有了心灵净化的感觉，就是因为您所选的乐曲既美又善啊！

开放搞活的交流文化

朱闫根：我们主张交流文化，主要的体现是开放搞活。

陶继新：在经济发展上，我们国家提倡开放搞活；在学校发展上，也应当开放搞活。一个封闭的学校，是不可能适应教育发展形势的。

对内搞活：开设大讲坛

朱闫根：我们开设了"周末大讲坛，快乐大家谈"，每周五下午两节课后，教师集中，人人轮流登台，谈读书体会，谈工作所思，谈生活的困惑，谈人生感悟……

开设大讲坛，可以达到三个目的。第一，引导老师读点书，"三日不读书，便语言无味"，就没有底气站上大讲坛。第二，让老师有一个面对全体同事发表自己思想见解的机会，锻炼自己的表达能力和胆量，增强自信心。第三，让老师有个宣泄自己情绪的渠道，把积郁在心中的怨气释放出来。比方说我们这个学期，开学介绍新老师时，我忘了介绍从我们学校调出又调回来的一位老师。一个半月以后，她登上大讲坛，说出她的委屈，我立即当着全体老师的面向她表示道歉，并对她六年后的归来，表示由衷的欢迎。仅仅几句话，一切误会都烟消云散了。

陶继新：假如没有这个大讲坛，她可能会将这种委屈一直积压在心里，一直对您耿耿于怀。在某种意义上说，倾诉也是一种情感需求，教师也是人，在工作和生活中必然会遇到各种各样的问题。如果长期淤积在心里，不但会影响身体的健康，还会影响工作的质量，甚至会将不良的情绪辐射到学生身上。在大讲坛上，老师们将自己的烦恼、牢骚一吐为快，不快便得到了释放，而且获得了大家的理解与支持。其后，其心理的轻松与工作的积极主动，将会有益于自身的发展，而且他还会将这种健康的心灵状态传递给自己的学生。

朱闫根：这位老师为我们学校争得了荣誉。在安徽省经典诵读比赛中，我们学校获得了全省一等奖，她就是主要辅导老师之一。

陶继新：这个大讲坛还有一个作用，那就是它会促进教师更快地发展。听着别的教师讲得精彩，看到别的教师快速发展，自己也想讲得精彩，也想快速发展。一个团队如果都能"见贤思齐"，就必然没了相互猜疑与嫉妒。于是，一种良性的竞争态势就形成了。而群体竞争意识的增强与积极向上氛围的形成，就使得学校有了一种持续发展的动力。

朱闩根：每次主讲人确定下来以后，承担任务的老师都认真地去准备，每一个老师都会把它当成展示自己的机会，很珍惜。认真准备的过程无疑是提高的过程。

陶继新：每个发言人准备的过程，就是不断学习和不断探索的过程，也是自己的思想与文化品位不断提升的过程。一个思想文化品位高的教师，就有了一般教师所没有的底蕴，教起课来就会左右逢源，就会受到学生的欢迎。而一个在学生认可与拥戴积极暗示下的教师，反过来又会更加积极地学习与工作。

朱闩根：不仅是登台的几位老师，全体老师在这个过程当中都有提高，一轮下来，我们每个人都分享了70个人的思想。第2轮又开始了，这一轮要求每个人必须脱稿。我发现老师的潜能无限，虽然脱稿登台，但他们很自信，表达得很流畅、得体，不乏深度。

陶继新：每一个人都具有巨大的生命潜能，可有的学校却压抑了这种潜能。然而如果积极地开发这种潜能，老师们就会还给你一个又一个的惊喜。

对外搞活：交流文化

朱闩根：在对内搞活的同时，我们坚持对外开放。我们经常把各行各业有一定造诣的专家请到学校对教师进行培训。比如书法，请中国书法家协会的会员、国家一级美术师，给我们谈《书法艺术与小学教师的修养》等；请卫生方面的专家讲《饮食与健康》。我们还请了法律方面的专家讲《未成年人保护法解读》；请了军分区干部讲《国防形势》；请上市公司老总站在企业家的角度谈，我们的教育应该怎么办，才能培养出适合未来经济社会发展需要的人才；还有陶老师您的讲座，老师们感触很深，启发很大。

陶继新："功夫在诗外"嘛！教师听听教育之外的讲座，眼界会更加开阔，甚至可以站在一个高视点看本学科的教学。目前教学的弊端之一就是，某个学科的教师，只看这个学科的书，只听这个学科的讲座，这样，他们就会如苏东坡所说的那样："不识庐山真面目，只缘身在此山中。"其实，思想文化是相通的，教育之外的大家的文章与讲座，有的时候可以使我们眼睛一亮，犹如在漆黑的屋子里突然打开了一扇窗子。老师对外部世界了解得越多，其心灵就会越丰富，一个心理世界丰富的老师，也会"润物细无声"地浸润学生。而这一点，有的时候甚至可以超越单纯的教学。

体现校本特色的课程文化

朱闫根：我们构建了具有三大特色的课程：第一，"我是中国人，写好中国字"，汉字书写课程；第二，"读经典书，做有根人"，经典诵读课程；第三，我们学校是安徽省传统体育项目学校，我们的特色是手球项目。我们尝试手球进课堂，每个星期每一个班都有一节手球课。没有课程支撑，特色或形成不了，或巩固不了，或延续不了。

陶继新：优质的校本课程，有时也要因人因地而宜。你们的这三个校本课程，有的学校未必能做成，即使做起来，也未必能够做好。因为课程需要的不只是文本，还要教师包括校长在内的文化资源。您本人就是一个书法家，做起书法课程来，自然会得心应手，这种得天独厚的条件，一般校长并不具备。手球是你们学校的传统项目，你们做起来自然从容，别的地方也想做这个课程就要困难得多。您是一个对经典文化情有独钟的校长，这些年来，在您的影响下，你们的老师也对经典文化有了一定的积蓄。所以，做起这样的课程，就会顺理成章，而且教师喜欢它，教起这样的课程也会游刃有余。

所以，校本课程的设立，应当考虑学校已有的优势资源，特别是那些"人无我有"的条件。但是，即使资源不是特别丰富，也不能裹足不前，而应当积极主动地去探索。所谓的资源，有的是自然而有的；而有的，则是学校开发出来的，比如你们的手球课程，起步阶段，也是近乎"一无所有"的。

属于自己的特色文化标识

朱闫根：现在，我们有两个系列文化标识，一个是"相约成长"，比如学生成长档案"相约成长"、老师成长档案"相约成长"、我们学校的网站"相约成长"、我们的校报《相约成长》、我们的校标"相约成长"。第二个系列是"五松新少年","五松山"是李白命名的，我们就是打李白这张文化牌。李白前后几次到铜陵，留下了许多诗作，多次提到了五松山。我们学校在五松山的余脉上，我们挖掘历史文化，打出"五松新少年"这样一个标识，比如我们校园的小电视台取名"五松新少年电视台"，我们还有小记者队伍——"五松新少年小记者"，我们的小手球队取名为"五松新少年手球队"。

陶继新：一些知名的产品，几乎都有注册商标。你们的特色文化，就相当于给学校文化注册了一个商标。这样，就形成了你们自己的特色，就有了你们自己的品牌"产品"。而且这个"商标"一旦确立，不管是老师还是学生，甚至校外的人们，只要一谈起你们学校，都知道你们人民小学的品牌。一所学校，如果没有特色，就形不成品牌，就不会拥有较大的知名度和美誉度。

2008年11月初，你们学校被评为全国未成年人思想道德建设先进单位，这自然与你们学校的特色文化建设有着一定的关系。在某种意义上说，文化成了点燃你们学校发展的火炬。

（原载于《青年教师》2009年第7期）

徐传信

为师生一生发展奠基

——对话徐传信校长

徐传信，1985年7月参加工作，法律专业本科毕业，中学高级教师，省级骨干教师。1999年9月至今，任河南省淮滨县实验学校校长、党支部书记。其间学校先后被评为河南省办学管理规范化学校、省文明学校、省教育系统先进集体等。2005年5月被信阳市人民政府授予劳动模范称号，2007年4月被信阳市教育局确定为名校长培养对象。主编的"当代家长"丛书《指导孩子学会求知》由光明日报出版社出版。

[对话实录]

诵读《论语》

陶继新：昨天上午，为你们老师作《解读〈论语〉》报告，下午又作《跟孔子学做老师》报告。今天上午听了黄国琳老师的课《读〈论语〉，学做人》，其后，又与老师们围绕《论语》进行了两个小时的对话。一天半的时间，所谈的话题都与《论语》有关，我感觉，你们的老师对《论语》的学习已经比较深入，甚至有的还有一些独到的见解。看来，你们关于《论语》的学习确非一般了。

徐传信：教师集体学《论语》是从去年开始的。其实自建校以来，我们一直就倡导师生共同读书。打造学校和师生发展的共同体是我校办学的理想。教师幸福的源头在哪里，怎么去挖掘教师职业生命的幸福感，怎样才能让每个老师都享受到教师职业的幸福，是我们一直在思考和探索的问题。最初我和同伴一起读苏霍姆林斯基《给教师的建议》这本书，可以说受益匪浅。书中有些观点让我们豁然开朗，过去苦苦寻觅但一直没找到的答案从这本书中找到了，如这本书对"阅读"的强调比较多，尤其是对学困生来说，阅读可能是最好的转变方法。我们就尝试着去做，采取图书进班级、师生共读、亲子共读等方式，定期开展读书报告会，加大孩子的阅读量，效果不错。特别是 2007 年 10 月中旬您作的《读书与教师生命成长》、《打点幸福人生》两场报告，对我校读书活动的推动非常大。您在谈诵读《论语》的时候，提到"取法乎上，得乎其中"的观点，点燃了教师读《论语》的热情。后来，老师们成立了"博雅"书社，拟定了活动章程，社员人手一本《论语》。有的老师拿到书以后，看到书好，让孩子也读，有几个年级学生在教师的带领下开始背诵《论语》：十条、二十条、一百条……最初只是一部分老师在读，后来读《论语》的人数逐渐增加，范围慢慢扩大，沟通和交流也比以前更频繁，这样，读书就向更深更高层次发展了。

陶继新：今天上午，有的老师问我读哪些书最重要，我给他们列了一些书目，第一本就是《论语》。我认为，《论语》不是读一天两天，甚至一年两年就不需要再读的书，而是可以读一辈子的书。

49 岁那年，我背诵了《论语》85% 以上的内容，终于悟到一个道理：大自然有风和日丽，也有雷鸣电闪，这正是大自然的一种常态，且构筑了属于它自己的一个独特的和谐。而人呢，却多不能自我构建一种内在的和谐：不是在取得巨大成功与遇到不幸的时候，将其视作生命的常态，而是在取得成功时就忘乎所以，在遇到波折和遭遇不幸时就垂头丧气，甚至一蹶不振，这就失去了内在生命的和谐。而生命的内在和谐，恰恰是人一生的幸福之源。

有了心灵层面的内在和谐，加之有益于生命成长的精神追求，就会享受到身心健康和文化升值所带来的无穷乐趣。所以，当我到了 60 岁的时候，这么多年来积蓄的思想文化，就开始酝酿我生命的另一个开端。我退休之后一直行走于全国教育讲坛，给天南地北的校长、教师、家长等讲课，采访具有思想与文化品位的精英人士，撰写自己乐于书写的作品，整天忙得不亦乐乎。而且这个"忙"，是自己愿意干的事情，是自己能够干好的事情，是令我心灵快乐的事情。于是，我感受到了自己被人认可的价值，感到自身的价值又促进了更多人的生命成长。

徐传信：读《论语》的作用太大了！我们的老师诵读《论语》之后，视野开阔了，胸怀宽广了，思维方式改变了。过去一直喊要爱学生，要平等对待家长，可是没有经典的滋养，这些东西就内化不到他们的心灵世界中去。而在读《论语》的过程中，人生境界在不断提高，不用再说怎么爱学生，他们也会饱含爱意。过去对待学生居高临下，现在对待学生平和亲切。在学生面前亲和力增强了，和家长交流时视野开阔了，对很多问题都有自己独到的见解，让家长信服、佩服，家长感到老师有真知灼见，也愿意积极配合老师。在读书过程中，大家找到了共同的话题，不再张家长李家短，生活方式在不断改变，文化品位在不断提升……读书，让教师以欣赏的眼光看同伴，以发展的眼光看学生，以开放的眼光看世界。教师的心态更平和，更淡定，更从容；看问题、处理问题更冷静，更睿智。

做好发展规划

陶继新：教师为自己的一生发展计，就应当瞭望未来，为自己做一个生命规划书。在这个规划书中，一个特别重要的内容就是读书规划，特别是读好书的规划：在这个星期、这个月、这一年、后几年，甚至更长的时间里，我要读哪些书，读多少？规划之后，就要完成，甚至超额完成计划。这样，就会不断地增值文化，时间愈长，增值愈多。久而久之，你就会成为你所在单位的优秀分子，甚至是更大范围里的教育名人。不但不用担心自己工作的去留问题，还会有"更上一层楼"的快乐体悟。更为重要的是，生命的深层因为有了经典滋养，就有了一生幸福的本钱，就会永远快乐。

徐传信：苏霍姆林斯基说过：校长要想使教师不至于在日复一日单调重复的生活中感到疲倦，最好引导他们走上研究的幸福道路。基于此，老师从踏进校门起，我们便提出要他们都有一个追求目标，思考自己应当成为什么样的老师，学校应当成为什么样的学校。我们走访了安阳人民大道小学，还走访了天津、上海、北京的一些学校。走出去以后，眼界就打开了，目标就更明确了，对自己的定位也就更高了。

陶继新：井底之蛙永远看不到阔远的天空，只在一个狭小的空间里，不可能有大的作为。学校为教师提供到北京、上海、天津和安阳等地学习的机会，也是在开阔老师们的视野。

徐传信：今年上半年，我校有50多位老师又明确了自己新的五年发展规划，在五年发展规划里，他们申请学校为他们联系指导老师，并提供外出学习的机会。我们把这些老师大体上分了一下类，有些老师经验不足，请校内的省市级学科带头人来指导。有些老师理论水平不错，校内没有合适的人带领，就借助校外的力量。在数学方面，我们和北师大建立联系，使用他们的教材。借助他们的力量，我们一些数学老师能直接和数学界大师接触对话。在这几年的学习和锻炼中，许多老师不断超越自我，远远超越了过去我看到的常态下的那些教师。比如我校郑亚锐老师，开始上课很紧张，现在课上得很大气。这让我觉得很幸福，一想到他们就骄傲和自豪。他们在不知不觉中提升得这么快，对教育的感悟这么到位，我们应该把他们推到更高的平台上，为此我们再苦再累也值得。不一定只是为人做嫁衣，在推动他们发展的过程中，我自己也在不断发展。我觉得我这人很平常，身上有不少缺点，但一提到教育方面的问题，有很多人愿意听听我的声音和意见。比如去年和今年暑期，县教体局组织校长培训班，有些领导向我征求意见："你觉得现在应给他们培训哪些东西，你来定课程方案……"这说明他们信任我，我提供的那些东西他们也认同了。

陶继新：你的规划不是"千篇一律"，而是因人而异。这样，具有不同个性与特长的老师，都可以在这个规划中实现自己生命的飞跃。郑亚锐老师为什么能够从紧张走向大气？就是因为你们给她提供了与大师对话的机会，她自己又有主动向上的实际行动。同时，由于你所有的规划真正考虑到了老师们的发展，所以，他们从心里认可你，甚至感激你，他们愿意听你的"声音与意见"。这样，你的规划就有落地生根的可能了。

彼此和谐相处

徐传信：有一些老师在提到个人进步时，常怀感激之情。我说，无论从个人还是学校层面，最感激的还是你们，是你们的智慧推动了学校的发展。在学校发展过程中，很多方面不是凭我个人力量推动的，而是老师们的一些要求和想法带动了群体的良性发展。我则只是想着怎么去适应教师发展的需要，去做教师喜欢的事，去做有利于孩子人生、有利于教师人生幸福的事。

陶继新：校长如果只注重自己的发展，而不管教师的发展，就不单是不以教师为本了，可能其思想、人格都出了问题。有的校长虽然具有一定的理论水平，而且经常天南地北地外出学习，可是，如果哪个老师想外出学习，却是百般阻挠，对此，教师自然心怀怨恨，甚至形成一种消极情绪。如果校长名声在外，而教师并没有多大的发展，学校必然会出很多问题。所以，一个优秀的校长，不但自己要发展，还要让全体教师都发展。只有这样，学校才能拥有不竭的发展动力。你如此关注教师的学习与发展，他们怎么能不感激你呢？

徐传信：其实，我更感激老师们，而且是在内心深处充满了感谢。感觉这些老师做得这么好、这么优秀，可能我处在教师的岗位上，就做不到这么好，这是我感谢他们的地方。另外从班子的角度来说，班子成员对我很好，他们在思考很多问题时都没有私心。我们经常对好多问题进行争论，争论的时候，有时语气比较硬，但想到都是为了工作，大家就理解了。这几年学校在发展过程中，也经历了一些坎坷，比如有时候家长不理解、社会不支持，但是遇到再大的困难，只要伙伴们看到我在学校，看到我和他们在一起，就放心了。即使我有事外出不在学校，他们也能各司其职，出色地解决众多问题。

这几年来，我外出学习，基本上都是市教育局或省教育厅等上级组织明确要求我参加的校长学习，如果有其他好机会，我尽量让同伴们参加。今年暑假，县教体局组织一个在上海的培训，我把吃、住联系好以后，让学校业务上的领导同志全参加了。这让其他学校的业务领导非常羡慕，我的伙伴们很自豪，也很感动，他们参加培训当然就更积极，更认真。

陶继新：学校其他领导与老师们走出去和校长个人出去是不一样的。他们不但开阔了视野，提升了品位，还会对校长心存感激。这样，他们做起工作来，就会尽心尽力，即使再忙再累也心甘情愿。假如他们对校长心存怨恨，即便你布置他去做一些应该做的工作，他也未必努力。

我这次到你们学校来，感觉你们工作状态非常好，显得从容而和谐。从副校长到中层干部，再到老师，多是自愿分担忧愁，承担责任。正是因为你平时对他们特别信任和关心，才有了这种和谐的景象。

徐传信：我脾气也不太好，在某些情况下，也有让教师生气的时候，但他们不介意，不怨恨，工作该怎样做还怎样做。

陶继新：偶尔发次脾气当属正常，关键是你为什么发脾气，是为公，还是为私；是既往不咎，还是记恨在心；是彼此信任，还是相互猜疑。如果是前者，教师就会容忍你的脾气；如果是后者，教师就会以其人之道还治其人之身。

淡化"行政管理"

徐传信：这几年，我们在努力地淡化"行政管理"的意识。我时常提醒班子成员尽量不要处处突出管理者身份，在工作上尽量少指手画脚，别说"你应该……"、"这事不干不行"等话。我们的班子成员都坚持站在课堂一线，整天和老师们在一块儿摸爬滚打，他们在自己任教的学科上做得很好。老师们和他们在一起，情同手足，其乐融融。

陶继新：领导整天指手画脚，居高临下，是长官意志行为，作为知识分子的教师，对此是极为反感的。他们希望得到尊重，希望领导与他们在人格上处于平等的位置。从这个意义上说，你的"提醒"是非常必要的。

徐传信：有时候，我也这样定位。几年前，我感觉对课堂教学还有发言权，可这几年，对于课堂教学的某些方面，如构建自主高效课堂，我就不敢随便乱说了，因为有时候说了，可能并不符合目前的教学要求。所以我尽量少说，多做，了解他们的需要，全力做好服务工作。

陶继新：这说明了两个问题：一是老师们的水平提高快，你担心由于你的未必正确的发言而导致教学偏离正确的航向；二是你平和，谦虚，对老师特别尊重。相信老师们会有心理感应的，他们也会更加尊重与信任你。这样，你工作起来，就会更加得心应手。

享受写作乐趣

徐传信：刚开始来这个学校时让老师们写论文，有些老师感到好笑和不理解。比如有个老师就对我说："徐校长，让我写啥论文哪？课上好不就行了？我能写啥水平的论文！"我鼓励他："随便写，写出自己怎么做的、怎么想的就行了。只要是改革课堂的亲身实践，成功与不足都是绝好的一线论文素材。"刚开始他们还有很多困惑和疑虑，后来，由于自觉不自觉地写了很多教学札记、案例，包括各种层面的论文，再加上学校每年积极为老师组织许多交流活动，如沙龙活动、教师论坛、论文交流等，慢慢地，老师的交流范围扩大了，层次提高了，老师的科研能力和写作水平都大大提升了。刚开始在县内获奖就不错了，如今在省内、国内获奖已不足为奇，很多老师的论文还见诸报端呢！

陶继新：教师不但要会教课，还要会写文章。教师在教学生写作的时候，自己却不会写，这岂不是一个笑话？所以，叶圣陶先生主张老师要写"下水文"。语文学科以外的教师，也应当不断地写作。写作不但可以让自己记下教育教学的感受，还是一个人的精神收藏。

老师的写作应当与教学水平同步发展，甚至可以说，它引领教育教学水平的发展。因为老师们所写的文章，绝大多数和教育教学有关。写作的过程，实际上是对原有教育教学过程进一步梳理甚至升华的过程。刚开始写作的时候，教师可能将其视作一种负担，迫不得已而为之，但当他渐渐有了收获，慢慢尝到甜头后，就会欲罢不能了，甚至成了自己不可缺少的一种精神享受。而且再教课的时候，也会另有一番感觉，水平甚至有了超越想象的提升。

提升艺术品位

徐传信：2006年暑假，在上海举行的第七届全国中小学电脑制作活动决赛中，我校七年级学生宋继禹是河南省唯一一个全国一等奖获得者。从家庭条件来说，我们的学生肯定赶不上大城市的孩子，但由于我们的重视和培养，学生的潜能得到很好的发掘，发展喜人。就拿此次电脑制作比赛来说，学生不仅要有深厚的美术功底、独特的创意，演讲水平也要高。现场参赛，作品完成后还要说明你为什么这么设计，你要通过作品传达什么信息，所以学生的综合素质一定要好。至少学校语文课堂教学、美术课堂教学和信息技术教学都得有特色，否则想拿这个奖就不太现实。在此之前，我们连续参加过几届全国"六一"国际儿童节计算机表演赛，各种层面上的奖我们都获得过。

陶继新：学生在全国大赛中获奖，从一个侧面说明，你们学校已经跻身全国优质学校的行列之中了。同时，也说明你们老师的水平比较高。更为重要的是，学生在这样大的场合，与全国各地名校的高手比赛，还可以获奖，这会在无形之中增强孩子的自信心。这种自信心一旦形成，就会受益终生。而且这种自信是可以传递的，它会以一种正能量向其周边的学生辐射，形成一个自信的群体。

同时，学生在大赛中获一次奖，即使没获奖，也是其一生中重要的生命体验。人的成长不单单需要知识的积累，还需要这种超越学习的生命体验，这无疑为其一生积累了精神财富。

徐传信：我校在艺术教育方面还存在许多不足，这和场地限制、师资缺乏等因素有关。如果处在大城市，就可以经常请一些专业人士来指导。而我们学校一年请一两次还行，多了就不方便了。尽管如此，学校仍旧非常重视艺术教育，比如在器乐上投入很大，古筝、电子琴、钢琴等都能保证学生练习需要。另外，我校老师在个人艺术修养提升方面非常积极主动，国家、省、市组织的活动都踊跃参加，在器乐、舞蹈等大赛中屡屡获奖。美术学科的老师专业知识也比较深厚，但他们还想不断发展自己，不断寻找机会出去学习，有些老师还自费外出学习。

陶继新：只有自主地学习，才能真正提升自己。我在博客里是这样介绍自己的："陶继新，1948 年生，农民出身，第一学历专科。"我刚到山东教育社工作的时候，身边的编辑记者大多是名牌大学毕业生，在他们眼里，我一定是低他们三分的。可是，我有一个突出的优点，就是具有一种持之以恒的主动学习精神。二十多年来，即使春节，也没有中止过读书与写作。有的人总是羡慕有成就的人，认为太了不起了。可是，却很少追究这了不起背后的奋斗历史。任何教师拥有了这种持续不断的奋争精神，都可以脱颖而出，成为名师，甚至成为大师。

徐传信：我们老师在参加省内外的一些交流活动时，发现自己还行，自己知道的一些做法别人还不知道，听到的一些理念学校早已提倡了。这时，他们就觉得尽管我们是县级学校，可我们学校的教学思想、教师的教学状态在省里一点也不落后，跟省内省外的一些优秀学校相比也没有多大的差距，所以有了自信，教师们就更愿意主动深入地学习了。

在艺术教育方面，我朴素的想法是：一个孩子，他的文化课好了，其他方面好了，但艺术修养没有达到应达到的层次，以后会有许多遗憾。就说我吧，有些艺术类作品欣赏不透，曲子弹不下来，想唱歌呢，五音不全，就感到非常遗憾。我就想，如果当时有条件，肯定也会把我的艺术细胞培养起来。所以艺术教育这方面，倒不是为了让孩子参加比赛才重视，而是想着怎样让孩子有一个幸福亮丽的人生。

陶继新：我上学的时候，学校里没有专门的艺术老师，在获取艺术美感方面很欠缺，成为终生遗憾，永远无法弥补。

宽容形成能量

徐传信：搞艺术的人思维方式与普通人不大一样，因为他全身心投入艺术，可能会忽略一些东西。越是在艺术上有造诣的人，越应该包容他，如果按常规去要求他，反而使他在艺术方面不会有更多的突破。所以在团队里面，我们提倡在追求个人发展的同时，要更多地包容别人，用宽容的心态对待别人。

陶继新：宽容是一种美德。校长对老师尤其要宽容，特别是对那些有艺术才能且有个性的老师。大家都要有宽容之心，彼此才能友好共处。况且，不容忍别人，不宽容别人，还有损于自己的身心健康。所以，学校应当形成一种宽容的气场，使大家心情舒畅地工作与生活。

徐传信：作为领导层，对有些问题虽然已经关注，但我们做得还不够。过去学校规模小的时候，有些问题随时就沟通了。现在，想与老师交流、沟通，或通过一些活动增进老师之间的情感，但总觉力不从心，未能尽如人意。近几年，我们借鉴了一些企业"小胜靠智，大胜靠德"的管理理念，同时也借鉴了企业的一些优质的服务经验，如海尔的星级服务，他们提出让客户满意，我们则提出怎么让孩子满意，让家长满意。我们目前的家长群体有公务员、普通市民、进城务工人员等，让所有家长都满意教师的工作、学校的工作，肯定不太容易。个别家长有一些狭隘的心理，比如希望孩子一直坐在最佳座位上，希望老师课堂上一直提问他的孩子等。我们开放课堂时，请家长来听课，有些家长并不是认真去听课，而是在数老师提问过他的孩子多少次。我想我们还是应在理解家长、尊重家长的基础上，不断地思考：怎样对家长持一种包容心态？怎样让家长对老师、对学校产生信赖？怎样让各个层次的家长都能和学校形成合力？

陶继新：包容家长是很有价值的，因为每一个家长都期盼自己的孩子在各个方面都优秀，即使孩子不优秀，也希望他逐渐优秀起来。正是因为这种期盼，他们会对教师提出一些要求，甚至是不尽合理的要求，诸如，让孩子当个小组长、班长等，一旦不能实现，就会心怀不满。尽管这样是不对的，但是，老师要理解和宽容这样的家长。同时，也应当向他们讲明道理：你的孩子在家里是100%，在50人的班里则是2%，可小组长只有几个，班长只有一个，不可能人人都当组长或班长。况且，你的孩子可能在另外一些方面比较优秀，不一定要在这个方面争来争去。人各有长，人各有好，要取长补短。真正诚恳地对家长讲了，他们也会理解的。学校教育一个重要的历史使命就是，让我们的家长成为社会上优秀的家长群体。家长优秀了，他们就会更好地教育孩子，使孩子越来越优秀。

徐传信：您这个观点非常好。我们学校的家长层次参差不齐，怎样让我们学校的家长成为最优秀的家长群体，今后还要下很多工夫。

陶继新：关注家长的成长，应当与关注教师的发展一样引起学校领导的重视。一些学校经常邀请有关家庭教育方面的专家为家长上课。在听课的时候，有的家长会有一种豁然开朗的感觉，对以前的教育进行深刻的反思，并且开始计划如何更加有效地教育自己的孩子。可见，家长的成长，带动的是孩子的成长；孩子的成长，又优化了教师的教育教学。

不好的家庭教育销蚀性很强，家长会把自己的错误理念辐射到孩子身上，甚至将自己的怨气迁移到孩子身上。孩子又将这种怨气带到学校，不仅不利于他本人的学习，甚至对其他同学也会产生负面影响。

重视养成教育

徐传信：我完全赞同您的想法，如何形成家庭、学校、社会三位一体的立体教育网络，整体构建学校德育体系，是我们不断探索的课题。目前，学校在养成教育和团队活动方面思考了很多，也做了大量的工作。我们学校组织相关活动，只要是学生能干的就放手让他们干，真正实现学生自主学习、自主管理、自主发展。如每周一的升旗仪式都由学生自己组织，红领巾广播台、校园电视台，从采编到播出全都由孩子们自己去做。我们从低年级起就积极培养学生自主管理班集体的能力，到了中高年级，学生就能自主管理班级了。学校的纪律、卫生监督员和值日生随时发现问题随时解决。学生晨省昏定，常用《论语》、《弟子规》等经典规范自己的言行。班级明星、校园明星评选，"雏鹰争章"活动，以及"艺术节"、"体育节"活动的开展也为学生形成良好的行为习惯作好了铺垫。

陶继新：养成教育，小学是个关键阶段。正如孔子所说："性相近也，习相远也。"如果在小的时候形成不了好的习惯，到了初中、高中、大学，即使费上数倍的时间与精力，也往往达不到预期的效果。

徐传信：的确如此，习惯决定命运。我校的养成教育活动常抓不懈，我们让学生从身边的每件小事做起：不乱扔一张纸，养成良好的卫生习惯；不浪费一滴水，养成勤俭节约的习惯；认真听讲，深入钻研，不放过任何一个细节，养成良好的学习习惯……孩子的行为习惯不好，常常是问题父母、问题家庭造成的，当然老师的作用也极其重要。为此，我们提出"为一生的幸福奠基"，就是为走进校园的每一个学生、每一位家长的幸福奠基，也是为每一位老师、每一位社会人士的幸福奠基。

陶继新：我个人的思想和你们学校的办学理念不谋而合。古人云"修身、齐家、治国、平天下"，修身是基础，只有基础打实了，以后的人生才会幸福。

徐传信：有人说过，最好的教育是自我教育。传统文化一直强调修身养性、自我修炼。但在学校发展和师生成长的过程中，专家的作用是不可替代的。感谢您对我们学校师生发展的"引领"和"导航"，也盼望着更多的专家和志士仁人走进学校，与我们一起分享成长、成功的幸福和快乐。

周 玲

让师生和谐成长

—— 对话周玲校长

    周玲，山东省威海市塔山小学校长。山东省教学能手，山东省教研教学先进工作者，威海市优秀教师，威海市师德标兵，环翠区十佳文明教师，环翠区劳动模范。

    "崇尚自然、尊重生命"是周玲校长执著的教育追求。在教育与管理中，她始终强调遵循教育规律：突出教育与管理中的情感因素、感染力量、文化魅力，突出课堂在教育教学中的主阵地作用，突出细节在完善人格、文化影响中的决定意义，引导教师与学生享受教育、经营生命，创造让教育成为自然、让优秀成为习惯、让精彩成为必然的教育佳境。

[对话实录]

<h2 style="text-align:center">"爱的教育"行动准则</h2>

周　玲：我提出了"生命因爱而精彩"的教育理念，并与全体师生一起讨论制定了"爱的教育"行动准则，让大爱落实在每一个教育细节中。下面就是我们具体的行动准则——

教师行动准则

爱学生——奉献大爱

我要认真倾听孩子的心声，做孩子的良师益友。

我要做教育的有心人，关注教育的每个细节，关爱身边的每个生命。

我要把今天的学生当成明天的人才来培养，为他们的未来负责。

爱事业——追求更好

我要把学习和思考当成习惯，永远做最好的自己。

我要努力创造与众不同的品牌，建立自己的风格体系，成为一名好教师、大教师。

今天的我可以比昨天的我做得更好，而明天的我会更棒！

爱自己——享受快乐

我的一生都与孩子在一起，永远享受着童真童趣之乐。

我与团队的伙伴们共创共享共赢，永远享受着互助合作之乐。

我能为亲人尽义务，感受着亲情的温暖，永远享受着生命幸福之乐。

学生行动准则

爱自己——学会负责和自主

我要主动与老师和同学交流，敢于发表自己的观点。

我要主动锻炼身体，让自己永远充满活力。

我要做个诚实的孩子，不说假话，有错就改。

爱他人——学会尊重和感恩

我要静静倾听别人的谈话，尊重别人的观点和想法。

答应别人的事我一定会尽力做到。

我要用行动感谢身边的每一个人，让他们因我的存在而感到快乐。

爱环境——学会欣赏和珍惜

学校就是我们的家，美丽的家园需要我去维护。

我要爱护公共财物，讲究公共卫生，珍惜美好的生活环境。

我要善待地球上的每一个生命，因为他们都是我们人类的朋友。

陶继新：这里很有创意的一个内容就是"爱自己"。以前，往往将"爱自己"跟个人主义联系在一起。其实，"爱自己"自有其可取之处。孔子的弟子曾子得了重病，他把弟子们叫到身边，说道："启予足！启予手！《诗》云：'战战兢兢，如临深渊，如履薄冰。'而今而后，吾知免夫！小子！"意思是说，看看我的脚，看看我的手，有没有什么损伤！《诗经》说："一定要小心啊！就好像站在深渊旁边，踩在薄冰上面。从今以后，我知道不必如此了，学生们啊！"为什么会说这些话呢？因为曾子素以孝著称，平时不但正德修身，治圣贤之学；即使身体发肤之微，因来自父母，也倍加小心，不损伤。现在重病将终，追思自己平生守身之道，感觉无愧无悔。所以，才有了上面的话语。

现在的一些孩子不知道生命的价值，甚至连自己的生命都不知道尊重，有时因为一个小小的波折，就离家出走，甚至走向自杀的不归路。这样做不只结束了自己的生命，还对父母的心灵造成了伤害，甚至有可能使他们从此身染重病乃至死亡。从这个意义上说，珍爱自己的生命，也是爱自己的父母。

20世纪70年代我拉地排车的时候，正是经济困难的时候，有的人甚至吃不饱饭。但是，我知道"留得青山在，何愁没柴烧"的道理，我不能毁掉自己的身体。一人漂泊在外，父母最为挂念的，还是我的身体。因此，我不但吃好，拉货也适可而止。我身体比较强壮，正常拉1800斤没有什么问题，可是，我只拉1600斤。所以，拉起车来并不感到困难，甚至还比较从容。可是，几个车友却恰恰相反，他们节俭了再节俭，吃得非常不好；本来最多只有拉1600斤的体力，却要强行拉1800斤。结果，几年下来，身体每况愈下，有的甚至得了很重的病。节俭固然是一种美德，但过犹不及。如果为了节俭，毁掉了身体，甚至提前结束了生命，就得不偿失，还令父母伤心、难过。

周　玲："让爱伴随师生的一生"是我们价值取向的一个方面，而学习的目的、好教师的标准是更重要的一个内容，这些直接决定了学校文化的发展方向。

我和我们的老师讨论，孩子读书到底是为了什么。大家现在都明白了，学数学不是为了当数学家，而是为了更简单地生活；学音乐不是为了当音乐家，而是为了让生活更有艺术性；学语文不是为了当语言学家，而是为了让自己的生活更具诗意。明白了这些，大家就真的能够把目光放远，抛弃功利行为，以平和的心态为孩子的一生负责了。因此，我们总结了属于我们现时期的行动口诀，共三句话。第一句是"思想引领，方法指导，逐层示范"；第二句是"多指导，少指责"；第三句是"多加法，少减法"。什么是思想引领？就是做任何工作，首先要让老师明白为什么要这样做，即要"道之以德，齐之以礼"。

那么，好教师的标准是什么呢？就是真正为学生的一生负责。深受学生喜欢的老师，就是分班时，大家都想把孩子送到他班里的那个老师。这样的老师比其他老师更多的是一种人本关怀，是对孩子发自内心的真正的爱。

陶继新：校长爱老师、爱学生，处处想着学校的发展，老师就会以同样的爱来回报校长，学生就会以同样的爱来回报老师。你们的老师为什么如此乐此不疲地工作着，学生为什么如此快乐努力地学习着，一个重要的原因，就是教师从您的身上感受到了这种爱，学生从老师身上也感受到了真正的爱。相反，如果校长不爱老师，老师对校长安排的工作就会阳奉阴违；老师不爱学生，学生就会以各种方式来对付老师。

从小培养孩子的博爱之心，当是教育的大计。一个失去爱心的人，将失去起码的为人之道。我发现，一个没有爱心的人，往往会做出错事、坏事甚至恶事；相反，一个充满爱心的人，就会做出很多正确的事和好事、善事。同时，爱不是做表面文章，而是出自心中，行于自然。可以说，爱是与心紧紧联系在一起的。

周　玲：会爱就是抓住了教育的根本。这一年我和老师们读了很多书，有《英才是怎样造就的》、《做最好的老师》、《窗边的小豆豆》、《爱的教育》等，这个假期又买了苏霍姆林斯基的《给教师的建议》和于丹的《从星空到心灵》。我就想老师们能从书中学会一种方法，学会一句话，哪怕一个词都值了。暑假我从烟台学习回来，买了四百多块钱的书。其中有一本是王晓春的《问题学生诊疗手册》，我推荐给德育主任看，德育主任又在读书沙龙里推荐，大家都觉得这书很实用。我决定每个班主任一本，结果非班主任老师说他们也需要，大家都争着读书！这就是人心向善、人心向上。我觉得这种双向的督促、这种进取的文化氛围已经悄然形成！我时时都有被老师盯着的感觉。这种感觉真好！

我们的老师真正感觉到"学然后知不足"了。大家认为，当自己的内涵只是一个点的时候，自己的外延也只是这个点的周长；当内涵逐步增加的时候，外延越大，越感到自己的不足。

陶继新：为教师买书，就是为其提供精神福利，特别是阅读古今中外大师的作品，则是提供上乘的精神营养。因为大师的作品都蕴涵着真善美。在阅读的过程中，书中的优质思想与审美追求，就会"随风潜入夜，润物细无声"地走进老师们的心灵之中。所以，我一直认为，读书，特别是高层次的读书，能使教师发生翻天覆地的变化，从本质上提升其人格与境界。所以，建议您与老师们除了阅读您所说的这些书之外，还要阅读一些世界大师的著作。这样，老师们就会更有品位，更有爱心，他们所教育的学生也会更加优秀。

畅通心路，消除内耗

周　玲：我觉得教师在工作中即使享受不到愉悦，也应该感受到轻松、自然、开放，因为只有在这种状态下，教师的潜能才能发挥到最大值，才能最大限度地对学生施以积极的影响，否则，他的工作和生活不仅是一种浪费，还有可能是一种伤害。因此，我一直要求自己：必须让教师们心路畅通，不能让任何一个教师带着不良的心结工作！

我用问卷与教师沟通。一种问卷是"学校发展建议"，包括学校特色工作、教师专业化发展、教师评价、学生素质、增收节支等，让教师们畅谈哪些做法应该坚持、哪些做法应该改正。一种问卷是"学校计划反馈"，学期初，在认真学习了学校工作计划的基础上，每位教师认真填写，内容包括我最欣赏的方面、我认为应该调整的方面、我的合理化建议。第三种问卷是对领导说心里话，题目是"我想对你说"，对象是领导集体和每一个成员，诉说内容包括我最欣赏的方面、我希望你改正的方面。第四种问卷是"自我发展评价"，内容包括我已经成为学校品牌的方面、我有可能成为学校品牌的方面、我需要学校提供的帮助等。我总是极认真地对待每张问卷，或采纳，或解释，或答复，我让教师们都明白：他的建议很重要！他的态度更重要！

这几张小问卷，让老师们把背后说的、不敢拿到面上说的话说出来，老师感受到了尊重，心路畅通了。我觉得做人做事就是这么简单，一份真诚的尊重就能解决许多根本性的问题。

陶继新：这些问卷问得好！达到了两个目的：一是老师从您这里感受到了尊重与信任。老师是一个特殊的知识分子群体，特别看重自己的尊严，一旦尊严受到伤害，就会出现"士可杀不可辱"的激烈反抗行为，从而对学校管理工作起到负面甚至破坏作用。二是您给了老师一个感情宣泄的渠道和自由言说的机会。由于各种各样的原因，教师心里会积压一些怨气，如果得不到及时的宣泄，就会在某一个时刻某一个火候爆发，从而导致不稳定的因素。有气就要让他发，有话就要让他说。不然，气就会闷在心里，形成心病；当面不说，背后乱说，就会形成一个说是道非的劣性情绪传染场。这样，校长的政令就可能遭遇梗阻。其实，教师对校长产生怨气甚至恼恨，往往是不知情所致，有的则是缺少沟通使然。一旦为其打开感情宣泄的闸门，打开一个言说的窗口，他们心里的郁结就会得到舒缓，很多话语就会脱口而出，从而进入到了优质的情绪场中，工作起来当然也就高效而且愉快了。

周　玲：所以，我给大家提出要节约自己的精力，要消除一切内耗！领导与教师、教师与学生都是帮助和被帮助的关系，家长既是我们的同事，又是我们的伙伴，我们既然为他们的孩子着想，为什么要和他们对立起来呢？我们为什么就不能把好事办好呢？

为达成共识，形成最大的合力，我坚持把每次开会都当成一次学习活动来组织。同时，充分利用博客、座谈、聊天等形式，与教师平等对话，引领教师把精力用在进取上。

陶继新：消减内耗是学校管理的要中之要。中国人的一个劣根性就是喜欢窝里斗。所以柏杨说，日本人一个人是一条虫，三个人是一条龙；而中国人呢，一个人是一条龙，三个人是一条虫。看看当下一些单位领导，往往需要拿出很多时间用在人事关系的协调上，用在彼此争斗的缓解上。尽管我与你们的教师相处时间不长，可是，我已经充分看出了他们发自内心的快乐与愉悦。

周　玲：真是这样的！我们的教师和学生身心是开放的，在校园里处处都能感受到亲切、融洽、和谐。所以我越来越坚信自己这种"崇尚自然、尊重生命"的管理理念，我越来越感觉到管理本身就是很自然的一件事。

陶继新：老子说："人法地，地法天，天法道，道法自然。"我就是我，千万不要故弄玄虚，特别不要故作高深。十年前，我写文章的时候，常常有意用上一些华丽的词句，当时还以此为美。今天看来，那是令我特别羞愧甚至不堪回首的往事。其实，一个故弄玄虚的人，一个着意雕琢的人，虽然他本人认为那会让别人觉得高不可测，但实际上只会令人生厌。如果呈示给人的是真实、自然、从容，所言或朴实无华，或诗意流淌，都会令人感觉如山涧清洌的流水，沛然而出，叮咚悦耳。

周　玲：我经常组织教师以学生的身份来理解教师，理解教育。在教师节举行"教师节里话教师"的活动，第一组教师谈对自己老师的感恩，第二组教师谈老师曾经对自己的伤害。这让大家产生了深深的思索：我们今天到底应该怎样做老师？应该怎样让发生在我们身上的伤害永远消失，让我们的学生谈起小学时代津津乐道的只有快乐，而没有痛苦，没有伤害？

在班主任节期间，我们组织了教育情境即时表演，表演中的惟妙惟肖、尽情尽兴让教师们在开怀之余更多了一份思考：这就是童心啊！今天应该怎样理解？怎样尊重引导？多了这份理解就多了一份真爱！所以教师们对孩子欣赏得多，挑剔得少了。教育效果没达到，大家也都从自身找原因：我为什么没做好？孩子为什么不理解我？

陶继新：您这是在有效地开发教师之中蕴藏着的正能量。其实，人的本性多是善的，只是有的时候被某些外象所迷惑，才有了负面能量的存在甚至蔓延。化解教师的矛盾，开发正面能量，就要采取一些行之有效的方法。

让课堂升华生命意义

周　玲：我始终认为，学校的重中之重是课堂教学，这是学校工作的根本。因为学生在校大部分时间都是在课堂上度过的，修身的理念、做人的道理、师生间的彼此影响，大多发生在课堂上。因此，我很反对班主任工作单独拿出时间来做，我一直觉得教学与管理、教书与育人，它们本身就是一体的。所以要了解一个教师，就要走进课堂里去，教师与学生之间眼神的交流、语言的交流、对课堂偶发事件的引导和处理，就完全证明了这位教师的教育思想和教育底蕴。

陶继新：我在曲阜师范当过三年半的班主任，在给学生开第一次班会的时候，我就正式宣布："本学期专门开班会的时间绝对不会超过两个小时！"这是不是不做工作呢？不是。而是将必须做的工作融入到课堂教学之中。我教的是"文选与写作"课。"文以载道"，写作亦然，文如其人嘛。另外，很多班级工作交给了班干部，特别是班长和团支部书记去做。他们充分感受到了来自班主任的特别信任，工作起来主动、认真、积极，班级工作做得有声有色，大家又都心情舒畅。

周　玲：我们学校的特色是"主题活动化"，我们用最大的能力建设主题活动化的课堂，因为我们认为，只有活动化的课堂才是对教师和学生生命的真正尊重，才是一种真正的大爱。传统的课堂，更多的是讲授，压抑的是自主性、创新性；课改的意义就是突出强调对富于个性的生命的尊重。在这样的课堂上，孩子的信心如何、合作能力如何、实践能力如何等都在教师的关注范围之内。我们觉得，只有这种有了爱的主题的课堂才是生命的课堂、文化的课堂。

上次教育局的领导来听课，三年级的孩子晨阳读完课文以后，很常规地问："哪位同学给我评一评？"然后自选一位同学起来评价。评价的同学说："晨阳同学，你刚才读得很流利，但是有个地方感情表达得不到位。"晨阳就说："谢谢你帮助我，你能为我示范读一读吗？"这赢得了领导和家长的一片掌声。

现在，我们的主题活动化课堂已经形成了鲜明的风格，取得了很好的效果。虽然我们的教师为此付出了艰辛的努力，但是大家都很开心，很欣慰，因为大家的精力没有浪费，都用在该用的点上了。

陶继新：不要说学生，就是课文，都不是僵死的文本，而是流动着的生命活水。因为作者在写这篇文章的时候，已经将自己的感情融入其中了，甚至倾注了自己的生命。在解读课文的时候，应当读出作者那种生命的跃动。所以，感情朗读就成了语文学习至关重要的一环。读得流利并不是朗读的最高境界，而只有感情朗读才能唤醒课文之中的生命意识。因此，我很欣赏评价晨阳的那个同学所提出的问题，相信他的朗读定然会有一种感情之水在流淌。将作品的感情况味朗读出来，不但有利于课文的学习，还会因此而感染自己与其他同学，从而将美好的感情传递出来。这不就是很好的思想教育吗？

周　玲： 真的是这样的，课堂与生活是一体的，现在与未来是一体的。我们的教育理念是"生命因爱而精彩"，我们以前对爱的理解仅仅是"被爱"：学生要因为教师的爱而精彩，教师要因为学生的爱而精彩。而现在，我们都明白了：这个"爱"其实不是单向的，而是双向的，是能动的。我们每个人首先要会爱，教师因为爱事业、爱学生、爱自己，所以才精彩；我们的学生也是因为学会了爱，生命才变得精彩。我们要在接受爱的同时，享受感恩的快乐；在奉献爱的同时，享受成功的快乐。

陶继新： 在谈到爱的时候，人们往往会忽略一个问题，那就是爱自己。人不可能一直被爱着，有的时候会被忽视，有的时候会感到孤独。这个时候，要学会自己爱自己。有的人稍不顺心，就怨天尤人，甚至嫉妒别人，这是不会自爱的一种表现。所以，要提倡大家多一点宽容精神，多一点友善之心。不是说"积善成德"吗？这个"德"就有自爱之意。过去，我们常常把教师比作红烛，燃烧了自己，照亮了别人。但提倡无私奉献的高尚情操，并不是要否认关爱自己、呵护自己。要想更好地为孩子成长服务，教师就要好好爱自己，好好关注自己的成长。

让自动自发成为习惯

周　玲： 我倡导，爱学生就要为他们的未来着想，就要把今天的学生当成明天的人才来培养。所以我认为最好的管理是"管得少而且管得好"！管理的关键是自主管理，是习惯培养。

我们学校有 30 个教学班，近 1800 名学生，每天课间操、中午放学、晚上放学三遍整队误时费力，师生心浮气躁，管的人累，被管的人也很累。我就下决心要改革，要让师生自然地排队，自然地做操，就像在社会上，不需要人组织，不需要人管理，人人都能做到文明有序有节。

我先跟班子成员讲，又跟团队的队长们讲，大家从坚决反对到怀疑到答应尝试，开始分头做工作，这个过程就是理解意义、理解原则的过程。我给了大家三天的尝试时间，让大家证实其可能性，找到高效的方法。

现在，我们的目标完全实现了：三次集合，师生全随音乐进行，没有人组织、管理，不仅做到了安全，还做到了文明、高效。

在这个习惯的培养过程中，我没有任何行政命令，有的只是商量和讨论，我没有扣任何一个教师、任何一个班级的分数，而大家都做好了，而且全体师生都从中享受到了成功与愉悦。

陶继新：这里面有您的一个坚强的信念，就是相信老师和孩子们能够做好。不然，就创造不了这个奇迹。其实，老师和学生完全具备做好这些事情的能力，可是，我们的一些校长，将师生的这种能力剥夺了。将师生本来就有的能力还给师生，师生就会还给校长一个惊奇。久而久之，这种惊奇还会演化为一种习惯，成为"不令而行"的自觉行动。

在寒风凛冽的冬天，日本的一个火车站里只有三个人在等火车，可是，他们却自觉地排队。这样的规则意识是不是天生就有的呢？当然不是，而是从小培养出来的。你们的学生做操、上学、放学如此具有规则，长期坚持下去，他们就会在心里形成一种思维定式——排队是必须遵守的一种规则。以后到了社会上，他们也会处处彰显出文明的意识。我们的孩子都是未来的世界公民，学校就要培养孩子走向未来的文明意识，这样，他们将来才能真正成为合格的世界公民。

周　玲：我就告诉我们的老师：什么叫"把今天的孩子当成明天的人才"来培养？就是要培养孩子的自主性，培养孩子的文明习惯。

我们的"红领巾社团"完全是由孩子们自由组织的，他们每天中午开展活动，既丰富了业余生活，又培养了文明习惯，真正使积极的兴趣爱好占领了学生的业余时间。我们借鉴《教育的55个细节》中的内容进行细节教育，推行"每周一细节"活动，让孩子们从小就明白"细节决定成败"的道理。我们还有一项常规是"每天分享十分钟"，引导每一个学生分享感动、分享感恩。这个创意来自《爱的教育》这本书，因为这本书让我养成了一个好习惯，就是每天睡觉之前想三件感恩的事儿，习惯以后我发现：每天根本不止三件！我觉得每时每刻都值得感恩！

第一次看到这句话——"当你把周围的每个人都看作天使的时候，你就生活在天堂里；反之，看成魔鬼的话，你就生活在地狱里"时，我太高兴了：我一不小心就生活在天堂里了！我希望我的每个学生都能生活在天堂里。所以，"每天分享十分钟"的主要目的是让孩子收获一种习惯，一种终身受用的习惯。同时，我还想借此培养孩子很强的自信心、很强的表达能力。

陶继新："每天分享十分钟"，说得好！真想享受人生，就要学会感恩。一个会感恩的人，不但品德高尚，心里也一定快乐。一个整天抱怨的人，尽管未必是思想堕落的人，但是，他心里积存了很多负面的情绪，而且会不断地传染给他人。如果心存感恩，就会更多地考虑别人给予自己的恩惠，并且以同样的心理回报他人。这样，就会产生一种优质情绪，人人如此，就会形成一种优质情绪的文化场。人在其中，不就是一种享受了吗？

我有一个讲座，题目就是"心存感恩"，其中谈到八个方面的内容——感恩父母、感恩孩子、感恩老师、感恩学生、感恩社会、感恩自然、感恩朋友、感恩"敌人"。敌人难道还要感恩吗？需要说明的是，我这里所说的"敌人"是有引号的，不是指战场上的敌人，而是指对自己有过严重伤害的人，甚至是曾经拼命整过自己的人。为什么要感恩他们呢？我自己就有亲身的体验。如果没有他们的拼命打击，就没有我今天坚韧不拔的性格，就没有我在任何艰难环境下都毫不气馁的生命状态。我没有以其人之道还治其人之身，而是更加善待他们。曾子说："吾日三省吾身。"我则说："吾日三思感恩。"

李志欣

"零"作业:
一曲"应试教育"的挽歌
—— 对话李志欣校长

李志欣,山东省利津县北宋一中校长。在《人民教育》、《中国教育报》等国家级、省级报刊上发表论文近百篇;主编出版了《"零"作业下的教学改革》一书。自担任北宋一中校长以来,带领全体教师进行"零"作业教学改革。2008年,北宋一中"零"作业改革经验被山东省教育厅在全省推广。

［对话实录］

绝地反思

李志欣： 2007 年以前，我一直任教英语课并担任班主任和毕业班的级部主任，当时的教学基本状况是这样的：老师们在课堂上拼命地讲解，临下课就布置大量形式多样的作业，于是学生起早贪黑拼命地学习，有的早晨四五点就起床开始做作业，课间 10 分钟走出教室活动的学生很少很少，音体美课全部被剥夺取消，老师把自习课全部分到自己名下。

以上这种现象，我称之为"时间博弈"。它摒弃了许多好的教育理想，以一种赌的心态对待教育，对待学生。这种博弈也对老师的专业成长造成了很大影响，他们成了真正意义上的教书匠。最重要的是对学生几乎没有多少好处。

陶继新： 您所谈的教育上的这一"悲剧"，迄今仍在一些学校重演着。有的老师并不感到这样做有什么不对，甚至觉得自己特别负责任。不过，也有私心。因为不少老师是在从学生那里争取自己学科的时间，目的是为了自己所教的学科成绩好一些，从而得到领导的信任，甚至得到一定的物质奖励。结果，老师在恶性"竞争"中受累，学生在老师的"较量"中受罪。尽管有的时候学生成绩上去了，但实际上没有生命意义上的提升。况且，有的时候连成绩也上不去。这就形成教育上的一个悖论，而且很少有人去解决它。

李志欣： 当时我每天在观察着，思考着：为什么老师和学生这么用功，做了这么多的习题，学习、工作的时间这么长，质量依然徘徊不前呢？于是我走近学生，走近老师，听他们从内心发出的声音。我就是在与广大老师和学生广泛交流的基础上，认识到了教育当中这种极其不正常的、摧残生命的现象。一天，我和我的同事们毅然作出了这样一个大胆的决定：实施"零"作业！

陶继新： 一般的校长，对于这种情况已经熟视无睹，更少思考。您却在观察与思考，而且探索出了这一问题的症结所在。这需要勇气，而且要承担风险。可是，这正说明您是在为学生着想，是在真正意义上进行教育改革。

您突然控制学生的课下作业，对此，已经习惯了大量布置作业的教师、认为只有孩子天天有做不完的作业才是真正学习的家长，甚至日复一日做着大量作业而形成思维惯性的学生，是不是适应呢？

李志欣：的确，所有的人都不适应。我可以举一些例子，刚开始的时候，因为我控制作业，有的老师把我通报在黑板上的作业检查情况擦掉，有的老师责问我成绩下降了怎么办。很多家长也纷纷找校长或给我打电话，问学生没有作业学什么。其他中层领导也经常跑到我的办公室，询问这样做行吗。我说："成绩下滑了我负责任！"而学生，刚开始不会自主学习，但他们是很快乐的，他们支持我。

陶继新：实践是检验真理的唯一标准，您是这一改革的倡导者，也是实践者。您这个负责教学的副校长带头，会产生很大的辐射作用。不过，"成绩下滑了我负责任"有着沉甸甸的分量。它需要的不但是责任心，还有您对这个问题的透视与把握。因为在您看来，这样改革一定能够成功，您对这一改革充满了信心。

李志欣：当时我任副校长，同时教两个班的英语，担任一个班的班主任，亲自负责毕业班的管理，我先带头，让全校老师和学生，看我的班，看我的课，看我的年级。

陶继新：取消一切形式的作业，是您的一个创举。正是因为首创，才不被人理解。历史上所有的改革，都遇到过各种各样的阻力，甚至以失败告终。当时，您是不是想过，如果失败了呢？

李志欣：我也想到过失败，因为那么多的孩子交给了我，失败了，我就是一个历史的罪人。但是，教育是需要按规律办事的，如果拿出真心去办真教育，我想，再困难也要坚持，只要对教育深刻理解，执著追求，善于捕捉教育所需要的那些稍纵即逝的机遇，不断地反思，从极其平凡的教育现象中发现并实践、创新高效的教育智慧，最终会突破改革的樊篱。

陶继新：您说得好，"再困难也要坚持"！很多改革本来是可以成功的，可是，大多半途而废，就是因为没有坚持。我发现一个问题，往往越是困难的时候，越是接近胜利的时候。胜利女神，多是光顾持之以恒者的。

李志欣：当然，作业改革，不是纯粹地没有作业了，我是想通过这种决然的方式，让教育回归，不要再按着"应试教育"的道路走下去了，我们应该为孩子一生的幸福打点行装。我的孩子，今年才13岁，就是过去教育的牺牲品，现在他已经戴上400度的眼镜了。您说，光靠一点分数，孩子长大了，走向社会，走向大自然，他们能承受诸多挫折和失败之重吗？

陶继新：其实，有的时候，即使失败了也不一定是历史的罪人。关键是您的出发点是为了学生，为了推进素质教育，就是临时失败了，也会有更大的成功在等待您。再说了，衡量成败的标准不能是考试分数，而应是学生素质。

是的，我们要"为孩子一生的幸福打点行装"。可当下的教育，很多是急功近利者，只看分数，不看发展；只看眼前，不看未来。这就更加需要改革者，更加需要为学生生命发展考虑的人。

李志欣：为了顺利实施这项改革，我和老师们整天冥思苦想，进行了一系列的配套改革，目的就是为学生的终身发展和全面发展负责，为老师的幸福生活负责。最近我们召开了一个全体教师会议，我说："我们是一所农村学校，条件不好，但是我认为只要是为了孩子的生命成长着想，一切教育手段和方法是为了学生的素质设置，自觉地去履行为人之师的职责，按素质教育思想行走，就是在推进素质教育。"改革与实施素质教育，真的需要一些具有良心和对教育执著追求的人。

陶继新："良心"与"执著"太重要了！如果昧着良心要高分，就失去了为师的基本道德要求。为了学生，执著行进，即使千辛万苦，也在所不辞，这样就会克服一个又一个的困难，甚至可以在克服困难的过程中，享受成功克服艰难而获得的幸福。

推行"零"作业，课堂改革是支撑

李志欣：推行"零"作业，截断了传统的教育思维和运行路径，让老师们重新思考和实践教育原本的东西。我认为，学生在全面发展的基础上，同样能获得高分，而这种高分对学生来说其意义可谓重大和高远。

陶继新：是的，素质教育与考高分并非水火不相容，如果作为考试的评价体系不出问题，素质好了，考试成绩也就会好。但在一般人看来，做大量作业才是考出高分的必要条件。实行"零"作业之后，再考出高分，那就是高人一筹了。

李志欣：谈不上高人一筹，我是取消了那些机械性的、重复性的、惩罚性的和不正当竞争性的作业，让老师认真备课，解读好教材和学生，精心选题，要求他们当堂完成，学生该学的该做的，并没有少，老师该教的该讲的，也并没有少，怎么会影响质量呢？当然这需要改革课堂，课堂上老师尽量少讲，多给学生留下活动和思维的时间。

陶继新：真正的素质教育，应当使学生既心情舒畅，又学习高效；既可以考出高分，又能够有生命成长。我想，您的"零"作业实验，就达到了这样一个目标。您说的"精"特别重要，现在不少课堂是太粗了。同样的时间，不同的教学内容，就会产生迥然不同的效果。

李志欣：现在，教育中无效的劳动太多了，看了让人心痛，其实，只要用心去思考有效的教育因素，任何符合教育规律的实践应该都会有成效的。我们的改革，就是靠这样的理念来支撑的。

陶继新：教育中不但有无效的劳动，还有负效的劳动。一遍又一遍地讲，直讲得学生昏昏欲睡，甚至厌烦了而依然喋喋不休者大有人在。本来一看就明白的知识，有的老师非要反反复复地讲个没完没了，您说，这不是给学生制造精神污染吗？一个长期处于精神污染中的人，怎么能够快速地成长呢？

李志欣：现在，我们正在开展基于课堂教学的"全人教育"研究。"全人教育"实质上就是真正意义上的素质教育。我们追求"零"作业下的高效课堂，倡导师生和谐发展、共同提高，课堂上以学生为主体，鼓励学生通过动手、动脑、动口等提高学习能力，主张在师生互动和生生互动中共同完成教与学的任务，这样的课堂所考量的不再是教师课前预设教案的完成情况，而是在学生合作、自主学习的基础上，在师生交往，特别是互助学习活动中共同发展。这样的课堂要求任何一个学习环节、任何一段学习时间、每一个学生都要动起来，学生主动学习，主动探究。

陶继新：孔子的课堂教学，就让学生真正动了起来。他讲得特别少，甚至有的学生说得不合适也不批评。只有学生真正动起来了，课堂上才能有生命的跃动。

让文化来管理学校

李志欣：我崇敬孔子的教育思想。在我们学校的走廊里、门厅里随处都能看到"三人行，必有我师焉"、"有朋自远方来，不亦乐乎"、"礼之用，和为贵"等伟大而深邃的教育思想。我想通过这种文化熏陶给师生一种生命暗示，让他们崇尚高贵而流动的人生。

陶继新：我几次到你们学校去，都特别注意了你们学校走廊里、门厅里的名人名言，学生在耳濡目染中会形成一种良性的心理暗示。这就是文化的作用。所以，我经常说，所谓文化，就是以文化人。经典文化内化到学生的内心，就是一道绚丽的风景。

李志欣：我比较注重环境与文化对人的影响，我经常鼓励老师们要挖掘素质教育机会，积极主动地探索素质教育措施，大容量地向学生输送各种素质教育观念。例如，在课间我们开发了"黄河口民间游艺与经典诵读"相结合的活动，让德育、体育、美育等相辅相成，让教育活动回归传统、回归生活、回归童年。又如，在学生升国旗下楼集合时，我们同时开展"防震"、"防火"等逃生演练活动，可谓一举两得。

陶继新："黄河口民间游艺与经典诵读"是一大特色。黄河是中国的母亲河，您那里有着得天独厚的条件。而且将"民间游艺"与"经典诵读"结合起来，既有地方特色，又有经典文化。学生在这个活动中，就会更有兴趣，也更加热爱我们祖国的大好河山。在某种意义上说，这是一种探寻黄河文化的活动，也是一个爱国教育的活动。

李志欣：我的第三项改革措施是"逼"教师成长，营造学校的学术文化。比如，我要求所有老师必须每月看一本书，并书写自己的教育实践，我亲自检查。这些措施，似乎又是很另类，但是我坚信您说的话："只有教师成长了，学生才能更好地成长；只有老师快乐了，学生才能幸福。"

陶继新：开始的时候，是逼，而一旦"逼上梁山"之后，就会在"聚义厅"里感受到那种特有的氛围。时间一长，老师们就会爱上读书，甚至乐此不疲。这个时候，老师的发展就有了真正的动力支撑。

李志欣：是的，在我的"逼迫"之下，老师们由被迫读书、学习变成了主动、喜欢学习，甚至有不少老师已经把读书、学习、写作等当成了自己的爱好与习惯。在这种氛围下，我才又开始打造学校各种学术共同体，现在我们几个老师形成一个团队，主动形成"教师成长共同体"、"校本课程开发共同体"、"课堂文化建设共同体"、"教学常规研究共同体"等教师社团，他们也主动报名参与各种学生社团的组织与开展。我想，要让这一个个的团队形成我们学校的特色，营造一个团结向上的文化场，最终实现让文化来管理我们学校。

陶继新：打造各种各样的"共同体"，也是改变教师生命状态的一种举措。我们在为孩子的负担之重大声疾呼的时候，也应当为老师振臂高呼。他们何尝不是"应试教育"的牺牲品呢？他们很少有乐趣，很少休息，甚至为学生的成绩上不去而提心吊胆。而他们走进"共同体"之后，就会焕发出积压于他们心中的那份激情与快乐。同时，"共同体"使老师们体会到了合作的意义与价值。现在这个社会，特别需要合作精神。而这种合作意识的提升，又会在有意无意中辐射到对学生的教育之中。

李志欣：是的，您说的这些传统文化，我们是不能丢的，它是爱国教育的最好的教程，我越来越感觉到它的博大与精深。就在上一周，我邀请了两个外教，目的是训练我们学生的英语口语水平，其中一个美国籍的外教问学生：你们喜欢美国电影还是中国电影？我们的学生异口同声："中国电影！"当时我感动得眼圈都红了，冲着他们竖起了大拇指，这或许就是我们中国传统文化的根。

目前孩子们在太多的人工雕琢下成长，按着我们成年人的意愿苦恼地前行着，他们压力很大。我们山东省推行的素质教育，规范办学行为，就是要让孩子的生命回归到正常的成长轨道上来，让他们回归到童年幸福之中。

陶继新：回归童年很有意义。现在不少学生已经没有了童年的快乐，已经成了"应试教育"刀下的羔羊。而一个失去童年快乐的人，成年之后，就会在不同的层面反映出它的负面影响来，从而呈示出一种"报复"行为。这一点，很多教育者都没有注意到。为孩子一生成长计，也一定要回归童年。

这并不是说孩子就不要教育了，恰恰相反，他们更加需要教育。只是在教育的时候，不要逆势而行。孩子犹如一株幼苗，要按其生长规律悉心培育。可我们现在的教育，很多是违背其生长规律的，所以，有的时候不是在培育，而是在拔苗助长，甚至是扼杀。

回归童年，就要像老子说的那样"道法自然"。"自然"太神妙了！我们改造自然，大多会或早或晚地受到自然的惩罚。童年是人的一生中最自然的时候。可是，我们的教育者却想将这种自然毁掉。老子还提出要"复归于婴儿"。就是说，大人如果没有童心，就不会可爱，甚至有点可怕。真正意义上的大师，就是到了晚年，也是童心荡漾的。

校长引领改革，是"零"作业顺利实施的条件

李志欣："零"作业仅仅是素质教育的一个切入点，要做的工作还很多，要让教育改革成果有后劲，还需不断思考，坚持前行。我称这次改革是一次冒险行动，但是就在这令人不解的改革中，我们闯出了农村素质教育的一片新天地。

陶继新：现在，校长缺少的就是这种冒险精神。现在冒险者不是多了，而是太少了。实施素质教育，需要更多的"冒险家"。

不过，您的冒险不是盲目的，您是基于对现实教育教学现状有研究且有了自己的理论思考才冒险的。所以，在别人看来是冒险，而在您看来，是向成功进军。

按教育规律办事，说起来非常简单，做起来却是相当困难的。规律是什么？具体到某一个小问题，就不那么简单了；具体到某一个人，就有了不同的理解。所以，对这个规律要进行真正的研究。

李志欣：的确是。说句实在话，当时我并没有想到实施"零"作业改革后还会有这么多的后续工作要做，我们前进的每一步，都曾遇到过前所未有的挑战，就是到目前，我们仍然在与教师变相布置课下作业作"斗争"。我们改革的过程，其实就是在与传统教育打"游击战"的过程，但是，我坚信，在这场持久战中，改革会慢慢被人理解和接受的，我们的教师和学生会从中受益的。现在随着改革的推行，还真的感觉我们这项改革的意义重大，它逼迫我们开始认真思考素质教育的必要性。

陶继新：给学生布置大量作业，在很多老师看来是天经地义的事情，您要"零"作业，他们一时当然难以接受，所以，会用各种各样的方法来与您周旋。所以，这是一场"持久"的"战争"。但是，事情一旦定下来，就不能更改。不然，就会出现反复，那样，不但会回到先前，甚至会变本加厉。

从开始的不理解到现在的理解，再到心悦诚服地去做，甚至是快快乐乐

地去做，实际上是这场改革的一次又一次的升华。看来，校长的引领太重要了。如果校长认识不到位，行动不起来，或者即使行动起来而不坚决，遇到困难就败下阵来，改革就会停滞。我相信您的决心，也相信您的耐力，更相信您对老师和学生的爱。他们会逐渐地理解您，您为教育发展而努力，也是为了他们的发展尽心。

李志欣：这种反复的现象的确在不断发生，我也在想各种办法来妥善解决这个问题，比如通过学生问卷调查、与老师谈话做工作、没收老师布置的课下作业等。在我做这些事情的时候，令我惊喜的是，老师们并没有抱怨我，我听到的反馈是大多数老师对我工作的认可。对于他们与我之间的"游戏"，我理解。我想，就在这种相互理解的过程中，我们的一系列改革得到了顺利的开展。

陶继新：为什么说"理解万岁"？是的，如果没有理解，您与老师之间的"游戏"与"斗争"就会演化为矛盾，甚至真正意义上的斗争。如果是那样的话，即使校长异常努力，也多是不能成功的。我觉得，这里面有您的真诚，也有工作的艺术。

其实，就是以后，还会遇到意想不到的问题。您的优点是，遇到问题就解决问题，就像遇河搭桥一样，总是在前进。

李志欣："零"作业在全国有很多优秀老师也在尝试，但是，就是因为整个学校环境的影响，大都遭到了失败。我认为，这项改革如果不是从全校层面展开，不是校长亲自来抓，就很难获得成功。当然，现在越来越感觉到"零"作业改革不是一项简单的短时期的行动。

陶继新：改革需要环境的支持。一个人孤军奋战，特别是得不到校长的支持，就很可能会失败。而且，改革者在不好的环境中遭遇失败之后，其心灵的创伤是异常严重的，而且这种影响还会扩展，其他也想改革的老师就会不战而退，甚至不再想去改革。

李志欣："遇河搭桥"是实施素质教育不可缺少的行动策略，"零"作业改革需要这种精神。基于此，我努力创造条件请专家、名师到我校与我们的老师零距离对话，让高位的思想来撞击他们的灵魂；筹措有限的培训资金让他们参加各种类型的培训学习和比赛；而且，我经常把他们请进我的"思想会客厅"平等地与他们交流，鼓励他们，指导他们，让他们始终保持健康的心态、坚定的信心。因此，目前我们学校的老师学习、改革热情异常高涨，我认为，是因为校长在背后为他们摇旗呐喊，为他们创造条件，他们被感动了。

陶继新：非常欣赏您的校长室叫"思想会客厅"，您改的不只是一个名字，更改了它的内涵。校长与老师，不是对立的，也不是平庸的相处者，而是思想碰撞者。现在，忙于行政事务的校长多，思考问题的校长少，特别是有思想的校长更少。而苏霍姆林斯基认为，校长就应当是思想型的校长。所以，在您的办公室里，与老师们进行思想交流。在交流中提升思想品位，长期坚持下去，老师们的理念会在您的引领下不断地更新，您的思想也会因为一些有思想的老师的碰撞而提升。

"零"作业改革，教师成长是基础

李志欣：2006 年温家宝总理在《政府工作报告》中重申："要培养一支德才兼备的教师队伍，造就一批杰出的教育家。"这是对教育工作者的新要求，也是教育工作者发展的新目标。不应再用经济思维、市场思维、行政思维乃至官僚思维、封建式的家长思维来办学，从校长到教师都要尊重教育规律，回归到教育本质上来，走内涵发展之路。

陶继新：教育有教育的规律，校长有校长的任务；做教育不是办工厂，做校长也不是当厂长。尽管其间并不是没有相通的地方，但是工人可以批量生产同一模式的产品，而老师则不行；厂长可以不懂具体操作，而校长就不能不懂教育。校长尤其不能成为官僚。可是，眼下校长官僚化有日趋严重的趋势。这个问题如果解决不了，教育就得不到真正的发展。

孔子是老师，也是校长，他对教育有着深入的研究与独特的见解，是一个真正意义上的平民教育家。我认为，真正能够称得上教育家的人并不多。尽管现在一些专家也被冠以教育家的称号，甚至出了一本又一本教育方面的书，可是，结果却害了这些"教育家"，是极其不负责任的。真正的教育家，必须有长期的实践经验的积累，而且要有很高的理论素养，要形成自己的理论体系，在当今特别是以后的历史长河中，有着久远的影响。

李志欣：现在我们的老师们已经意识到了这一点，他们经常与我在办公室或我的博客上进行思想交流。他们的生命得到了尊重，自然就会自觉实践学校的各项工作，一些过去存在的如斤斤计较之类的事情越来越少了，他们把精力用在了学习和创新上。老师状态的变化自然会影响到学生，这样，学校的发展就会越来越和谐。老师们提出的具有创意的思考和实践，我都会尽力支持。没有健全的和高素质的教师队伍，就很难落实素质教育，更难培养出全面发展的人才。教师不想自己的未来，谈何让他关注学生的未来？

我经常和老师们说："中小学是最应该诞生教育家和思想家的地方，大家要有信心，虽然我们暂时不能成为'家'，但是我们要成为有个性、有思想、有教育情怀的人。"

陶继新：老师为什么斤斤计较？不能用思想品位低下来解释。我认为，关键是他们没有发现比小利益更为重要的东西需要去关注。比如他们自身的素质得到提升，特别是心灵得到成长，尤其是在这个成长中虽忙犹乐的时候，他们就不会再去计较。校长，就是要把老师从斤斤计较中，引领到重点关注生命成长层面来。

我赞成您的说法，教师要成为"有个性、有思想、有教育情怀的人"。首先要有教育情怀，不然，就不会投入其中而乐此不疲。然后，就是要有个性，我们需要完成上级布置的任务，但仅此还不行，还要创造性地工作，还要使学校富有特色，形成自己的品牌。再就是您说的思想了。没有思想，是不可能形成特色的。但是，有了特色，却不一定有思想。一旦真正有了思想，特色也往往不求自得。

李志欣：在农村的一些中小学里，教师只知道教学，普遍感到没有时间读书、学习。我认为，这都是懒惰和不求进取的借口而已。常常有这样的现象，老师课上得很好，成绩也很好，但是让他说出自己的教学思想和特色时，却无话可说。如果教师整天忙于那些简单的重复性的工作，不关注自己的生命成长，就没有流动的人生，更没有幸福的未来。我发现了这一点，点破了老师不关注自己成长的秘密，就是过于依赖外界对他的培养，而不去自主地进行学习提高，自己的一些经验不去积累、整理和管理，都随着岁月流逝了。而因为这些知识的流逝，教师感觉从来没有收获过，也就没有了成长的欲望。

陶继新：开始的时候，外界的培养还是必要的。这犹如一潭死水，需要一颗石子投入其中，激起波浪。不过，如果仅靠外力，没有内趋力，就不能持久。孔子说："为仁由己，而由人乎哉？"关键在于自己。而很多老师并不明白这个道理，或者明白这个道理也不去努力。校长的责任，就是要让教师长久保持自我发展的激情。

如果说读书是让教师保持长久动力的一种有效方法的话，写作则是与之相得益彰的一种措施。您写了这么多东西，在很多报刊上发表过，我想，每一次发表，都会对您产生一种激励。老师更是如此。此外，就是要让老师明白诗意的生存与痛苦的生存都是生存，而只有前者，才能使自己一生幸福。

要想幸福地生存，就要启动自身发展的动力系统。我发现，如果周围很多人都发展起来了，就会影响到原本不发展的人。这是一种正效应。校长的任务，不但是要使自己发展起来，更重要的是让更多的老师发展起来，让更多的老师在发展中感受幸福。

李志欣：老师的这种自我发展的激情是很珍贵的，也是比较脆弱的，的确需要校长的呵护，校长要为他们创造发展自己、发挥自己优势的机遇和阵地，让他们享受到成长的快乐。

陶继新：有的老师缺少长远的目光，只是满足于当下的一点点成绩，其实，未来才是检验一个人成败的关键呢。孔子说："人无远虑，必有近忧。"所以，还要让老师们瞭望自己未来的前景，是阴云密布，还是晴空万里。谁都不希望自己的未来不如今日，可是，很多人却在执意地做着让自己丧失未来幸福的事情。

李志欣：如果只看眼前，就没有持续的发展动力，很多老师一旦晋升为高级教师就没有了发展的动力，就是这个道理。

陶继新：老师评上高级职称，是其职称道路上的顶峰，有时也成了其精神生命成长的终结。所以，这成了人们司空见惯的一个"悲剧"。这种人，为的是名誉，为的是提高工资，在争取这些在他看来最为重要的东西的时候，他可能是"积极"的。可是，一旦达到目的，再无提升的空间时，就会消极下去。其实，他不了解，真正支撑其生命意义的东西不是职称与工资，而是自身思想与文化品位的提升。一个人一旦思想和精神"死"了，活着已经没有多少意义。

李志欣：很多老师只是把精力用在思考自己的工作上，没有去思考自己的思想与文化品位，也就丧失了人渴求真理与探求真理的天性与爱好，因此，就会感到没有时间学习一些新的事物，就不再想探索创造的秘密，就不再拥有创造奇迹的愿望，而这恰恰是幸福生活所不可缺少的东西。

陶继新：工作必须做好，但是，"功夫在诗外"，很多老师没有想到，与工作相联结的，是那些经典文化。学习它的时候，也许看不到立竿见影的效果，可是，它却在本质上滋养着老师的生命，也在丰盈着老师教学的底蕴。

李志欣：实施"零"作业改革，我不敢说是在探索一种思想，或者是在追寻一种精神，但是作为一个校长，必须有关注学生精神生命的素养，有引领教师文化品位的义务，同时自己更要不断追寻高贵与流动的生命，并以此来引领学校的生命成长。

陶继新：老师不是生活在真空里，必要的名利是可以获得的；但是，如果执意追求，甚至是不择手段地去追求，就会在追逐之中失去自我，特别是失去自己的人格。而一个没有人格的老师，即使在教学上一时取得一点小成绩，也是不能持久的。只有有思想与文化积淀的老师，才能笑到最后，才能一生幸福。而您的"零"作业改革是一个杠杆，撬动了老师真正意义上的生命成长。

图书在版编目(CIP)数据

名校解码:陶继新对话名校长/陶继新等著. ——上海:华东师范大学出版社,2009

ISBN 978 - 7 - 5617 - 7117 - 4

Ⅰ.名... Ⅱ.陶... Ⅲ.中小学—校长—学校管理—经验

Ⅳ.G637.1

中国版本图书馆 CIP 数据核字(2009)第 129302 号

大夏书系·教育档案

名校解码:陶继新对话名校长

著　　者	陶继新等
策划编辑	吴法源
文字编辑	杨　霞
装帧设计	大象设计
责任印制	殷艳红

出版发行 华东师范大学出版社

社　　址 上海市中山北路 3663 号　邮编 200062

电　　话 021 - 62450163 转各部　行政传真 021 - 62572105

网　　址 www. ecnupress. com. cn　www. hdsdbook. com. cn

市 场 部 传真 021 - 62860410　021 - 62602316

邮购零售 电话 021 - 62869887　021 - 54340188

印 刷 者 北京东君印刷有限公司

开　　本 700×1000　16 开

印　　张 15.75

字　　数 257 千字

版　　次 2009 年 10 月第一版

印　　次 2014 年 6 月第四次

印　　数 16 001 - 18 000

书　　号 ISBN 978 - 7 - 5617 - 7117 - 4/G·4111

定　　价 29.80 元

出版人 朱杰人

(如发现本版图书有印订质量问题,请寄回本社市场部调换或电话 021 - 62865537 联系)